ワクチン開発と戦争犯罪

ワクチン開発と戦争犯罪

インドネシア破傷風事件の真相

倉沢愛子
松村高夫

岩波書店

犠牲になった「マルタ」と「ロームシャ」に捧げる

はじめに

新たな感染症と日本軍の〝亡霊〟

二〇一九年末に突然姿を現したCOVID-19と呼ばれる感染症は、モンスターのように全世界を蹂躙し人類を恐怖に陥れ、それから約三年経った二〇二三年二月に至るまで、未だ完全な終息の気配は見られない。この危機を救うには、特効薬もさることながら、感染を予防するためのワクチンの一刻も早い製造が重要だということで、全世界で高額な費用と人材を投じて開発が急がれてきた。通常であれば数年かけて慎重に積み重ねられる治験も特急で進められ、主要国政府は素早く認可を出して接種を開始している。

二〇二〇年に入り、日本でも新型コロナウイルスの感染が拡大しはじめてから、書店にはパンデミック関連の本や雑誌が洪水のように溢れ並べられてきた。カミュの『ペスト』(一九四七年)はその中の一冊である。

これは「一九四X年」にアルジェリアのオラン市で生じたペスト感染という不条理に直面した医師リユーや友人たちが、どのように感じ、考え、行動したかを描いたフィクションであり、多くの紹介や論評がなされてきた。だが「一九四X年」と同じ頃、つまり一九四〇年から四二年にかけて、中国では十数地域に対し七三一部隊が「ペスト感染ノミ」(第5章で詳述)を地上や空中から散布した結果、多数の人びとがペストに感染し、「黒死病」の犠牲者になった。戦時中、日本は細菌戦を本格的に行った唯一の国になった。日本のアウシュヴィッツと言われる七三一部隊のペスト細菌戦実施という歴史が重要であるにもかかわらず、カミュの『ペスト』について論じるなかで、この部隊のペスト細菌戦に触れた者はほとんどいない。例外は、加藤哲郎『パンデミックの政治学――「日本モデル」の失敗』（花伝社、二〇二〇年）と山岡淳一郎『ドキュメント 感染症利権――医療を蝕む闇の構造』（ちくま新書、二〇二〇年）ぐらいだろうか。もっとも上昌宏《かみまさひろ》医師は、日本でコロナ感染が確認された二〇二〇年一月一五日から二カ月も経たない時点において、『Foresight』の論文「帝国陸海軍の「亡霊」が支配する新型コロナ「専門家会議」に物申す（上・下）」（同年三月五日掲載）で、つぎのように指摘していた――帝国陸海軍の「亡霊」は、①国立感染症研究所（旧国立予防衛生研究所）、②東京大学医科学研究所（旧東京帝国大学付属伝染病研究所）、③国立国際医療センター（旧国立東京第一病院）、④東京慈恵会医科大学（旧海軍系病院）の四施設に現在も生きている。この帝国陸海軍の伝統が、今回のコロナ感染症対策、とくにＰＣＲ検査の抑制とデータの独占、国際的視野に立たない国産ワクチンの開発などに継承されているとした。

本書の筆者（倉沢・松村）は、第二次世界大戦中、日本軍占領下に置かれていたインドネシアで起こった破傷風の集団発生という悲劇も、戦後日本の一連の感染症発生とその結果と対策についても、七三一部隊の国際的ネットワーク（第5章で詳述）における細菌兵器とワクチンの開発を分析することなしには十分明らかにはできないと考えている。

日本軍占領下のインドネシアで、かなり無謀なやり方で密かに進められていた破傷風ワクチン開発の治験に際して、「ロームシャ」(後述)と呼ばれた多くのインドネシア人労働者たちが、何も知らされないままにその治験の対象とされ、命を落とした。しかも日本軍はそれを覆い隠し、それどころかその責任をインドネシア医学界の重鎮に押し付け、彼が、日本軍に対する陰謀を企てたとして処刑してしまったのである。そしてその事件は、戦後の戦争犯罪裁判でも明るみに出されないまま今日に至っている。

その痛ましい事件は一九四四年八月、ジャワ島外の作業地への出発までの間、「ロームシャ」を留め置くジャカルタのクレンデルという収容所において、突然発生した。伝染性のない感染症である破傷風が、こんなに大量の人々の間でいっせいに発症するのは奇異なことであった。間もなく、この患者たちはその少し前にチフス・コレラ・赤痢の三種混合ワクチン接種を受けていたことが判明し、それとの関連が疑われて、まずその接種を担当した医師や看護人たちが逮捕された。

やがて彼らの〝自白〟をもとに、そこから連鎖的に多数の著名な医師や細菌学の権威たちが逮捕され、数カ月にわたって尋問が行われた。取り調べは長期にわたり、日本軍の推定や解釈も二転三転したが、最終的には、ジャカルタ医科大学教授で、同付属衛生試験場(旧エイクマン研究所)所長のアフマッド・モホタル(Achmad Mochtar)[1]が、日本軍に対しロームシャの徴発に警告を与える意味で、彼らに接種するチフス・コレラ・赤痢の三種混合ワクチンに破傷風菌を混入し、それを部下のスレマン・シレガル(Suleman Siregar)医師に命じて接種させた、という「筋書き」になり、対日陰謀事件として処理された。

二人は軍律会議にかけられ、モホタル博士は死刑判決を受け、終戦を直前に控えた一九四五年七月三日、斬首された。スレマン・シレガル医師は有期刑を受けたが、チピナン刑務所に収監中、獄死した。その他にも憲兵隊での取り調べ中に一人の医師が獄死した。

日本軍のインドネシア占領とロームシャの徴発

被害者となったのは、当時日本軍によってほぼ強制的に徴発された「ロームシャ」と呼ばれる人たちである。事件の詳細に入る前にまず、日本軍のインドネシア占領と、「ロームシャ」とはどういう存在だったのかを概観しよう。今からおよそ八〇年前の一九四二年三月、日本軍は「西洋の支配から解放し、共に大東亜共栄圏を建設するために」、当時オランダの植民地であったインドネシアへ侵攻し、ここの住民を占領・支配した。一九四一年一二月八日の開戦から三カ月後のことである。それまでに日本軍はすでに英領マレー、シンガポール、米領フィリピンを占領しており、さらにこの後、英領ビルマ(現ミャンマー)も手中に入れる。ナチスの支配下にあって傀儡政権が成立していたフランスの植民地、ベトナム、ラオス、カンボジアへは、すでに「平和的に」日本軍が駐屯していたし、独立国タイは日本と軍事同盟を結んでいたので、この時期日本は、東南アジアのほぼ全域をその勢力範囲に収めていたと言うことができる。

インドネシアは三つの地域に分割・統治されたが、そのうちこの事件が起きたジャワ島は、単独で、陸軍第一六軍の支配地域となっていた。日本の占領下では、それまでの支配者であったオランダ人を敵性国人抑留所に入れ、日本人が司法・行政を全面的に掌握した。主要な公共機関や施設はほとんど日本当局が接収し、その運営にあたった。本書に登場するジャカルタ医科大学、エイクマン研究所(日本名・衛生試験場)、そしてパスツール研究所(日本名・防疫研究所)などもすべてそうであった。(2)

統治にあたって日本軍は、軍事施設建設や軍需産業などの労働に従事させるため、ジャワ各地から労働力を徴発し、「ロームシャ」と呼んで活用した。(3)その多くは村の役人たちから強制されて、あるいは甘い言葉で騙されて参加し、ジャワ島内で一定期間労働に従事する場合もあったが、一部の者は日本が占領する東南アジア各地へ送られて、長期間にわたり飛行場、軍用道路、鉄道、防衛陣地、地下壕などの建設に従事させられた。送られた先はジャングル地帯など環境の悪いところが多く、たとえばタイとビルマをつなぐ泰緬《たいめん》鉄道の建設にも動員された。その労働条件は過酷で、死者を多数出したうえ、終戦時には現地に取り残されたため故郷に帰れず、タイ、ビルマ、ベトナムなどの国々にその後も住み着くことを余儀なくされた者も多かった。「ロームシャ問題」として戦後補償との関係などで言及されるのは、主としてそのような、ジャワ島外へ派遣された人々で、正確な資料は残っていないが、その数は三〇万人ほどであったと推定されている。

ロームシャ徴発がインドネシア社会にいかに影響を与えたかは、インドネシアにおいて、しばしば「ロームシャ」が日本軍政期の歴史を物語る象徴的な事象として、歴史博物館のパノラマで描かれていることからも推測される。また、筆者(倉沢)が一九八〇年代初めにジャワの農村で実施した聞き取り調査に際して、古老たちに、日本軍政期の最もひどい思い出は何かと尋ねると、多くが「ロームシャ」と答えた。ちなみに彼らは日本語のまま「ロームシャ」と呼ばれ、それがそのままインドネシア語化されて独立後のインドネシアの歴史書等でも「romusha」と記されている。そのため、本書においてはそのままカタカナ書きで使用する。

これらのロームシャは、ジャワ各地の農村から、行政機関や労務協会などによって徴発され、州ごとに集められてジャカルタへ移送され、軍政監部の「島外供出労務者処理班（以下、労務処理班と略す）」が管理する市内四カ所の収容所で、タンジュン・プリオク港からの出発を待った。当時、島外へ出る者はすべて、乗船前にチフス・コレラ・赤痢の三種混合ワクチンの接種を義務づけられていた。

今回の事件は、そのうちクレンデル収容所において、一九四四年夏にワクチン接種直後に発生した惨事であった。実はそれ以前にも類似の事件が発生していたことがのちに判明するが、ジャワ島外（スマトラとボルネオ）へ送られた後の発症であったため、インドネシア人医療関係者には知らされず、ごく一部の日本軍関係者の間で処理され、一般に知られることはなかった。しかし一九四四年八月六日に起こったクレンデル収容所のケースは、ジャカルタにおいて初めて患者が発症したことや、被害者が医科大学付属病院に搬送されて、インドネシア人医師の目にもさらされたことから明るみに出た(4)。

この事件について日本軍からは官報や新聞でも何の正式発表もなかったが、少なくともクレンデル収容所での患者発生自体は、関係者の間では密かに噂に上っていた。しかしジャワ島外でも同様の事件が発生していたという事実は、今日に至るまで、インドネシアでも日本でも関係者や歴史家の間でまったく知られていない。そのため破傷風患者の集団発生は、あくまで「クレンデルでの事件」としてのみ認識されている。そしてロームシャの被害については、その数も含めて、詳細はいっさい秘密にされたままになっている。

戦後、事件はどう描かれてきたのか

そして、クレンデル収容所の事件そのものについても、戦後長い間ほとんど触れられてこなかった。破傷風を発症して死亡したロームシャたちの遺族は、おそらくそのことについて何ら通知を受け取ることもなく、知らないまま今日に至っていると思われる。また生き残った者たちもなぜか口を封じられたままになっている。事件を知る者はだれもが、当局の説明に違和感を抱き、奇異な事件だと気になりながらも、特に資料や手掛かりがないため、歴史家たちは真相を突き止めることもできなかった。

かつて日本軍政に携わった二人の研究者(西嶋重忠と岸幸一)が、一九五九年に米国の資金を得て、可能な限りの一次資料を駆使してまとめた『インドネシアにおける日本軍政の研究』では、次のように記している。

〔…〕モホタル教授事件というのは、当時ジャカルタ医科大学の細菌学の教授であったモホタル博士〔Achmad Mochtar〕が予防接種液に破傷風菌を混入して日本人の謀殺を企図したといわれる反日陰謀事件であった。〔…〕予防注射液の製造関係者について捜索した結果、モホタル教授の研究室内から破傷風菌培養の事実を発見し、この事件は同教授の反日陰謀に因るものと断定した。この事件はモホタル教授の社会的地位、過去の経歴、交友関係から相当広範囲に亘る陰謀で多数の政治的反日家が関係しているとの嫌疑によったものだと三好氏〔外務省から出向し軍政監部で要職を得ていた三好俊吉郎〕はみている(早稲田大学大隈記念社会科学研究所一九五九:二〇五)。

ついで「モホタル教授自身がボゴル(Bogor)警察署に拘禁中に死亡したためにその真相については明らかにされていない」と間違った情報を述べている。そして「むしろ、この事件は密告にもとづく憲兵隊のデッチ上げであったとする見解の方が三好氏の見解よりも正しいのではないかと思われる」という見解を記しているが、それ以上は踏み込んでいない(早稲田大学大隈記念社会科学研究所一九五九:二〇五―二〇六)。

筆者(倉沢)の知る限り、日本ではこれ以降の研究書において、この事件について触れられたことはないまま、一九九二年に刊行した『日本占領下のジャワ農村の変容』と題する著作で著者(倉沢)は、オランダ在住(当時)の科学史の専門家塚原東吾氏から提供された南方軍防疫給水部(作成者は中村元中尉)の「爪哇ニ於ケル破傷風菌ヲ以テセル細菌謀略ニ就テ」という古い手書きの文書に言及して、この事件を簡単に紹介した(倉沢一九九二:二二三―二二四)。モホタル教授による反日陰謀事件だとするこれまでの定説に疑問を抱いていた著者は、その文書の重要さを十分認識し、冤罪の可能性を匂わせつつも、その段階では、定説を覆すだけの十分な文献も証言も得られなかったために、同書においてそれ以上踏み込むことはできなかった。

インドネシアにおいても、長い間この事件にはあまり触れられないままであった。元教育文化大臣で国軍史研究所所長でもあったヌグロホ・ノトスサントが一九七四年に編纂し、教育文化省によって刊行された、いわば政府の標準的立場をとった歴史書 *Sejarah Nasional Indonesia*(インドネシア国史)では、この事件についてはまったく触れられていない。この本はその後何度か版を重ね、さらに二〇〇八年には、大幅に改訂・増補されているが、破傷風事件について言及されることはなかった。また、インドネシアの「エンサイクロペディア」の「アフマッド・モホタル」という項では、「一九四五年に間違った嫌疑をかけられて死刑に処せられた」とだけ述べられている。その他、筆者が知る限りでは、日本占領期についての歴史書のなかで、この事件はほとんど触れられてこなかった。

ようやくこの事件が世に知られるようになったのは、一九七六年になって、モホタル教授の甥であり、自らも当時憲兵隊に逮捕された一人であるハナーフィア医師が『医学界最大のドラマ(*Drama Kedokteran Terbesar*)』と題する単行本を刊行してこの事件を正面から取り上げ、そのなかでモホタルの冤罪を主張して以降のことである。この本は、当時まだ生き残っていた関係者の手記や他の資料を集め、事実関係の細かい点で日本軍の主張とのいくつかの食い違いを指摘し、感情的にではなく科学的にインドネシア側の無罪を主張しようとした。今となってはもうほとんど存命ではない関係者の生の声が収録されているという点で、非常に貴重なものである。

そして一九八八年、同書に基づいて、アメリカ人研究者セオドア・フリーンド(Theodore Friend)がその著作 *The Blue-eyed Enemy: Japan against the West in Java and Luzon, 1942–1945* でこの事件について触れ、モホタルの冤罪を主張し、(当時ワクチンを製造していた)パスツール研究所は自分たちの顔がつぶれることを恐れて、この汚染されたワクチン製造に同研究所がかかわったことを隠したのだ、と主張した。

その後長い間この事件にふれた刊行物はなく、唯一、二〇一〇年にオランダでピーター・ポスト(Peter Post)らによってまとめられた *The Encyclopedia of Indonesia in the Pacific War* のなかで、アウキー・ズイデマ（Aukje Zuidema）が、「血清事件（Serum-case）」としてこの事件を取り上げている。ハナーフィアの本以外に、オランダの戦争資料研究所（ＮＩＯＤ）が所蔵している戦後の連合軍の戦犯裁判関連の尋問書や日本軍政下で刊行された雑誌や新聞に掲載されている関連記事などを活用している点が新しい。

しばらくして、二〇一五年、この問題はエイクマン研究所にゆかりのある二人の病理学者ケビン・バード（Kevin Baird）とサンコット・マルズキ（Sangkot Marzuki）によって再び取り上げられることになった。彼らは専門家の立場から *War Crimes in Japan-Occupied Indonesia: A Case of Murder by Medicine* という研究書を刊行し、そのなかで、上記のハナーフィアがまとめたインドネシアの関係者の証言を主軸とし、終戦後オランダが行った憲兵隊に対する戦犯容疑の取り調べ資料なども活用して、これは日本がパスツール研究所で行っていた破傷風ワクチン製造に関係する問題であって、モホタルはスケープゴートにされたのだろうという冤罪説を取っている。(5)

この本が、それまでのハナーフィアらの主張よりさらに一歩進んでいる点は、ピーター・ウィリアムズ（Peter Williams）とデイビッド・ウォーレス（David Wallace）の一九八九年の著作（*Unit 731: Japan's Secret Biological Warfare in World War II*）(6)によって紹介された七三一部隊の活動に注目し、その防疫給水部の支部がバンドゥンにもあったという点に言及していることである。その指摘は非常に画期的なものであるが、同書においては残念ながらそれを指摘しただけに留まり、中国における七三一部隊と、今回の事件との具体的なつながりに関する論証はまったくなされていない。(7)

本書の何が新しいのか

そもそもどう見ても、医師という職務にある人間が、日本軍への警告のためにせよ、罪もない同胞を何百人も犠牲にするということは、あまり説得力のない話である。にもかかわらず、日本側がそのような苦肉の策のような動機を持ち出した理由は二つ考えられる。一つは、元々危険分子としてモホタルに目をつけていて、何らかの罪をなすりつけて、どうしてもこの人物を抹殺したかったということである。(8)

もう一つの解釈は、まったく別の理由、例えば日本軍側の過失などでこの医療事故が発生し、それを覆い隠すためにインドネシア人の医師に罪を着せたという可能性である。その場合推測できるのは、日本軍が破傷風ワクチン開発に躍起になっていて、その製造過程で効力を調べるためにロームシャに接種したところ、毒性が抜けていなくて死亡事故を起こしてしまったのではないかという可能性、つまり人体実験説である。

本書ではこの後者の立場をとり、七三一部隊や南方軍防疫給水部とこの破傷風ワクチン事件との関係を追求していく。その際に長年にわたり七三一部隊の研究を続けてきた松村高夫が、これまでの研究の蓄積と膨大な資料に基づいて綿密に究明し、インドネシア史研究者の倉沢愛子とともにモホタルの冤罪説を実証していく。

七三一部隊というと、これまでとかく細菌戦などの側面が強調されてきたが、そもそも防疫のためのワクチン開発は防疫給水部の重要な任務の一つである。至るところで様々なワクチン開発が進められており、破傷風ワクチンの開発研究も行われていた。しかも、インドネシアでワクチン製造を一手に担っていたパスツール研究所の研究員は、日本軍による接収後は、実は多くが南方軍防疫給水部の関係者で占められていた。本書ではこれらのことを史料的に立証する。

南方軍防疫給水部をハルビンの七三一部隊などの「石井ネットワーク」との関係から見ると、石井の人脈がそのまま南方軍防疫給水部に移っていったことが見えてくる。第6章で詳述するが、例えば七三一部隊・大連第五支部(旧満鉄衛生研究所)所属の倉内喜久雄というペストと破傷風ワクチンの専門医師は、一九四二年春、南方軍防疫給水部がパスツール研究所を接収すると、その初代所長に就任した。一九四四年八月に起こったロームシャ大量死事件を七三一部隊全体のワクチン戦略から照射すると、真相が明らかになってくる。

またジャカルタでの出来事に関しても、これまで海外での調査ではまったく活用されないままであった日本軍の極秘資料を初めて紹介し、冤罪を作り上げていった経過をあらためて辿ってみる。すなわち、すでに一九九二年、倉沢が著書で簡単に言及した(倉沢一九九二：五六五・注69)防疫給水部の中村元中尉による報告書(一九四四年一二月八日付)に加えて、一六軍軍医部長が大本営へ送った詳細な極秘の報告書の内容を紹介する。後者は、一九四四年九月八日の第一報を皮切りに、翌年二月一五日の最終報告まで四回にわたって詳細に記述されており、中村報告には見られない最終的な憲兵隊の捜査記録(爪憲高第三七〇号)も掲載している。それを注意深く読み進めると、その記述にあまり緻密さは感じられず、説得力がなく、先入観や偏見が見え隠れして、その都度日本軍がなんらかのストーリーを作り上げようとしていたかのように感じられた。しかも四カ月にわたる取り調べのなかでその筋書きは何度か書き換えられ、何かを隠蔽しようとしている意図がかなり明確に窺える(9)。

これらに記載された捜査記録や細胞学的調査の結果に加えて、逮捕され、終戦後ようやく釈放されたジャカルタ特別市衛生課長マルズキ医師の回想、獄中から密かに家族に送った手書きの書簡、ならびに妻が克明に記録してオランダにいる弟に送った書簡などを紹介する。これらは一九九〇年代に、まだマルズキ医師の家族が健在だったころ、筆者（倉沢）がジャカルタでお会いしていただいたものである。その時期倉沢は、数多くの関係者に対してインタビューを実施しており、そこで集めた証言や、資料も紹介する。幸い今から二〇年以上も前のその当時は、事件の関係者がインドネシアでも日本でも多くが存命で、彼らの証言は今となっては貴重な資料である。

目次

目　次

- 本書では新字・新仮名遣いを用いた。引用原文における旧字は新字に置き換えたが、仮名遣いは原文のままとした。
- 引用原文が漢字カタカナ交じり文の場合は、読みやすさを考慮し、カタカナをひらがなに置き換えた。
- 引用内の筆者による補足・注記は亀甲括弧〔　〕で示した。
- 丸括弧（　）内の補足・注記は角括弧［　］で示した。
- インドネシア人の多くは姓を持たないため、名前の表記は慣用的に使用されているものを採用した。

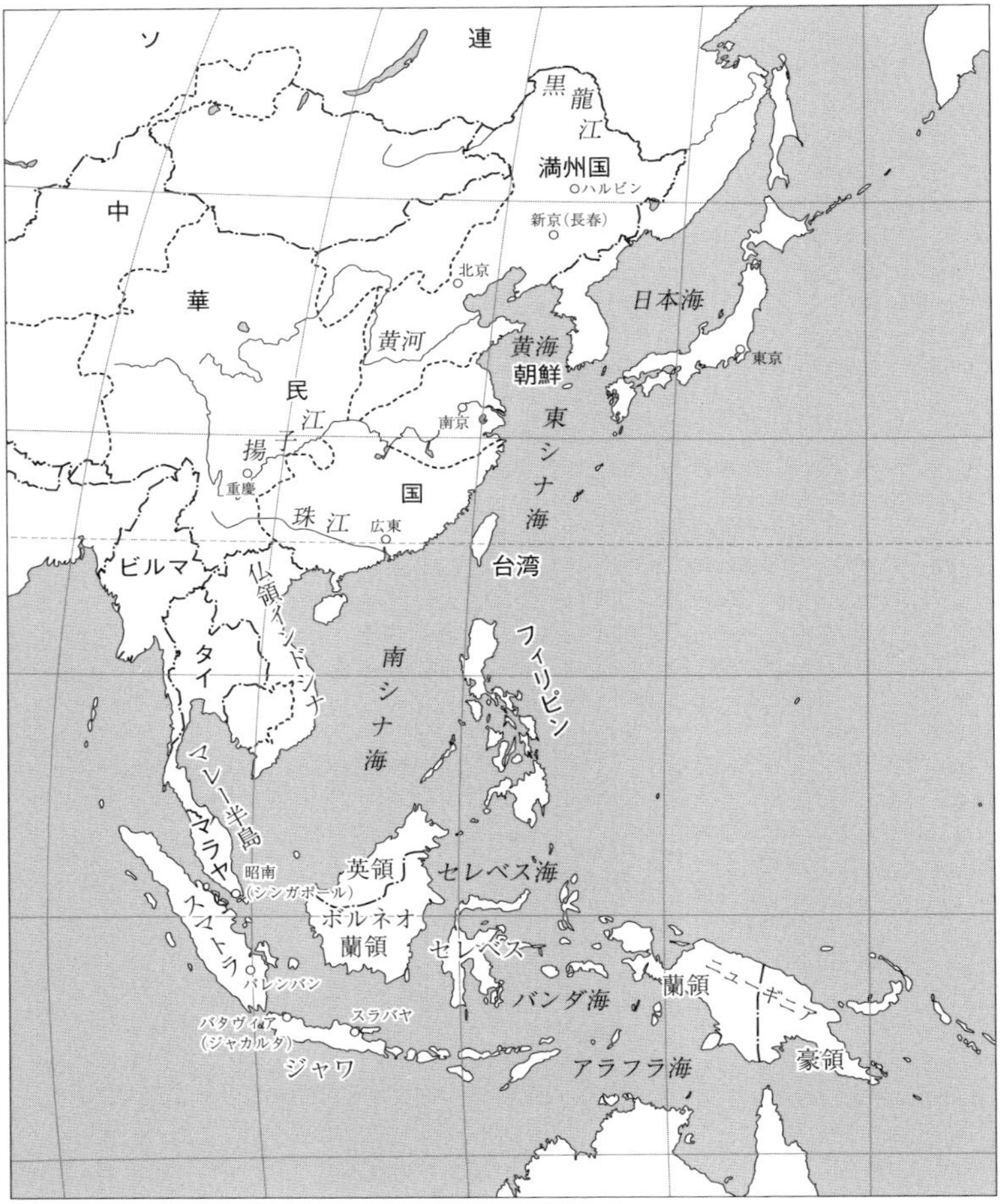

出典：倉沢(2012：ix)より作成.

本書関連地図(1944 年頃)

第I部

つくられた破傷風ワクチン「謀略」事件

第1章　ロームシャ収容所の地獄絵——破傷風患者の大量発生

1　事件の始まり——労務処理班からの緊急連絡（一九四四年八月六日）

ジャカルタ医科大学病院に鳴り響いた電話

その悲惨な、そして奇怪な事件が、初めてインドネシアの医療従事者の目にふれたのは、一九四四年八月六日、乾期のまっさかりで蒸せかえるような暑さに包まれたインドネシアの首都ジャカルタでのことであった。ジャカルタ医科大学付属中央市民病院（現チプト・マングンクスモ〔Cipto Mangunkusumo〕病院。以下、医科大学病院と略す）[1]の電話が鳴り響き、クレンデル（Klender）収容所でジャワ島外への出発を待っている「ロームシャ」が多数、奇妙な症状を呈し苦しんでいるとの報告が入り（Hanafiah 1976：29）、ただちに院長の田宮知耻夫医師のもとに伝えられた。当時インドネシアは日本軍の占領下にあり、[2]ジャワ各地の国立病院はすべて日本軍が管理していて、医科大学病院も院長田宮以下多くの日本人医師が取り仕切っていた。戦後作成された「旧ジャカルタ医科大学職員名簿」には、薬剤師、検査技師、事務職員も含めて六八名もの日本人が記載されている。

労務処理班から連絡を受けて、バデル・ジョハン（Bahder Djohan）医師（ジャカルタ医科大学講師＝四等教育官兼務)がただちにクレンデル収容所へ向かうよう指示され、駆けつけることになった。最初の電話では患者は流行性脳脊髄膜炎の症状を呈しているということだった。ジョハン医師が病院を出るとき、アウリア(Aulia)医師と日本人の軍医大尉と出会い、彼らもいっしょに行くことになった。報告された症状はきわめて奇異なものであったため、医者として強い関心を抱いたようだという(Hanafiah 1976: 29)。

ロームシャとは、日本軍のための肉体労働に投入するため半強制的に徴発された労働力で、インドネシア語でもそのままロームシャと呼ばれた。日本軍は、ジャワ島各地から集めたロームシャたちを、タンジュンプリオク(Tanjung Priok)の港からジャワ島外へ送出するまでの間収容する施設を、ジャカルタ市内の数カ所に建設しており、それは労務者処理班という役所が管轄していた(3)。ここで彼らは船を待つ間、身体検査や予防接種を受けたりするのであった。クレンデルはそのような収容所の一つで、東中部ジャワからの列車がジャカルタに入って最初に到着する東ジャカルタのラワバンケ(Rawa-banke)駅(現在のジャティネガラ[Jatinegara]駅)のすぐ近くにあった。

このあたりは、当時はジャカルタ市の郊外で、木々がこんもりした林が続き、駅の北側には線路沿いに日本軍の広大な兵舎があり、南側には市場があった。そこから少し歩くとオランダ時代アンボン兵舎と呼ばれた、蘭印軍(ＫＮＩＬ)のアンボン島出身兵の家族用宿舎があったが、兵士たちが捕虜になってしまったいま、ここは空っぽになっていた。ロームシャの収容所は、その北側の空き地に新たに建てられた竹造りのバラックだった(建設に携わった竹商人モハメッドとのインタビュー)。

常時一〇〇〇人近いロームシャがすし詰めにされており、衛生状態の悪さは一目瞭然だった。食事は材料を支給されて自炊するのだが、折からの食料難のため量は少なく、また質も悪く、体をこわして毎日のように二、三人の死者が出るのは普通であったという。事件発生時、ここには中部ジャワのペカロンガン(Pekalongan)州から集められたロームシャが数百名と、そこからさらに八〇キロほど東へ行ったスマラン(Semarang)州からの数百名が収容されていた。

バデル・ジョハン医師らが酷熱の太陽がギラギラと照りつけるバラックの中に入ると、ムッとむせかえるような熱気と汚臭が鼻をついた。竹で編んだ簡素な室内には蚕棚《かいこだな》のようなベッドが並び、数えたところ、そのあちこちでペカロンガン出身のロームシャ三一人が瀕死の状態にあった。彼らは金縛りにあったように体を硬直させ、口は開かず、体をねじまげ、のたうちまわり、激しい痛みに苦しんでいた。一部の患者は室外の樹の下などに横たわっていた。駆け付けた三人の医師の所見では、これは流行性脳脊髄膜炎ではなく、致死率の高い破傷風の典型的な症状であった(Hanafiah 1976：29)。

患者を病院へ搬送——隔離病棟の地獄絵

バデル・ジョハン医師は、ただちに病院長の田宮知耻夫医師に状況を連絡した。電話で報告を受けた田宮院長は「ともかくすぐに病院へ収容せよ」と言う。救急車などなく、また主な車両はすべて軍に接収されている時代であったから、患者を約一〇キロ離れた病院まで運ぶ作業も大変だった。苦しむ患者をトラックに山積みにしてジャティネガラから北へ向かってマトラマン(Matraman)通りを抜け、サレンバ(Salemba)の医科大学病院まで何度も往復した(**図1-1**)。こうして三一名の患者が医科大学病院の伝染病棟に収容された。

当時医科大学の四年生として在学中だったスマルソノ（Soemarsono）は、大学病院に隣接する校舎でちょうどストモ（Soetomo）講師（Gunseikanbu 1943, *Kampo* No. 28 によれば四等教育官として在籍）の病理学の授業に出ていたが、先生が「ちょっと見せたいものがある」と、深刻な表情で三〇名ほどの学生を、一般病棟の裏手にある伝染病病棟へ案内したことを今でも鮮明に覚えている。そこでは、多数のクーリー風の者が、明らかに破傷風とわかる症状で苦しんでいた。あまりにも大量の患者の集団発生を目の当たりにして、「おかしいな。破傷風は伝染病ではなかったはずだが」と奇妙な感じがした。それまでにも、破傷風患者は見たことがあったが、たいてい一カ月に一人か二人である。これほど大量の患者は初めてだったので驚いた。しかし、「科学者として、ストモ先生は、自分自身ではなにも結論を出さなかった。我々は患者と話はできなかった。ただもう怖かった」とスマルソノは述べている。

　スマルソノは、のたうちまわる大量の破傷風患者を目の当たりにした時、当時日本軍の地下壕などを掘ったロームシャは仕事のあと秘密保持のた

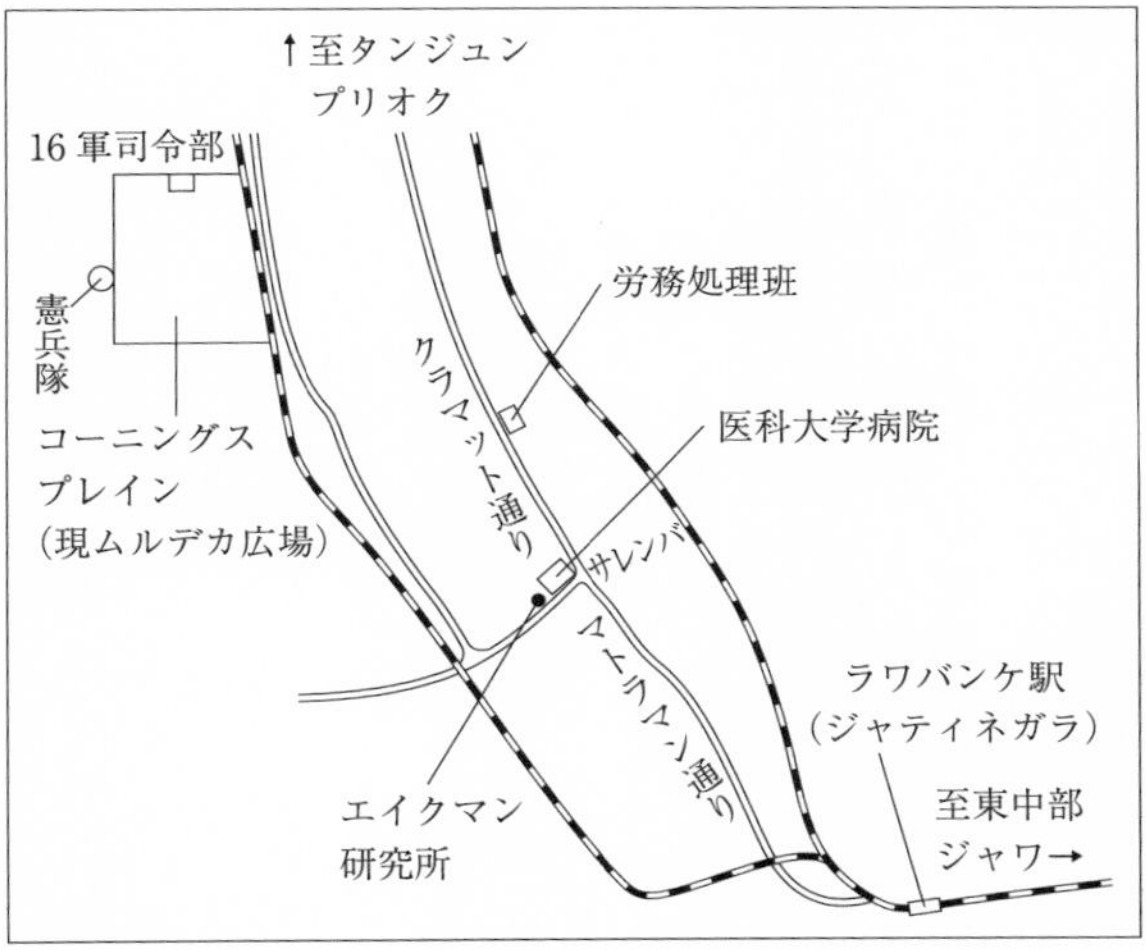

図 1-1　ジャカルタ医科大学付属中央市民病院（当時）近辺

めに全員殺される、という噂が広まっていたので、これはそうやって殺されようとしたロームシャたちなのかと思ったという。その時の地獄絵のような有り様は若き医学生だった彼に強烈なショックを与え、五〇年を経た一九九〇年代のインタビュー当時でもその脳裏に鮮明に焼きついているということだった（同氏とのインタビュー）。

田宮院長の指示を受けて多くの医者が招集された。この病院には当時ジャカルタ医科大学教授兼任で一六名の日本人医師が配属されていたが（ジャワ新聞社一九四四：一六四）、彼らも動員された。その一人で外科医の田中憲二教授は、最初の患者発生の翌朝病棟にかけつけたところ、この日に新たに発生した患者たちが苦しんでいた。彼は戦後一九五四年になって（当時順天堂大学教授）、ある雑誌で、患者たちを診た時の様子を次のように記録している。

〔…〕四十数名のうち三分の二はすでに死亡してしまったとの事。生きのこり患者を見ると、何れも同様に口を堅くくいしばり背すじを弓のようにはり数分置《（ママ）》きに全身の痙攣をおこし、呼吸も出来ぬ悲惨な有様であり、三人、五人と別々の部屋に苦しんでおり脈をふれて見なくとも数時間の生命しかないことがわかった。まさに定型的な破傷《テタノス》（風）菌による恐るべき破傷風であった（田中一九五四：二一四）。

破傷風は土の中などにいる破傷風菌が傷口から入ることにより感染する病気だが、現在日本では幼児の時に行う三種混合の予防接種のお陰で、日常的にはほとんど姿を消してしまった。インドネシアでは、赤ん坊のへその緒を、大地の土をまぶしておまじないをした竹ヘラで切断する習慣などもあって、当時はしばしば新生児に見られた感染症であるが、人から人への伝染性がないため、大量発生はなく、一般市民の間では、たとえばマラリアやペストなどのように緊急対策を要する疾病ではなかった。しかし荒野など土壌のうえで殺傷しあうことの多い戦時には、兵士の間で非常に多く見られ、軍隊内では恐れられていた。

田中教授は、この後ただちにクレンデル収容所へ向かい、状況を調べることになった。

2　日本軍の対応

破傷風ではなく脳脊髄膜炎？

事件発生を一六軍（ジャワ占領軍）の軍医たちはどのように捉えたのであろうか？　第一報がいつどのような形で、上層部に伝えられたかに関する記述はないが、労務処理班も医科大学病院もともに、日本軍の管轄下にあったので、当然それぞれの監督機関等を通じて一六軍軍医部に報告が行ったと思われる。あるいは田中教授から直接詳細な報告が送られたのかもしれない。南方軍防疫給水部の中村元軍医中尉による「爪哇ニ於ケル破傷風菌ヲ以テセル細菌謀略ニ就テ」と題する報告書には、事件発生時のことが以下のように記されている（「第二章　謀略事件発覚ニ至ル迄ノ経緯」）。

八月六日午后　ジャカルタ労務処理班クレンデル収容所ニ待機中ノペカロンガン州出身ノ労務者中三一名ハ項部《〔ママ〕》強直。緩弓反張。全身ノ間代性痙攣ヲ以テ発病シ来リ。労務処理班ニ於テハ当時ジャカルタニ散発シアリタル流脳モ考慮ニ入レ患者ノ脳脊髄液ヲ採取シ防疫給水部ニソノ検査ヲ依頼スルト共ニ患者ヲジャカルタ医大附属病院ニ入院隔離セリ（中村一九四四：六―七）。

ここでも最初は脳脊髄膜炎が疑われ、患者の脊髄液を採取して防疫給水部に検査を依頼したと記されている。(4) この点に関しては、医科大学病院のインドネシア人医師たちも、モホタル教授が所長を兼任している医科大学付属エイクマン（Ejikman）研究所の検査技師を呼んで脊髄液を採取させ、独自に調べていた(5)（Hanafiah 1976：29）。

患者の発生状況

九月になって正確に集計された数字によると、この時期クレンデル収容所だけで計一一九人が発病し、うち九八人が死亡した。以下は、一六軍軍医部長の九月八日付の報告書（第一報）(6)に掲載された日ごとの患者の発生数と死亡数である（**表1‐1～4**）。

初日、すなわち八月六日に収容された三一名は、ペカロンガン州出身のロームシャで、うち二二名は翌七日に死亡した。またその日、同じクレンデル収容所にいた同州出身ロームシャからさらに九名が発病し、これで発症者は合計四〇名となった。翌八月八日、一六名の患者が死亡した。九日には残る二名も死亡したので、ペカロンガン州出身の四〇名の患者は全員が死亡したことになる。

表 1-1　ペカロンガン出身ロームシャ被害状況（人）

日　付	患者発生数	死者数
8月6日	31	0
7日	9	22
8日	0	16
9日	0	2
10日	0	0
11日	0	0
12日	0	0
13日	0	0
14日	0	0
15日	0	0
計	40	40

表 1-2　スマラン州出身ロームシャ被害状況（人）

日　付	患者発生数	死者数
8月8日	13	0
9日	32	3
10日	12	33
11日	4	16
12日	0	3
13日	1	0
14日	2	1
15日	3	1
16日	0	1
計	67	58

表 1-3　その他の発症者（人）

日　付	職　種	人数
8月7日	兵補	3
6日	炊事夫	3
7日	〃	6
計		12

表 1-4　被害合計（人）

発症者合計	119
死者合計	98

出典：16軍軍医部長報告書（9月8日付第一報）.

八日には、同じクレンデル収容所にいたスマラン州出身のロームシャからも患者が発生した。このグループからはこの日一三名が発病したのを皮切りに、一五日までに計六七名が発病した。スマラン州の患者も医科大学付属病院に収容され、うち三六名は一〇日までに死亡した。その後二二名が死亡し、結局スマラン州出身ロームシャは八月一六日までに計五八名が死亡した。その他、兵補（補助兵として日本軍内に採用されたインドネシア人兵士）三名が八月七日に、炊事夫三名が六日に、六名が七日に発病したが、彼らは全員命を取り留めた。

軍医部長報告①には「而シテ八

月十日全員ニ破傷風予防血清注射ヲ実施セシ為同月十五日ニ至リ漸ク終熄セリ」と記されている。破傷風患者は死亡率が高いが、早期に血清を打てば、助かることもある。もちろん当時は血清も非常に貴重なものであったので、いったいどのくらい処方されたのかは明らかではないが、スマラン州出身のロームシャの一部や兵補や炊事夫が命を取り留めたのは、血清を打たれたためかもしれない。そしてそのせいか八月一〇日以降は、発症者は少なくなったと報告されている。

クレンデル収容所で、ワクチン接種後に破傷風患者が発生したことは、インドネシア社会にはもちろん、占領軍政にたずさわっていた数万人の日本人軍人・軍属や民間人にも秘密にされた。そして(八月一六日以降か)日本軍によって、クレンデル収容所への民間人医師の立ち入りが禁止された。またバデル・ジョハン医師のもとへ二人の日本人医師(おそらく軍医であったと思われる)がやってきて、クレンデル収容所の大量破傷風発症事件を日本の医学雑誌に掲載することを勧めるとともに、患者のカルテを要求した。それを渡したところ、とうとう最後まで返してもらえなかったという(Hanafiah 1976: 30)。

このように、日本側は破傷風患者大量発生の事実を覆い隠すため厳しい緘口令をしいたが、医学関係者の間で、少しずつ漏れていった。しかしその不気味さのゆえに、声をひそめ、公にはこのことを口にしなかった。とにかく何かとてつもない事情があり、おそらく見てはいけないものを見てしまったのだという胸騒ぎが、彼らの心にしみついていた。ロームシャの管理をする労務処理班、日本軍の軍医部、ジャカルタ医科大学の関係者、そして南方軍防疫給水部などの間でパニックが広がり、秘密裏に調査に次ぐ調査が重ねられた。

3　汚染されたワクチン──ワクチン接種直後の惨事だった

破傷風菌に汚染されたワクチン

まもなく医療関係者たちは、発症の一週間ほど前にロームシャたちが、チフス・コレラ・赤痢の三種混合ワクチン接種を受けていたということを察知し、その関連性に注目し始めた。ワクチン接種との関連に最初に気づいたのは、おそらく初日にクレンデル収容所に駆け付けたインドネシア人の医師たちであったと思われる。バデル・ジョハン医師はそのとき、収容所の守衛の口から、数日前にロームシャたちがワクチン接種を受けた事実を知ったという（Hanafiah 1976：29）。患者発生二日目の八月七日にクレンデル収容所に駆け付けた医科大学の田中憲二教授も、このロームシャたちが最近ワクチン接種を受けたことを耳にした（田中一九五四：二四）。

インドネシア側の証言によると、クレンデル収容所に駆け付けたインドネシア人医師と田中教授らは、ワクチン接種との関連を突き止めるために、クレンデル収容所にまだ残っていたワクチン液の空瓶や、接種に際して使われた脱脂綿などを調査材料として病院に持ちかえり、病院に隣接するエイクマン研究所にその内容分析を依頼した。

インドネシア人医師たちはさらに、クレンデル収容所から spinal serum（脊髄の血清か）のサンプルを採取してエイクマン研究所に送った。(7) 田中教授も、「とりあえず、予防注射液の入っていた薬瓶を調査の材料として持ち帰り、エイクマン研究所のモホタル医師に鑑定を依頼した」と記している（田中一九五四：二四）。さらに病理解剖部（Pathologi Anatomik）に、死亡した患者の遺体から注射の箇所を切除するよう依頼し、その肉片も検査のためにエイクマン研究所へ送られた。当時、エイクマン研究所の看護人をしていたモホタル（Mochtar）によれば、毎日のように次から次へと肉片が送られてきて、それを一つひとつ冷蔵室に収め、培養の準備をしているだけで、日数が過ぎてしまった（同氏とのインタビュー）。そしてジョハン医師によれば、検査の結果、注射した箇所から破傷風菌が確認されたという（Hanafiah 1976: 30）。なお後述するように、田中教授はこの肉片を防疫給水部にも送ったとのことである（中村一九四四：七）。

動き出した軍医部・防疫給水部・憲兵隊

八月九日にジャカルタ医科大学の田中教授から、ワクチン接種と関連ありとの報告を受けて、一六軍軍医部や南方軍防疫給水部が動き出した。クレンデル収容所でジャカルタにおける初めての患者発生が報告されてから四日後の八月一〇日とその翌日に、治集団《おさむ》（一六軍）軍医部において、軍の医療関係者を集めて会議が開催された。南方軍防疫給水部の中村元中尉によれば、彼以外に軍医部の森山高級部員の司会の下、山内信一六軍軍医部員、労務処理班付軍医、医科大学の田中憲二教授等の関係者が招集されて、森山の司会で次の点について話し合われた（中村一九四四：九）。

イ　破傷風患者の症状、経過

ロ　患者発生状況と予防注射との関係
ハ　患者発生原因探査の方策

ワクチン接種との関連が指摘された結果、この席上、早くも「謀略の疑いが非常に濃厚である」という見解が出され、そのため事件の捜査をジャワ憲兵隊に依頼するとともに、細菌学的探査は防疫給水部が担当することになった。

次いで、インドネシア人医師たちがエイクマン研究所に依頼して実施したのと同じように、防疫給水部においても、死亡した患者の注射接種部位数カ所から採取した皮下組織を調べる病理検査を実施している。防疫給水部の中村軍医中尉は、皮下組織の一部を田中教授から提供され、培養したところ、その部位に攣《つ》れが見られ、八月一一日に破傷風菌を検出できたと記している[8]（中村一九四四：六―七）。

同様のことは田中教授自身も書いているが、ただし彼の記憶によれば、死亡した患者ではなく、患者発生三日目の八月八日にクレンデル収容所で、まだ生きている患者十数名の皮膚をくりぬいて採取したとのことである。その皮膚を検査した結果、内山博士（上記の会議に出席していたことが判明している山内軍医の間違いか）は破傷風菌を発見したという（田中一九五四：二四）。

さらに軍医たちも当時労務処理班が所有していた使用済の各種予防接種液空瓶、並びに未使用の予防接種液を一一日に確保し、すべて防疫給水部に移管し、これらの細菌検査を実施した。

前述のように、同様の検査をインドネシア人の医師たちはすでにエイクマン研究所に委託している。どうやら使われた検体はエイクマン研究所に送られたものと同じもののようで、一部だけが防疫給水部に移管されたのかもしれない。しかし異なる検査結果が出ている。つまり日本側の検査結果では、前述のように破傷風菌が検出された（中村一九四四：九）のに対して、エイクマン研究所の検査技師ヤットマン（Jatman）によれば、同研究所ではまだ検査結果を出すことができなかったという（Hanafiah 1976：35）。このように当初は同時に採取された検体を使って、インドネシアの医学関係者と、日本軍の軍医たちとが、それぞれ並行して検査を行い、時期的には前者がやや先行していた様子が窺える。

防疫給水部での検査結果が明確になり、残存する注射液から破傷風菌が検出された（日本側の主張）頃から、軍医部や防疫給水部は、軍医以外の医師たちを遠ざけ、自分たちだけで事態の収拾にあたろうとするようになった。

ワクチン接種記録

ついで軍医部は、クレンデル収容所で発症した患者たちのワクチン接種記録について詳細な調査を行った。労務処理班の記録から引用して、接種対象人数、日時、場所、接種実施者にいたるまで以下のように詳しくまとめている（**表1－5**）。

これによれば、今回発病したペカロンガン州出身の患者たちの場合、七月二八日に四〇八名が七種混合（〇・五cc。何のワクチンを指すのかは不明）ワクチンの接種を受け、さらに八月二日に二一九名がペストのワクチン接種（一・〇cc）を受けていた。なお、七種混合注射より翌日のペストのワクチンを受け

表 1-5　附表予防接種実施状況表(労務者処理班記録)

一、ペカロンガン州出身労務者

接種月日	接種々類 及注射量	接種人員	接種場所	接種実施者	摘　要
7月28日	7 種混合 0.5 cc	408 名	クレンデル	雨倉伍長 「スハルデー」 「エルカルデー」	
8月2日	ペスト 1.0 cc	219 名	クレンデル	雨倉伍長 「エルカルデー」	転用 42 名　逃亡 147 名ニヨル減数
備考	1　接種液ハ「ペスト」「7 種混合」共 7 月 27 日雨倉伍長本部医務室ヨリ受領 2　患者 40 名発生全員死亡				

二、スマラン州出身労務者

接種月日	接種々類 及注射量	接種人員	接種場所	接種実施者	摘　要
8月4日	7 種混合 1.0 cc	440 名	クレンデル	雨倉伍長 「エルカルデー」	
8月5日	ペスト 1.0 cc	368 名	クレンデル	雨倉伍長 「エルカルデー」	転用 72 名ニヨル減数
備考	1　接種液ハ「ペスト」「7 種混合」共 8 月 3 日雨倉伍長本部医務室ヨリ受領 2　患者 67 名発生内死亡 58 名				

三、兵補・炊事夫

接種月日	接種々類 及注射量	接種人員	接種場所	接種実施者	摘　要
7月29日	ペスト 1.0 cc	兵補 3 名	クマヨラン	不詳	
不詳	不詳	炊事夫 9 名	クマヨラン	不詳	
備考	1　7 月 29 日ニ「クマヨラン」ニ於テ他ノ労務者 64 名ニ「ペスト」予防接種ヲ国井一等兵「ペシンガル」「タタン」ノ 3 名ニテナシアルトキ「ペシンガル」「タタン」ノ何レカガ兵補ニ接種シタルモノト推定サル 2　コノ際同時ニ接種セシ労務者 64 名ニハ 1 名ノ発生患者モナシ 3　接種液ハ 7 月 26 日本部医務室ヨリ交付セルモノナリ 4　全員治癒セリ				

出典：16 軍軍医部長報告①.

た者の人数が少なくなっているのは、四二名が「転用」[9]され、さらに一四七名が逃亡したためである。患者はこの二一九名のなかから四〇名出たのであるから、ざっと五人に一人ということになる。七種混合の接種は、衛生下士官雨倉伍長ならびにインドネシア人看護人(接種官)スハルディとR・カルディが、ペストワクチンの接種は雨倉伍長とR・カルディが担当した。ワクチンは、七月二七日、つまり最初の注射の前日に雨倉伍長が、労務処理班の本部医務室から受領した。

一方スマラン州出身ロームシャの場合、八月四日に四四〇名が、八月五日に三六八名が接種され、うち六七人が発症し五八人が死亡した。

すぐに中止しなかった予防接種

患者発生後、ワクチンとの関連を疑ったインドネシア人医師たちは、とりあえず接種を中止することを提案した。当時医科大学病院の外科医であった、スラメット・イマン・サントソ(Selamet Iman Santoso)医師も、病院の伝染病病棟へ呼ばれ、ロームシャを診察するように言われた一人だが、その時、そのロームシャたちは先頃ワクチン接種を受けたばかりだということを耳にして、至急接種を中止すべきだと考え、彼の上司である外科医長「クルサワ教授」[10]にそれを訴えた。クルサワが同意したのでそれを労務処理班に伝えたところ、翌日憲兵隊から呼び出しがあり、ワクチン接種を続行するよう強要されたという。このことについて、彼はいまでも納得がいかないと首を傾げている[11]。そのとき日本側と押し問答を三回くらい繰り返したあと、たまたま八月二〇日頃に断食月に入ったため、必然的に予防接種は中止になった。イスラームでは断食期間中は、注射液を含めて体内にいっさいのものを注入することを禁じているからである（スラメット・イマン・サントソとのインタビュー）。イマン・サントソ医師が言うように、本当に憲兵隊がワクチン接種の続行を命令したのかどうかは確認できないが、そうだとすればきわめて無責任な行動である。

4　初めてではなかった破傷風の集団発生

相次ぐ患者発生

ワクチン接種との関係を疑って、防疫給水部の中村元らが憲兵隊とともに労務処理班の記録を頼りに、クレンデル事件に先立つ約一カ月前からの接種実施状況とその後の展開を調べたところ、極めて重要な事実が明らかになった。以下の憲兵隊資料で明らかなように、実はクレンデル以前にも破傷風患者が集団で発生していたことが判明したのである（**表1－6**参照）。

「岡集団（南方総軍）防疫報」によると、七月二〇日頃にジャカルタ市クラマット（Kramat）通りの労務処理班本部でペスト予防ワクチンを接種し、二一日にパレンバンへ向けて出発したスマラン出身ロームシャ三〇一名のなかから一七七名が七月二五日に破傷風を発病し、うち一六八名が死亡した。さらにボルネオに送られた六三三名中ペカロンガン出身者一二八名が七月二九日に発症して九七名が死亡したということが判明したのである。ただし、当初これを記録していた「岡集団防疫報」においては、破傷風ではなく、流行性脳脊髄膜炎であったと報告されており、それが実は破傷風であったらしいことはようやくこののちの調査で判明することになった。[12]

表 1-6　第 1 表破傷風患者発生状況(爪憲高第 370 号ニ依ル)

予防接種実施月日	発病月日	患者数	死亡数並(月日)	
昭. 19. 月日不明	7. 22	1	1, (7. 26)	労務処理班本部ノ原(ママ)地人看護手(姓名カンタ)ニシテ屍体検証ノ結果右腕ヨリ無数ノ破傷風菌ヲ証明ス [註]入院中, 流脳トシテ処理シアリタルモ当時流脳菌ヲ証明シアラズ
昭. 19. 7. 25 頃	7. 28	4	4, (8. 2)	7 月 23 日カルテニー収容所ニ入所ペカロンガン州出身 320 名中ノ不合格者ナリ
昭. 19. 7. 20 頃	自 7. 25 至 8. 7	177	168, (不詳)	7 月 21 日ジャカルタ出発パレンバン行労務者ニシテスマラン州出身 301 名中ヨリ発生ス
昭. 19. 7. 25 頃	自 7. 29 至 8. 1	128	97, (不詳)	7 月 23 日カルテニー収容所ニ入所, 7 月 26 日ジャカルタ出発ボルネオ行労務者 633 名中ペカロンガン州出身 255 名ノ中ヨリ発生ス
昭. 19. 7. 29 頃	不詳	45	不詳	8 月 3 日ジャカルタ出発, 昭南, ビンタン島行スラカルタ出身労務者 518 名中ヨリ発生ス (9 月 25 日岡医電 143 号ニ依リ確認)
昭. 19. 7. 29 頃	自 8. 6 至 8. 7	16	ナシ	クマヨラン収容所勤務兵補 3 名炊事夫 13 名ナリ
昭. 19. 7. 28 7. 30 8. 2	自 8. 6 至 8. 7	40	22, (8. 7) 16, (8. 8) 2, (8. 9) 小計 40.	クレンデル収容所ニテ待機中ペカロンガン州出身者 408 名ノ労務者中ヨリ発生ス
昭. 19. 8. 4 8. 5 8. 7 8. 9	自 8. 8 至 8. 15	67	3, (8. 9) 32, (8. 10) 16, (8. 11) 3, (8. 12) 1, (8. 14) 1, (8. 15) 2, (8. 16) 小計 58.	クレンデル収容所ニテ待機中スマラン出身労務者 440 名中ヨリ発生ス
合計		478	368 (不詳若干)	

注：16 軍軍医部長報告①にも類似の表が掲載されている.
出典：中村 1944：8.

さらに前述（表１－５の三）のように軍医部の調査によれば、ジャカルタでもクマヨラン収容所において七月二九日に兵補三名、炊事夫九名が発病していたのだが、幸い彼らは全員命をとりとめた。おそらくインドネシア人の看護人がロームシャ用のワクチンを彼らにも接種したのであろうと推測されている。戦後の連合軍による取り調べのなかで森本新《あらた》憲兵が行った供述によれば、クマヨラン収容所で、日本人衛生兵四名ないし六名も発病したというが（ＧＨＱ資料②）、これは日本軍の文書では確認できていない。このときも労務処理班は、これらの患者たちは流行性脳脊髄膜炎ではないかと考え、患者の脳脊髄液を採取し、防疫給水部にその検査を依頼していたそうである。流行性脳脊髄膜炎と破傷風は、初期の症状が似ていることや、現場では細菌学的な検査ができないために、このような間違いが生じたものと考えられている。

また現実に、一九四四年五月、ジャカルタ港湾会社の労働者のなかから流行性脳脊髄膜炎患者と保菌者各一名が発生し、次いで六月二九日にはジャカルタ軍建協力会伊藤工務店の労働者にも患者一名が発生していたので、流行性脳脊髄膜炎に対する防疫を強化し、特に島外へ供出されるロームシャには流脳予防接種を実施し、保菌者を探し出すなど、防疫を実施していたところだった（中村一九四四：六）。

前述のように、クレンデル収容所のケースも当初は流行性の脊髄膜炎と推定されていたのであるが、検査の結果、破傷風であったと判明した。一六軍軍医部長や防疫給水部は、パレンバンやボルネオでの患者の集団発症の事実をクレンデル事件の発生後に知り、実はそれらも破傷風ではなかったのかという疑いを抱くに至った。そのようなとき、パレンバン行きロームシャのワクチン接種を担当した労務処理班看護人のカンタという人物が、その直後の七月二二日にジャカルタで発病し、七月二六日に死亡していたことが判明した。彼が入院していた医科大学病院の病床日誌を調べてみると、カンタも入院時は流行性脳脊髄膜炎として処理されていたが、そのときには流行性脳脊髄膜炎の菌は検出できなかったということであった。そこで、防疫給水部がカンタの屍体を墓から掘り出して病理学的な検査を行った結果、右腕から無数の破傷風菌が検出されたのである(中村一九四四：四)。すなわち何らかの理由で、彼自身も同じワクチンを体内に入れていたと思われるのである[13]。これらのことから日本軍は、パレンバンやボルネオへ送られて死亡したロームシャたちも破傷風だったのであろうという判断を下した。

なお、カンタの死亡は、労務処理班の看護人たちの間では、自分たちの仲間を襲った不審死であったため、すでに七月の段階では知られていたものと思う。

真相は闇の中へ

パレンバンやボルネオでのケースが破傷風であったとすれば、実はロームシャの間で破傷風の発症はクレンデルでの出来事よりも前から始まっていたということになる。しかし、それらの犠牲者たちはジャワ島を出発した後に発病していたため、一六軍軍医部や南方軍防疫給水部ジャワ支部も把握できておらず、クレンデルでの患者発生まで気がつかなかった。軍の部隊間での連絡が密でなかったため、クレンデルでの発症後の調査過程で、シンガポールの南方総軍(岡集団)軍医部から来た電報やスマトラの「防疫報」を通じて初めて知ったようである。もし、スマトラやボルネオでの患者発生の情報がジャカルタの関係者の間でもっと早く共有され、そのこととワクチン接種との関係が多少とも疑われていたならば、その後の接種は中止され、クレンデルでの悲劇は避けられたかもしれない。しかし極端な秘密主義の時代であったから、適切な対処がいっそう遅れたのであろう。

さらに、前述のようにその時期ジャカルタでも少人数の発生はあったのだが、少人数であったがゆえに詳しく調べられることもなく流行性脳脊髄膜炎として扱われ、ワクチンとの関係で不審が抱かれることはなかったのであろう。さらに、多くの医学関係者が言っていたことだが、その当時ロームシャの死亡というのは日常茶飯事で、逃亡し、餓死したり病死したりした遺体が道端にゴロゴロしていたという。つまり二、三人のロームシャの死には、人々が鈍感になっていたというのも事実である。

このスマトラとボルネオでのジャワ人ロームシャ大量死に関しては、なぜか終戦後も現在に至るまで明らかにされることはないままとなっている。それを記した「防疫報」も、さらにこの南方総軍の軍医部長報告書も、現在に至るまで日本軍の秘密文書として眠ったままで、日本、インドネシアをはじめとする海外の研究者や関係者にはまったく活用されていない。医療従事者の間でも噂に上ったことすらなかった。

5　謀略事件と判定

ワクチン接種の結果として破傷風患者の発症が見られたことから、注射液に破傷風菌が混入していたのではないかということを察知した段階で、軍医部は「謀略事件の可能性あり」とし、憲兵隊に捜査を依頼したことはすでに述べた。九月八日に東京の大本営軍医部へ送られた一六軍軍医部長の報告書（第一回報告書）には、「当該供出労務者に対する細菌謀略事象一覧表」なるものが添付されているが、そこでは、パレンバンやボルネオで発生した件も含めてすべて「破傷風菌による謀略」と分類されている。

ワクチンは、日本軍の厳密な管理下にあったバンドゥンの陸軍防疫研究所で製造され、それが順次労務処理班に送られてくる。そのワクチンを日本人を含む労務処理班の医療従事者たちがロームシャに接種し、その後破傷風を発症したということに関しては日本側もインドネシア側も認めていたわけであるが、問題は、どの段階でワクチンに破傷風を発症させるものが混入されたのかということである。

当初軍医部は「接種液調製機関内（バンドゥンの陸軍防疫研究所）の不備あるいは謀略」という可能性も一応考察していた。しかし、防疫給水部の中村中尉は、労務処理班で使用された各予防接種液が、バンドゥンのパスツール研究所から交付された状況を調査した結果、労務処理班で使用された各種ワクチンと製造月日や製造番号が同じものが、ジャカルタ市内の日本軍各部隊をはじめ、民間方面にも交付・使用されたが、患者の発生は労務処理班内のみに限定されていた、ということを発見した（中村一九四四：一八）。このことにより、彼はワクチンの製造元であるパスツール研究所から出荷された段階では、ワクチンに異常はなかったと主張する。

ここにおいて日本軍当局は、ワクチンはパスツール研究所から送られてきたのちに汚染されたもので、これは予防接種を担当した労務処理班のインドネシア人医療従事者たちによる陰謀ではないかという疑惑に行きついた。そしてその関係者の逮捕と取り調べを憲兵隊に委ねた。

6 労務処理班関係者の逮捕と強制された自白

労務処理班のなかに医務班があり、インドネシア人関係者の記憶によると、そこには日本人軍医将校一名（事件前はアミノ、事件後はシミズと交代）と、数名の衛生兵（マルヤマとオクダ?）、それにインドネシア人医師一名（スレマン・シレガル）と六、七名の看護人（マントリ）が所属していた。スレマン・シレガルは一九三一年にオランダで医師免許を取得した医師で、一九四二年からはジャカルタ医科大学病院に内科医として勤務していた（Gunseikanbu 1943：355）。そして兼務で労務処理班を担当し、看護人たちを監督していたのである。

医務班の主たる任務が、出発前のロームシャへのワクチン接種であった。クレンデル収容所のような分遣隊で接種が行われるときには、クラマット通りの労務処理班本部から、日本人の衛生兵とインドネシア人の看護人が出向いて行く。看護人たちは日頃は本部に詰めており、日本人衛生兵の指導に従って接種時にだけ収容所に出向くのだった。もちろん必要に応じて何日か収容所に滞在することもあった。ワクチンは、バンドゥンのパスツール研究所から運ばれ、労務処理班の冷蔵庫に保管されていたが、それはすべて日本人衛生兵の管理下に置かれていた。

労務処理班の医療関係者たちは、当然破傷風患者の集団発生と同時に大きな衝撃にとらわれていた。ジャカルタの収容所でワクチン接種を受けたのちスマトラやボルネオへ送り出されたロームシャたちが多数変死したという情報は、当然秘密にされていたが、労務処理班のインドネシア人関係者の耳に断片的に入ってきていたようだ。

筆者(倉沢)は、ワクチン接種を担当していた労務処理班の看護人の一人で、一九九〇年代にはまだ存命であったシャフリアル・シャリフ(Syahrial Syarif)に会って直接話を聞くことができた。[14] 彼は、上司であったスレマン・シレガル医師から、ある朝「このあいだ我々が注射した連中が、スマトラへ行ってから大量に死んだそうだよ」と知らされたときのショックを、今でも鮮明に覚えていると語った。[15] しかしスレマン・シレガルはそのとき、そのロームシャたちが「破傷風」で死んだのだとは知らないし、まして自分たちが打った注射と彼らの死が関係あることもまったく知らなかったことは言うまでもない。そのとき彼は、日本軍関係者にも死者が出たと聞いたという。

シャフリアル・シャリフは、「レバラン」という断食明けの大祭(一九四四年九月一八日)の翌日に、突然憲兵隊に逮捕され、一七日間拘束された。逮捕された日にちに関する記憶も確かであることから、その証言は信憑性のあるものと思われるが、彼の名前は日本軍当局の調書には出てこない。一方、一九四四年九月八日付の軍医部長報告①にはスハルテー(Suharti)、R・カルデー(Kardi)、ペシンガルという三名の看護人の名が登場し、彼らはシャフリアル・シャリフよりずっと早く、八月一三日、つまり破傷風患者発生直後に逮捕されていた。

看護人カルディの〝自白〟(一九四四年九月)

上記三名の看護人をいっしょに取り調べたところ、当初は否定していたが、その後ついにR・カルディだけが〝自白〟したとのことで、その内容が九月八日付の軍医部長報告①に記述されている。

それによれば、ワクチン接種日の八月一日に、カルディは、クレンデル収容所の食堂の一隅で、スレマン・シレガル医師から「之はペスト予防接種液なり。労務者に注射すべし」と、二〇〇cc入りの薬瓶を渡された。いつもワクチンは軍から受け取るのに不思議に思って尋ねてみると、「之は自分が研究調製せるものなり、調製後稍《やや》日時を経過せる為若干副作用の発現を見るやも知れず、而して本液の成績を知り度《たく》、是非君がペストの予防接種を実施せる際一部に接種し実験され度。尚実施後は此の瓶を確実に返却され度」と命じた。

翌八月二日、ペカロンガン州出身のロームシャ一五〇名に対してペストのワクチン接種を命じられたとき、カルディ看護人は、スレマン・シレガル医師から受け取った瓶のうち一本を持参し、日本人衛生下士官から受領した瓶三本のうち一本とこっそり入れ換えて使用した。使用後、その空瓶はスレマン・シレガル医師へ返却した。六日、患者が発生し、労務処理班付日本人軍医は流行性脳脊髄膜炎もしくは破傷風を疑い、患者を病院へ移送したことは既述した。八日にスレマン・シレガル医師がクレンデル収容所へ来たが、患者に関して何も言わなかったので、カルディの方から彼に患者の発生状況を伝えた。するとスレマン・シレガル医師は、しばらく考えたのち、「此の患者は多分注射の為発生したならん。然れども君は通常の伝染病として処理すべし、注射液に関しては何も云うべからず」という指示を与えたという。

正確な日時は不明であるが、このようなカルディの〝自白〟に基づき、九月の段階では、事件は

「予防接種担当医スレマン・シレガル医師の陰謀であり、彼がワクチンのすり替えを命じ、それに従ってインドネシア人看護人がすり替えられた液を接種したところ、患者が発生した」と一方的に判断され、そのように報告された。そしてこれに基づいてスレマン・シレガル医師が八月三〇日に逮捕された。

この段階で捜査終了となっていれば、労務処理班のスレマン・シレガル医師の陰謀であったとして、彼と、部下の看護人たちが有罪とされて、これで一件落着にされてもおかしくなかったのではないかと思う。

スレマン・シレガル医師の〝自白〟（一〇月二日頃）――背後に大物が？

ところが日本当局は、実際の黒幕はスレマン・シレガルではなく、もっと大物がいたのではないか、あるいはそういうことにしたいと考えたようで、このカルディ看護人の〝自白〟に関する報告書の末尾には「其の背後には大なる指導者の存在しあるを疑い目下鋭意極秘中に之が調査を関係方面に於いて努力中なり」と記されている。日本側は「事件の背後にはもっと大きな陰謀が隠れていた」と考えた、あるいはそのようにこじつけたのである。その根拠が何であったのかはよくわからない。この機会に、日頃から不信感を抱いている「大物」に罪をなすりつけて排除する必要が生じていたのだろうか。

ともかくはっきりしているのは、これ以後八月三〇日にスレマン・シレガル医師を逮捕して、厳しい取り調べを行い、日本がつくりあげた、ある明確な筋書きに合うような〝自白〟を迫ったということである。この頃容疑者たちは拷問で脅されて、憲兵隊員が日本語でまとめた調書に、無理やりサインさせられるということがしばしばあったようで、この場合もそうであったかもしれない。ともかくスレマン・シレガルは、ついに一〇月二日頃、以下のような〝自白〟を行ったと、軍医部長の報告書の第二部(一〇月二七日付)に記されている。

七月中旬、所用でたまたまジャカルタ医科大学へ来ていたスレマン・シレガルは、その廊下で同大学細菌学教授「モホタル」に会い、次のように話しかけられた。「君は労務者処理班の医師ですね。最近労務者は一般に体質が低下して死亡者も多数ある由。実は自分の教室で神経を強壮にする薬品を試作したが之を労務者の予防接種の時に密かに試用して貰い度《たい》。この薬品は私の助手にすでに数回試験させて全く副作用のないことを証明してあるから安心して使用してよろしい。然し、目下試作の域を脱してないし且実験中のものだから之の使用に就いては極秘にして貰い度」と、二〇〇cc入りの瓶を渡した。それは、バンドゥンのパスツール研究所製造のワクチンの瓶と同型であったという。

つまり日本側の期待通り、スレマン・シレガル医師は医学界最大の大物であるエイクマン研究所所長兼医科大学教授モホタルの名前を出し、その注射液は彼から受け取ったと「自白」したとされたのである。そしてスレマン・シレガル医師のこの供述に基づいて、モホタル教授が「見事に」スケープゴートに仕立て上げられたのであった。

7　モホタルら医学界重鎮の逮捕（一〇月七日）

スレマン・シレガル医師の〝自白〟に基づき、モホタル教授の関与が浮上し、クレンデルの事件発生から二カ月経った一〇月七日、ジャカルタの医学関係者があっと驚くような事態へと発展した。憲兵隊の捜査がワクチン液の病理検査などを担当していたエイクマン研究所に及び、アフマッド・モホタル所長以下（日本軍の軍医部長報告②によると）一一人が逮捕されたのである。

エイクマン研究所とは

エイクマン研究所は、医科大学付属の、臨床検査を中心とするラボラトリーである。この研究所は、一八八九年にオランダ植民地政庁の衛生局のもとで創立され、ジャカルタの中心部のメンテン地区に建てられた。その後同じ敷地内に、病院と医科大学が設立された。

設立当初は病理学・細胞学調査試験場（Research Laboratory for Pathology and Bacteriology）と呼ばれていたが、のちに、研究所の初代所長であり、ビタミンB1の発見などでノーベル賞を受賞したエイクマンの名をとって、エイクマン研究所と名付けられた。エイクマン研究所は従来、臨床検査のためのラボラトリーとして機能するかたわら、衛生学、細菌学、血清学、寄生虫病学、免疫学、および熱帯病の研究などを行ってきた。日本の占領下では、衛生試験場という名称に変更され、医科大学付属機関として邦人の熱帯馴化に関する基礎的研究も行っていたという。

アフマッド・モホタル所長

所長のアフマッド・モホタルは、北スマトラ出身の学校（HIS［原住民向けオランダ小学校 Hollandsch-Inlandsche School］）教師を父とし、西スマトラのミナンカバウ人を母として、一八九四年に西スマトラのボンジョールで生まれた。事件当時は五〇歳であった。一九世紀の中頃、オランダ軍の侵略に際して勇敢に戦ったミナンカバウの英雄、イマン・ボンジョールの孫であったと言われる。このミナンカバウ族はオランダ時代から多くの著名な民族主義者を生み出し、反オランダ独立運動の先頭に立っていたことで有名である。

ヨーロッパ人向けのエリート校であるELS（ヨーロッパ人小学校［Europeesche Lagere School］）でオランダ式初等教育を受けたのち、一九〇八年にジャカルタの原住民医師養成学校（STOVIA［School tot Opleiding van Inlandsche Artsen］）に入学した。このSTOVIAは、種痘の予防接種官養成を目的として一九世紀中頃に設立されたドクトル・ジャワ学校の後身で、ヨーロッパ式の小学校教育（HISあるいはELS。学校によって六年ないし七年間）を受けた者に対して、予科三年間、本科七年間、計一〇年間の課程を設けており、インドネシア人のための高等教育機関がほかになかったその当時、これは最高学府であった。

モホタルが入学した年、この学校の在校生を中心に、ブディ・ウトモ（Budi Utomo）という政治団体が結成された。これは、インドネシアで最初の民族主義団体とされ、この学校の建物は現在「民族覚醒記念館」になっている。以下に述べるように、この「破傷風事件」にはたくさんの医学関係者が連座するが、彼らはすべてＳＴＯＶＩＡの卒業生である。

そのような校風の学校で教育を受けたモホタルは、一九一六年にここを卒業し、「原住民医師（Indisch Arts）」という資格を付与され、医師として勤務することが許された。実際には、オランダ本国の医大卒業者と資格の上ではほとんど変わりのない技術を身に付けていたが、植民地と本国との差をつけるために、あえてこのような肩書が採用されたのである。卒業後、父の出身地である北スマトラの奥地で、医者としての勤務を始めた。医学校を卒業した者は誰でも一定期間地方の医療施設で医療行為に従事する義務があったのである。ちょうどその時期、そこでは一九一七年から一八年にかけて、シュフネル（Schüffner）というオランダの医学者のチームがマラリアの研究をしていた。モホタルは、メダン、マンデリン、シボルガ、タンジュンバライなどスマトラ各地で医師として勤務し、その間マラリア撲滅で功績を上げた。

当時「原住民医師」のうち、勤務状態の優秀な者は奨学金を得て、宗主国オランダの医大に留学する機会を与えられ、そこで一年間学業を積むと、オランダ人医師と同格の資格が与えられることになっていた。モホタル医師も一九二四年から二七年まで、アムステルダムへの留学が認められ、ここでシュフネルの学生になった。レプトスピラ症（Leptospirosis．細菌の一種であるスピロヘーターによる感染症）と黄熱病の関係についての研究に従事し、一九二六年に黄熱病の原因がレプトスピラ症だとする野口英世の説に反論する内容の博士論文を提出した（Baird & Sangkot 2015：97）。

オランダで医師の資格を取って一九二七年に帰国したモホタルは、スマトラのバンカフルで臨床医として勤務したのち、一九三二年にジャワ島のスマランにある癩《らい》研究所に移り、研究者の道を歩む。

そして一九三七年にジャカルタのエイクマン研究所に転勤になり、この細菌学部門の長として研究を続けた。同研究所の年報（一九三七―三九年）によると、そこには一四名の上級研究員がいたが、モホタルは、そのなかの唯一のインドネシア人であり、一九四〇年には副所長に任命されたという（Hasril Chaniago et al. 2021: 133-134）。この間、医療行為よりも基礎研究に力を注ぎ、研究者として名を馳せていたようで、モホタルは、オランダ統治下で二五本の論文を蘭印医学会の学会誌等に発表しており、これはインドネシアでは三番目に多いということだった（Hesseling 2018）。

一九四二年三月に日本軍がインドネシアを占領した後、抑留されたオランダ人メルテンス（Mertens）博士に代わって、モホタルがこのエイクマン研究所の指揮を執ることになった。自らの申告に基づいて軍政監部が一九四三年にまとめた人名録（Gunseikanbu 1943: 331）のなかでは、単に「幹部」とだけ書かれており、当初は正式に新所長に任命されたという記録はないが、日本人の上司が送り込まれるということもなかったようであるから(16)、実質的にナンバーワンであったものと思われる。

出典：Baird & Sangkot 2015.

図 1-2　モホタル夫妻

さらにその後、軍政開始とともに閉鎖されていたジャカルタ医科大学が一九四三年四月に天長節を期して再開されると、モホタルは細菌学の教授に任命された。このとき「原住民」のなかで教授に任命された三人（他の二人はアシキン・ウィジャヤクスマとスミトロ・ハディブロト［Soemitro Hadibroto］）の一人であった（Gunseikanbu 1943, *Kanpo* No. 28: 30）。また、このときモホタルは正式にエイクマン研究所所長に任命されたようである（Hasril Chaniago et al. 2021: 136）。

さらに一九四三年八月に、体制翼賛組織「ジャワ医事奉公会」が結成された際には、その理事の一人に任命され（ジャワ軍政監部一九四三：第一〇号、一五）、医科大学で開催されたその設立会議では医師を代表して挨拶を述べている（*Berita Ketabiban*, 17, 31）。このように、事件当時モホタルは、エイクマン研究所所長とジャカルタ医科大学教授を兼任しているうえ、研究者としても多くの業績を上げ、インドネシア医学界の最高峰に立つ人物であった。

モホタルには二人の息子があったが、二人とも戦前からオランダに留学していた。モホタル自身戦前にオランダに留学していたから、息子たちが行きたいと言ったときにも快く許したのだったが、長男バハルシャー・モホタルは、ライデン大学の博士候補であった一九四四年二月に、ドイツ軍占領下のオランダで病死してしまった（Hasril Chnaiago et al. 2021: 170）[17]。次男アデ・イムラン・シャー・モホタルもアムステルダムで医学を学んでいたが、開戦で帰国の機会を失ってオランダに留まっていた。息子たちが不在のため、当時モホタル夫妻は、姪や甥たちといっしょに住んでいた。性格温厚な人格者であったという。

モホタルの逮捕

モホタルが逮捕されたときのことは、いっしょに住んでいた姪のマルサムス（モホタル夫人の姉の子）がよく覚えていた。彼女はその日のことを次のように筆者に語った（同氏とのインタビュー）。

チキニ通り九五番地のモホタル教授の家では、夫人と、同居している姪や甥たちが、いつも昼食には帰宅する一家の主を待っていました。チキニ通りは、モホタル教授の職場であるエイクマン研究所から歩いても数分の、もとはオランダ人が住んでいた高級住宅街にありました。モホタル一家は、オランダ時代にはチキニ通りから一本入ったラデン・サレー通りに住んでいたのですが、その家はちょうどチキニ病院の裏手の便利な場所にあったため、日本軍に有無を言わさず接収され、代わりにこのチキニ通りの家を与えられたのでした。

私はその頃、師範学校を出たばかりで、メンテン地区の一等地の叔父の家の真ん前にある「まゆみ国民学校」の教師をしていたのですが、その日がちょうど誕生日で、いっしょにお昼を祝うことになっていました。皆が空腹をかかえてテーブルに着いていました。いつも時間どおりに帰ってくる叔父なのに、と私たちは不思議に思いました。

叔母（モホタル夫人）が「ちょっと研究所まで行って見てきてよ」と甥の一人を促しました。研究所までは歩いても数分です。甥が出かけていったのと入れ違いに、研究所の人が息せき切ってやってきました。「とんでもないことになりました。教授が、いえ、教授だけでなく、ハナーフィア先生〔一九四三年九月、日本軍によってタンゲランの病院勤務からジャカルタへ異動させられ、医科大学の講師＝四等教育官に就任。エイクマン研究所勤務と兼任（Gunseikanbu 1943, *Kanpo* No. 28 : 31）〕もジユハナ先生〔Djoehana Wiradikarta. ジャカルタ医科大学助教授＝三等教育官（Gunseikanbu 1943, *Kanpo* No. 28: 30）〕も、その他大勢が憲兵隊に連れていかれたのです！」と伝えたのです。ハナーフィア先生はモホタル夫人の実の弟で、同じく西スマトラのミナンカバウ族の出身です。ジュハナ先生もミナンカバウ族で、独立後初代の首相となったスータン・シャフリルの妹と結婚していました。

「いったいどうして？」家族の誰にも、何のことやら分かりませんでした。その朝いつもと同じように自転車で出勤していったモホタル教授の様子には何ら変わったことはなかったのです。それまでの日々も特にどうということはありませんでした。私たちは毎日いっしょに食卓を囲んで食事をし、何でも話し合っていました。もし何か事件にまきこまれていたなら、叔父は話してくれていただろうと思います。少なくとも何か動揺が見られたと思います。青天の霹靂とはこういうことを言うのかと、私は思いました。

私は友人三人といっしょに、ハッタ〔スマトラ出身の民族主義者で、スカルノに次ぐ実力者。当時は日本に協力。のちにインドネシア共和国初代副大統領〕が主催するロームシャの援護団体で働いていて、ハッタの命令で東ジャワのロームシャの留守宅を訪問したこともあるくらいでしたから、ロームシャの問題には関心を持っていました。しかし、多数のロームシャが破傷風で死んだということは、叔父が逮捕されるまでまったく知らなかったのです。皆呆然として立ち尽くしてしまいました。

逮捕された医学関係者たち

ヤットマン検査技師の記憶によれば、この日同研究所からは、モホタル教授を含めて細菌学の医師や研究員を中心に九人が逮捕されたという(Hanafiah 1976: 36)。エイクマン研究所関係者の多くの者にとって、逮捕はまったく青天の霹靂であった。この研究所はロームシャのワクチン接種には直接関与していなかったため、憲兵隊がやってきたとき、それをロームシャの破傷風集団発生事件と結び付けて考えられた者はほとんどいなかった。今回の破傷風事件に際してエイクマン研究所が関与したのは、ただワクチン液の空瓶や破傷風を発症した患者の注射部位の皮膚が、検査のためにここへ送られてきていたというだけであった。

エイクマン研究所へは、お昼少し前に名簿を手にした憲兵隊員がやってきて名前を呼び上げ、呼ばれた者は二階の図書室へ集められた。モホタル夫人の弟で、同研究所の細菌学部長でもあったハナーフィア医師は、そのときちょうど兼任している医科大学で講義の準備中であった。そこへ研究所の職員が駆けつけてきて急を知らせた。ただちに自転車で同じ敷地内にある研究所へ戻ったところ、日本軍の制服を着た者が「ハナーフィアか?」と近づき、研究所二階にある図書室へ集まるよう命じた。「これは一体何なのですか?」とハナーフィアが尋ねると、日本人は「黙れ、しゃべるな」と制止した(Hanafiah 1976: 16)。

同研究所の血清学部門の責任者であったジュハナ・ウィラディカルタ副所長は、近くのプガンサン・チムール通りにある微生物研究所へ講義に行こうとしたところ、呼び止められ、彼も図書室に留め置かれた。図書室にはその他にヤットマン検査技師と、モホタル看護人も集められた。このモホタルは、所長のアフマッド・モホタルとは血縁関係はなく、単なる同名である。彼はこのときのことをよく覚えていて、次のように筆者に語った(同氏とのインタビュー)。

ある日、日本人憲兵隊員が来ました。彼らは、特に憲兵隊員だとは言いませんでしたが、私には分かりました。白い服を着ていて、私の部屋〔二〇号室〕へやってきました。その時はモホタル教授もヤットマン検査技師もいませんでした。憲兵隊員は名簿を持っており、「モホタルはいるか?」と訊ねました。「私はモホタルですが、でも単なる助手〔pembantu〕です」と答えました。私の部屋の鍵をよこせと言いました。もうその部屋にわれわれが入れないようにするためでした。

図書室に集められた彼ら四人は二台の車に分乗させられ、憲兵隊本部へ連行された(Hanafiah 1976: 17)。

一方、エイクマン研究所の化学部長であったスタルマン(Sutarman)医師は、ムルデカ・ティムール(Merdeka Timur)通りにある現地民官吏養成所で政治的な研修を受けている最中に、憲兵隊員の訪問を受けた。彼の仕事は細菌部門(bagian bakteology)とは何の関係もなかったが、同じ屋根の下にいたために憲兵隊に逮捕されたのだろう。彼はワクチンに毒が混入したこととはまったく関係なかったのだが、一週間勾留された(Hanafiah 1976: 44)。

そのほか、この日エイクマン研究所からは、スベクティ(Subekti)と二人の女性、コ・キアップ・ニオ(Ko Kiap Nio. 独立後インドネシア大学医学部学部長となったサハブ[Sahab]教授の中国名)ならびにナニ・クスマスジャナ(Nanny Kusumasudjana)ら三名の検査技師が逮捕された(Hanafiah 1976: 43)。

さらに、エイクマン研究所員ではないが、医科大学病院の内科教授アシキン・ウィジャヤクスマ（Asikin Widjajakusuma）らが逮捕されたが、一六軍軍医部長の報告書②ではアシキン教授ら四名（誰を指すのかは不明）は間もなく釈放された、とされている。またジャカルタ医科大学の微生物研究所の検査技師ワルサらも逮捕された（Hanafiah 1976：36）。その研究所は医学科と公衆衛生学科の学生が微生物関連の授業を受ける場所で、さまざまな微生物が保存されており、破傷風菌も培養されていた。しかしそこでは、所長が日本人であったため多くは逮捕されず、最も年長のインドネシア人検査技師であるワルサだけが逮捕されたようである（Hanafiah 1976：42）。エイクマン研究所では所長以下主要メンバーが逮捕されたのとは対照的である。憲兵隊による捜査項目は、「破傷風菌の入った試験管が紛失していないかどうか」ということだけだった。運よくワルサは「紛失していない」と信じさせることができ、間もなく釈放された（Hanafiah 1976：42）。

こうしてこの日、エイクマン研究所の内外で、モホタルも含め全部で一三人の医学関係者が逮捕された。(18)

第2章 スケープゴートがつくられるまで
——日本軍が捏造したドラマ——

1 憲兵隊による取り調べ

ジャカルタの憲兵隊

逮捕や取り調べを担当したのは、言うまでもなく憲兵隊員で、そのなかには軍医も配属されていた。「ケンペイタイ」という言葉は、インドネシア人にとてつもない恐怖を与えるものであった。挙動が不審であるとか、日本軍将兵に敬礼しなかったという程度のことでも、憲兵隊に連行され、激しい拷問を受けることがしばしばあった。だから人々は「さわらぬ神にたたりなし」とばかりに、なるべくなら憲兵隊の建物の前は避けて通ったものだった。ジャカルタの憲兵隊本部は、現在ジャカルタのシンボルとも言える独立記念塔（モナス）が立つムルデカ(Merdeka)広場（オランダ時代はコーニングスプレイン[Koningsplein]、日本軍政当時はガンビル広場と呼ばれた）の西側、つまりムルデカ・バラット(Merdeka Barat)通りにあった。オランダ時代には、由緒あるジャカルタ法科大学のキャンパスがここにあったが、この大学が閉鎖されたため、憲兵隊が接収して使っていたのである。インドネシア人たちは、「法の殿堂が、無法の象徴のような憲兵隊に犯された」と皮肉っぽい笑いを込めて語る。この建物は、現在は国防治安省になっている。

憲兵隊員たちは、それぞれ自分の取り調べ室を持っていたようだ。そして同じ隊員が同じ被疑者を継続的に取り調べている。場合によっては、憲兵隊の建物の裏手にあり、憲兵隊員の宿舎になっていたタナ・アバン通りのフラット・ホテルでも取り調べが行われたという（ＧＨＱ資料①）。

非人道的な処遇

憲兵隊本部へ連行された被疑者たちは、まず入口で衣服と所持品をすべて当局に引き渡した。房はまるで家畜小屋のように幅一・五メートルほどに小さく区切られ、その中に一〇ないし一二人ずつ詰め込まれた（Hanafiah 1976: 17）。

一つひとつの房は、かつて大学の自転車置場だったところを仕切ってつくったものであった。他の事件で取り調べを受けている者もいっしょだった。狭いので、体を横たえたりすることは許されず、一日中壁に背を向けて座らされ、私語は許されなかった。

軍医部の報告書には、憲兵隊では、もっぱら隊付きの軍医が取り調べにあたったと記されているが、一方被疑者たちは、ツカモト（戦後戦犯裁判で有罪とされ、懲役二〇年の判決を受けたツカモト・マサヨシと思われる）、サイトウ、モリモト（同じくのちに戦犯とされ、懲役二〇年の判決を受けた森本新）、ウエヤマ（同じく四年の判決）などの名を覚えていて、しばしば口にする（Hanafiah 1976: 18, 37, 38）。なお、通訳の一人に、戦前ブキッティンギに長く住んで写真屋を営んでいたという日本人がおり、インドネシア語も堪能だったという。

ここで名前が挙がっている森本は、のちに残虐な取り調べの容疑で連合軍による戦争裁判にかけられたが、彼は、この事件(「バクテリア事件」と呼んでいる)がらみで裁判の対象になったのは、彼自身のほかにイワマタ、ウエヤマの二名であったと、のちに仮釈放審査の場で述べている。また森本は応召する前は電気技師として働いており、取り調べの際、電気ショックの装置を使うことはお手のものだったと述べている(ＧＨＱ資料②)。

2　エイクマン研究所に破傷風菌はあったのか？
——モホタルに向けられた容疑

破傷風菌は「枯死」していた

一〇月初めのスレマン・シレガル医師の〝自白〟は、汚染したワクチンをモホタルが強壮剤だと称してスレマン・シレガルに渡し、彼の手から部下の看護人たちに渡されてロームシャ収容所で接種され、多くの犠牲者を出した、という筋書きであった。当時ワクチンの製造を行っていたのは、日本の陸軍軍医部が統括するバンドゥンの防疫研究所つまり旧パスツール研究所で、すべての予防接種ワクチンはそこから供給されていたのであるが、エイクマン研究所の低温室は、パスツール研究所から送られてきたワクチンの一時的な保管場所として使われることがあった。モホタルに向けられた容疑は、破傷風の培養菌を一本盗み、その中身をワクチンに混入させたというものであった。モホタルは、「病院へ収容された破傷風患者から菌は発見できず、毒素(toxin)だけが見つかった」と答えていたが、防疫給水部は、自分たちの調べでは菌の存在が証明されていたと主張した。そのため、モホタル以下エイクマン研究所関係者に対する取り調べの一つの争点は、エイクマン研究所に破傷風菌が存在しており、モホタルがそれを入手することが可能であったかどうかにあり、憲兵隊の捜査はその点に集中した。

モホタルは、「破傷風株はすでに日本軍の進駐前に枯死して、エイクマン研究所には存在しなかった」と答えていたが、憲兵隊はこれを何とか覆させようとした。

憲兵隊は、「モホタルはすでにそのように自供している」とカマをかけて、他の者にも破傷風菌が存在したことを認める供述を迫った。日本語の供述書がすでに用意されており、署名するよう迫られ、ありとあらゆる残酷な拷問が加えられた。憲兵たちが期待する回答が返ってこないと、ただちに「嘘をつけ！」という雷声が頭上に落ちて、激しい拷問があとに続いた。

ヤットマンの場合

モホタルに次いで厳しい取り調べが集中したのは、細菌の検査技師でモホタルの片腕であったヤットマンに対してであった。一九七〇年代に彼自身が語った証言(Hanafiah 1976: 33-38)によると、憲兵隊は、彼の口からエイクマン研究所に破傷風菌があったことを証言させようとした。

破傷風菌をワクチンに混入しただろうという憲兵隊の憶測に対し、ヤットマンは、そもそもロームシャを死にいたらしめたのは、破傷風菌ではなくトキシン(毒素)であったと主張した。その根拠としては、患者発生後クレンデルでの死者の注射部位から切断した九〇片の皮膚がただちにエイクマン研究所に送られてきて、彼自身ですべてに対して培養と動物実験を行ったところ、いずれの検体からも破傷風菌は検出されなかった、と証言した。

ヤットマンは、破傷風菌とトキシンについて、さらにその製造方法について憲兵隊員に説明したが、幸いなことに、その議論に際して、憲兵隊顧問であった日本人医師が同席しており、彼はヤットマンの言うことが正しいと証明してくれた。それでも憲兵隊は、エイクマン研究所内に破傷風菌があったかどうかにこだわり、ヤットマンを厳しく追及した。彼は事件が発生する何カ月か前（一九四四年一月頃）から、ミヤモト教授の要請に基づき、切開用腸線（手術用の糸で羊腸から作るもの）に付着している破傷風菌に対する殺菌試験を行っていた。ミヤモト教授は化学の専門家で、エイクマン研究所のスタルマンと共同研究をしていた人物である。ヤットマンは、その研究は時間がかかるので、彼の研究室にはつねにたくさんの破傷風の培養菌があったということは認めた。次いで彼は、「モホタル教授自身がトキシンを作ったということもありえない。モホタル教授のもとにはその設備がなく、それは血清学部門のスワルトノが保管していた」と述べた[1]。

憲兵隊側の筋書きに従って用意されたと思われるモホタルの自供書がすでに用意されており、ヤットマンもその調書にサインするよう迫られたが、拒否した。「モホタル教授自身にサインしてもらえばいいでしょう」と言ったところ、取り調べ班の責任者森本は、思い通りにならないヤットマンに、激しく怒りをぶつけたという。

ハナーフィアの場合

モホタルの義弟にあたるハナーフィア医師の体験は以下のようであった。憲兵隊に連行されてから三日目に取り調べが始まり、サイトウという隊員が担当した。彼は次のようなやり取りを記憶している（Hanafiah 1976：18–19）。

憲兵隊員　〔エイクマン研究所での〕お前の部屋はどこか？
ハナーフィア　一〇号室です。
憲兵隊員　モホタルの隣だな。
ハナーフィア　そうです。
憲兵隊員　では誰がそこへやってきたか知っているな？
ハナーフィア　はい。大学病院の医者たち。それから日本の医者も。
憲兵隊員　日本人の医者ではない。インドネシアの医者のことを言っているのだ。マルズキ医師、スレマン〔・シレガル〕医師、それからアリフ医師か？
ハナーフィア　マルズキ先生は来たことがあります。でも他の二人は来ていません。
憲兵隊員　嘘をつくな！〔こん棒をゆらゆらさせながら〕殴るぞ！

こんな具合に誘導尋問をし、最後は「モホタルは自白しているぞ」と言われ、その調書に彼も署名するよう迫られた。

コ・キアップ・ニオとナニ・クスマスジャナの場合

エイクマン研究所の検査技師だったコ・キアップ・ニオとナニ・クスマスジャナはいっしょにチフスの実験を担当していたので、ヤットマン検査技師の仕事の内容はよく知らなかった。それでも彼女たちは逮捕され、検査技師のナニは、憲兵隊に連行されるや、最初の取り調べでいきなり「お前が盗んだのか？」と問い詰められた。何を盗んだというのかまったくはっきりしなかったが、そればかり尋ねられたという。ナニによれば、当時エイクマン研究所では破傷風の胚種を使った実験をしていたので、培養菌の入った瓶がたくさんあったが、その部屋の鍵を持っていたのは彼女で、瓶はひとつも無くなってはいなかった。

憲兵隊はさらに、お前たちの仕事は何か、どんな客がモホタルを訪ねてきたか、エイクマンではトキシンが製造されたことがあるか、などの質問をした。それに対し、「エイクマンでは、ワクチンもトキシンも製造していません。自分たちは破傷風の検査に関与したことはありません。モホタル教授のところへ来た客のことは知りません。モホタル教授もヤットマン検査技師も他の職員も、午後一時には仕事を終えて帰り、その後夕方や夜に再び研究所へ行くようなことはありませんでした」などと回答した（Hanafiah 1976：43）。

オランダ人証人を連行

インドネシア人の被疑者だけでなく、すでにバンドゥン近郊のチマヒの敵性国人抑留所に収容されていたオランダ人医師も、証人として憲兵隊に連れて来られた。戦前ジャカルタ（当時はバタヴィア）医科大学の細菌学教授でエイクマン研究所所長でもあったメルテンス博士や、同じく医科大学で微生物学を教えていたディンヘル（Dinger）教授らである。前述のようにモホタルは、「戦前ロンドンから取り寄せた破傷風菌株は、日本軍進駐前にすでに枯死し、ジャワには無かった」と主張していたが、これを覆すために彼らが連れてこられたのであった。メルテンスは腸を病んでおり、自力で歩けなかった。またディンヘルはやせ細っていた（Hanafiah 1976：37）。このオランダ人医師たちは「私の実験はどうなっているかね？」と盛んにインドネシア人研究者たちに尋ね、気にしていたという。身柄を拘束されても研究者にとってはそれが最大の気掛かりだったのだろうと、その研究者魂は感銘を与えたという（スタルマンとのインタビュー）。

一六軍軍医部長の報告書では、メルテンスは「一九三八年にロンドンから入手した破傷風菌株は確実にモホタル医師が引き継いだ」と証言したとされている。これは重大な発言である。実際メルテンスがそのような証言をしたかどうかは確認できないが、(2) このために「エイクマン研究所には破傷風菌があった」と断定され、これがモホタルにとって決定的に不利になったことは間違いない。なお、弱っていたメルテンスはこの後チマヒ抑留所に戻されたのち、一九四五年二月二一日に腸炎で死亡している（Hasril Chaniago et al. 2021：175）。

憲兵隊は、さらに捜査を続けた結果、医科大学の細菌学教室および旧ウィルヘルミナ研究所から嫌気性培養器に入った破傷風菌株が発見されたと主張した。破傷風菌は空気のない所で増殖する菌である。こういった「事実」をつきつけたところ、モホタル教授は一〇月一九日になって〝自白〟を始めたという（軍医部長報告②）。

3　モホタルの〝自白〟からマルズキ、アリフの逮捕へ

〝自白〟に追い込まれて

一六軍軍医部長の報告②によると、モホタル教授は、逮捕後しばらくして一九四四年一〇月一九日に、ほぼ次のような内容の〝自白〟を行った（軍医部長報告②から筆者〔倉沢〕が要約）。

昭和一八年末頃から原住民指導者階級および医師間に「労務者に対する取り扱いは過酷で非衛生的である……」ということで、その改善のために日本人を覚醒させようとし、その方法として細菌を使用する謀略を考えた（五頁）。

計画実施のため、モホタルは部下のなかから信頼できる二名、つまり分析係ヤットマン（逮捕されたのち釈放）と培養基係のサデオを選んだ。その際、エイクマン研究所の二〇号室（結核、ジフテリア菌取り扱い）長スベクティは、元パリンドラ党（オランダ時代の民族政党で、オランダとの協調政策をベースにしていた）員であったため信用できないと考え、七号室（培養基室）長に転出させ、ヤットマンを二〇号室長にして細菌検査を担当させた。またサデオにはヤットマンの下で培養基の製造を担当させた。秘密漏洩防止のため、華僑のコー・キャップ・ニオを一八号室（細菌保管室）長からチフス・赤痢室長に移動させ、後任にナニ・クスマスジャナを据えた（五―六頁）。

こうして準備を整えてから、一九四四年一月に意中をヤットマンに打ち明けた。三月になって、

かつて一九三八年頃ロンドンから送られた破傷風菌をヤットマンに培養するよう命じた。ヤットマンは命を受けて、七月頃までその培養を実施した(3)(六頁)。

一九四四年六月頃、ジャカルタ特別市衛生課長マルツキ《ママ》医師、同アリフ医師およびスレマン医師(後述のスレマン・シレガルとは別人)、ジャカルタ医科大学ジュハナ助教授、同ハナーフィア助教授、労務処理班付きスレマン・シレガル医師を集めて会合し、この場で、破傷風菌を利用し、ロームシャに細菌謀略を実施する意図を示したところ全員同意した(六―七頁)。

人員の配置換えなど細かなことに至るまで詳細に記述されていて、筋書きづくりは非常に巧みに行われている。かくして、モホタルは破傷風菌にアクセスすることが可能な立場にあったと認めるとともに、自分のほかに六名が首謀者になった謀略であったことを〝自白〟したのであった。単にエイクマン研究所の関係者だけでなく、市の衛生課長など、主要な医師多数が共謀した事件ということになったわけである。この一〇月一九日の自白に関し、以下のような内容の電報(治医電一三五号)が、一〇月二一日に一六軍軍医部長から大本営の野戦衛生長官宛に発信されている。

治医疫第五六号治医電第九七号及一〇八号ニ係ル破傷風謀略事件ハ、「ジャカルタ」医大細菌学教授「モクタル」ヲ首班トシ同大学原住民助教授及「ジャカルタ」特別市原住民衛生行政官ヲ含ム一党ナルコト判明セリこの電報で述べられている「原住民助教授」はハナーフィアやジュハナ、「原住民衛生行政官」は、マルズキ医師、アリフ医師、スレマン医師、さらに労務処理班のスレマン・シレガル医師、つまりモホタルとともに謀略実施を企んだと言われる六名の医療関係者を指すのであろう。

マルズキ・アリフ・スレマンの逮捕

一〇月一九日に署名されたモホタル教授のこの「自白」に基づき、翌一〇月二〇日に、ジャカルタ特別市衛生課長マルズキ医師と[4]、その部下で、市衛生局付きのアリフ医師とスレマン医師が新たに逮捕された。マルズキ医師は、自らは直接タッチしないが、要請があれば、市の衛生課から予防接種のための医師をロームシャ収容所へ派遣することがあった。しかし彼が逮捕されたのは、そのような任務上での責任に関連してではなく、反日陰謀の計画者として名指しされたためである。

アリフはマルズキ医師の直属の部下で、日頃は市衛生課管轄下のタンジュン・プリオク港湾保健所に勤務し、マラリア撲滅の業務に従事していた[5]。しかしときには、ロームシャへの予防接種も担当することがあり、くだんのロームシャの予防接種の際にも、応援のためにクレンデルに派遣されて接種に関与していた。加えて、上述のように一〇月一九日のモホタルの供述のなかで、破傷風菌を使った陰謀を計画した首謀者の一人として彼の名前がスレマン・シレガル医師とともに挙げられた。そしてこのアリフ医師は、後述するように、それから約七週間後の一二月九日、拷問の末、憲兵隊の拘置所で壮烈な死をとげることになる。

アリフの死の一日前にしたためられた防疫給水部の中村元報告書には、上記の軍医部長報告②には出てこない、いくつかの事実が記されている。すなわちいくつかの「違い」が生じているのである。それによれば、モホタルは、七月二九日に、破傷風菌を混入した二本の予防接種液を神経強壮剤だとして自分に手渡したと、スレマン・シレガルが自供した。同じく七月下旬(日時不詳)にジャカルタ特別市衛生局勤務のアリフ医師およびジャティネガラ県のスレマン医師の両名に対しても同様の注射液を渡したという。そこではさらに、アリフとスレマン・シーは、モホタル教授から予防接種液を受領したことはないと否認しているが、労務処理班看護人カンタ(七月二六日死亡)が、七月中旬「アリフから受領した薬だ」と言って、予防接種液らしいものを所持していたと供述したと述べられている(6)(中村一九四四：五)。そしてそれゆえ、同接種液が七月二〇日と七月二五日頃労務者に使用されたのではないかと思われる、というのであった。

この中村元報告書には、アリフ医師がすでに七月中旬に、汚染された接種液を看護人に手渡していた、という重要なことが記されている。それは、菌の潜伏期間を考えて、八月六日に発症したクレンデル収容所のロームシャたちへの予防接種よりも前に、すでにインドネシアの医師たちがワクチンに菌を混入させたということをも仄めかしている。ただしこの中村元の報告書の内容は、軍医部長のそれ以降の報告書には出て来ない。日本軍内部の報告書にも、このようなずれがあるのである。

アリフ医師の獄死(一九四四年一二月九日)

アリフ医師は一二月九日に、遺体となって突然自宅へ送り返された。憲兵隊付き陸軍軍医中尉小林

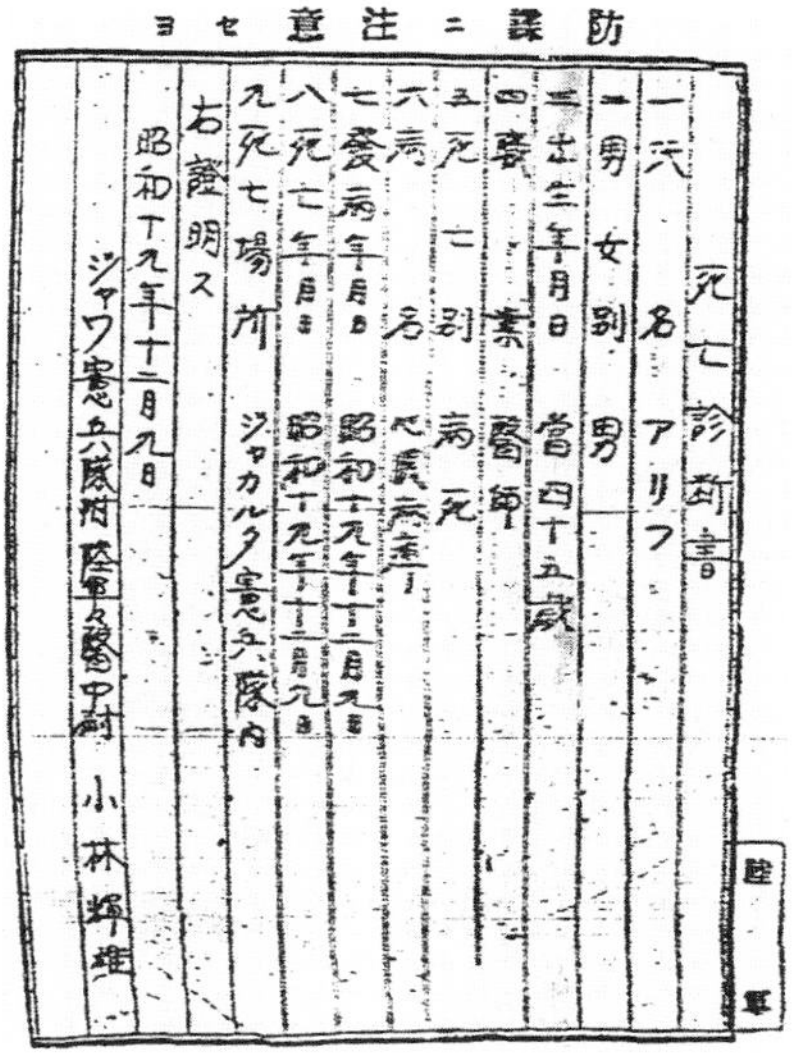
防諜ニ注意セヨ

死亡診断書

一氏名　アリフ
二男女別　男
三出生年月日　當四十五歳
四職業　醫師
五死亡ノ別　病死
六病名　心臓麻痺
七発病年月日　昭和十九年十二月九日
八死亡年月日　昭和十九年十二月九日
九死亡ノ場所　ジャカルタ憲兵隊内
右證明ス
昭和十九年十二月九日
ジャワ憲兵隊附　陸軍々醫中尉　小林輝雄

陸軍

図**2-1**　アリフの死亡診断書

輝雄が出した死亡診断書によると、一九四四年一二月九日に心臓麻痺で病死した、となっている(図**2-1**)が、それを信じる者はいなかった。拷問で両足にひどい火傷を負い、その傷口から感染して膿血症を起こして死に至ったのを、憲兵隊に逮捕されていた多くの仲間が見ている。マルズキ医師は、一二月九日、憲兵隊内で担架に横たえられているアリフ医師の遺体を見て驚いた。この話を終戦後夫から聞いたマルズキ夫人は、オランダにいる弟ヤープ(Jaap)への手紙のなかで、アリフ医師の死について、次のように記している。

私たちはのちに、アリフ医師は糖尿病をわずらっていたが、それに加えて、怪我をするまで殴られ、両足にできた傷から感染し、膿血症を起こして死んだと聞きました。最後の瞬間になって日本人たちは担架に乗せて彼を医者のもとへ連れていく必要があると悟ったのです。医者から戻ってきたところで、担架に乗せられたまま、マルズキの房の前や横の房にいる同僚たちからも見えるところで、この哀れな人は息を引き取りました。一九四四年一二月九日の午後四時でした。

なぜ死に至るほどの拷問が、アリフに集中したのかはわからない。夫や兄を突然連行されて、理由もわからず当惑している他の被疑者の家族にとって、このアリフ医師の無言の帰宅、それも全身傷だらけになっての帰宅は、不気味な圧力となって、底知れない不安を呼び起こしたであろう。

このアリフの獄死は、後日連合軍によって、憲兵隊の過剰な暴力として取り上げられ、関係者たちは戦犯として裁かれている。そのため、彼の死に関しては、終戦後の関係者の証言が連合軍資料に数多く記録されている。たとえば、当時別の容疑で八月一日から憲兵隊に勾留されていたインドネシア人リパサ（A. Ripassa）がオランダの法務官ドゥ・フロート（de Groot）に証言したところによれば、彼は瀕死状態のアリフ医師を日本人医師のもとへ連れていくのを手伝ったのであるが、そのときアリフは、電気をあてられて両足に火傷を負い、感染症にかかっていたという。そして本人はいっそ両足を切断してほしいと要望したが拒絶された。日本人医師は瀕死のアリフに向かって「お前は心が腐っている。死ぬしかない」とインドネシア語で言い放ったとも言われる（Collectie L.F. de Groot No. 584：56–57）。

また、アリフ医師の遺体が自宅へ戻されるとき、その搬送を手伝ったという医科大学の教員の一人、アリ・アクバル医師は、『ふたつの紅白旗』という証言集のなかで、「彼〔アリフ医師〕の手は縛られていたようで、縛った跡がいくつもありました」と回想している（インドネシア国立文書館一九九六：八二）。

4　モホタル、供述を変える

アリフの死後しばらくして、どうやら一二月のある段階で、事件の原因・動機、さらに経過についての筋書きが大きく変更された。そしてモホタル所長、スレマン・シレガル医師、マルズキ医師を除いて全員が徐々に釈放された。うちモホタルとスレマン・シレガルの二名だけが、一九四五年一月に開催された軍律会議で起訴された。マルズキは、何の説明もないままになぜかチピナン刑務所に身柄を移され、そのまま勾留が続いた⑺。

この筋書き変更の裏には何があったのだろうか？　モホタルは、再度〝それに合うような自白〟を迫られたものと思われる。

最終的な筋書き――一六軍軍医部長の最終報告から

一九四五年二月にまとめられた軍医部長報告④、すなわち最終報告によれば、憲兵隊が作り上げた最終的な筋書きの内容はほぼ以下のようなものであった。

「原因」　モホタルは大東亜戦争前から独立運動に関係していたが、軍政三年目に至り、日本軍は東インド〔インドネシア〕に独立を許容しないものと判断し、非合法手段によって独立を獲得しようと決意した。そしてその手段として、細菌謀略をもって「原住民」の反日・反軍思想を醸成し、日本軍が独立を許容せざるを得ないような窮地に陥れようとした。
「動機」一九四四年六、七月頃の戦局が日本に不利であることを感知するとともに、「原住民」指導者および医師の間で高まっていた労務者待遇改善の要望等を受けて、⑴日本軍の作戦準備妨害、⑵労務者の大量殺戮による軍民の離反、⑶対労務者政策の改善、を主眼として、労務者に破傷風菌を使用して謀略行為を実行することにした。

そして、具体的には以下のように実行した。

謀略実行の概要

１「モフタル」は非常手段（破傷風菌使用細菌謀略）を決意すると、七月一六日、業務上培養中の破傷風菌培養基を試験管に二本分抜取り三種混合注射液二五〇cc入薬壜（二壜）中に各五ccを混入する準備をし、同日一〇時三〇分頃衛生試験所（エイクマン研究所）裏において、公務上の部下である腹心の「スレマン」に手渡し、労務者に対し一cc宛注射するよう指示した。その後「スレマン」から謀略成功の知らせを受けると、更に七月二九日にも、前回同様の方法で、三壜を作製し、交付した。

２「スレマン」は

（イ）七月一六日一〇時三〇分頃衛生試験所裏に於て、「モフタル」から謀略実施に対する指示を聞くとこれに賛成し、破傷風菌入の三種混合予防接種液一壜（二五〇cc入）を受領して、同日労務者処理班本部に行き、看護手「カンタ」に正常なワクチンのように装って、「ペスト・ワクチン」の標示を貼り、同班薬室内に混存させた。

(ロ)次いで七月二二日、「モフタル」から再び同種の予防接種液三壜を交付されて同じく「ペスト・ワクチン」の標示を貼り、そのうち一壜を同日労務者処理班第二分遣所(カルテニー)薬室内に他の壜と混ぜて置き、他の二壜は、八月一日に第三分遣所(クレンデル)に勤務する看護手「カルデ」に手渡して労務者に注射させ、その結果多数の破傷風患者を発生させた。

患者発生状況

以上の謀略の結果、七月二二日から八月一五日にかけて、計四七四名の患者が発生し、うち三六四名が死亡した。

こうして、「犯行はモホタル教授とスレマン・シレガル医師の二人によるものである」という結論が導かれ、モホタルは、そのような内容の供述書に署名させられたようである。

これによれば、この二名以外は関与していなかったことになっており、一〇月一九日の〝自白〟で出てきた「六人の医師を巻き込んだ陰謀」もすっかりなかったことにされている。そのような重要な証言の撤回をそう簡単に認めるのは不可思議であり、モホタルの一〇月一九日の〝自白〟がそもそもデッチあげだったことを示唆するものではないだろうか。獄死したアリフについては、軍医部長の最終報告においても不気味に沈黙が守られ、その役割も無視されている。もちろん獄死した事実も伏せられている。ヤットマンについての言及もない。報告書に名前が記載されているのは、モホタルとスレマン・シレガル以外では、実際に注射を担当した看護人カンタとカルディだけであり、このうちカンタは事件発覚以前に死亡している。またカルディは、単に上司の命令により任務を遂行しただけと判断されたようで、釈放されている。

軍医部長の最終報告には、捜査の過程で二〇名が逮捕されたが（八月一三日三名、八月三〇日スレマン・シレガルを含む二名、一〇月七日モホタルを含む一三名、一二月二〇日二名）、モホタルとスレマン・シレガル以外の一八名はすべて事件に関係なしと判断されて釈放されたと記されている。実際当人たちの証言でも、彼らは一二月二三日を皮切りに徐々に釈放された。最後の方まで残っていたジュハナ医師とハナーフィア医師も一九四五年年一月一九日に釈放され、自由の身となった。ハナーフィアは、「その日、一〇五日ぶりに、何の説明もないままに釈放され、憲兵隊員によって車で送られた」と述べている（Hanafiah 1976: 25）。実は、マルズキ医師は終戦後まで拘束が続いたのであるが、そのことには触れられていない。

釈放された人々

釈放されたときの思い出は各自さまざまである。ヤットマンは、釈放される前日取り調べ室に招かれた。何名かの取り調べ担当者といっしょに最後のお別れの会食をするためだった。白米、ポテトのカレー煮、塩魚一切れ、大きなグラスにミルクコーヒー一杯がふるまわれた。翌朝背広を着て靴を履くように言われ、取り調べ室で注意事項が伝えられた。勾留中のことは誰にもいっさい口外しないように言われた。兵隊が門の外まで送ってきて、釈放された。車で家まで送られた者もいたそうだが、彼は雨の中、門の外で解放された。ガンビル広場を横切り、ラーン・ホレ（Laan Holle. 現ハジ・アグス・サリム[Haji Agus Salim]通り）まで歩いたが、そこで体力が尽きて、そのあとはベチャ（自転車で運搬する人力車）に乗った（Hanafiah 1976：39）。

ヤットマンの部下であったモホタル看護人は、釈放されたときの様子を以下のように述懐している。

丁度三カ月後の日曜日に釈放された。呼ばれていくと、そこには一〇人以上の日本人が座っていた。呼ばれたのは私一人。「お前はもう何もしゃべらなくていい。嬉しいか？」と言われた。逮捕されたときに没収された衣服と二〇ギルダーが返されて、「外へ出ろ」と言われ、たった一人で憲兵隊の建物の外へ出された。ハルモニーまでバスに乗った。そこまで行って、自宅の方面へ行く市電に乗った。市電でスネンまで行き、そこで降りた。子供のことを思い出し、憲兵隊から返されたお金で果物などを買い、再びバスに乗って自宅へたどりついた。家へ着くと、玄関の階段のところに座っていた子供が「父さんだ！」と叫んで飛びついてきた。七歳を頭に、五歳、二歳の三人の子供たちであった。そのとき私の髪の毛は、伸び放題でバサバサになってしまっていた（同氏とのインタビュー）。

労務処理班で、スレマン・シレガル医師の下で働いていた看護人のシャフリアル・シャリフは、憲兵隊で一七日間尋問を受けたのち、なぜかチピナン刑務所へ移された。チピナンでは拷問もなく、刑務所の担当医の手伝いのようなことをやらされ、二カ月半ほど経った頃、憲兵隊からの連絡で再び、憲兵隊本部へ送られた。そこへ行くと、以前彼を尋問したインドネシア語のうまい日本人が出てきて、「調べた結果、お前は無罪だと判明した。釈放だ」と言って、興亜タバコを一箱くれた。そして憲兵隊側から労務処理班に連絡をとったところ、日本人医師シミズが憲兵隊本部まで彼の身柄を引き取りにきた。

憲兵隊からは、上司にも何も言ってはいけないと釘をさされていたので、しきりに心配して様子を尋ねるシミズに対しても、口をかたく閉ざさねばならなかった。こうして、憲兵隊内で見聞きしたことは口外するなと緘口令を敷かれたうえで、多くの者が釈放された(同氏とのインタビュー)。

ところで、憲兵隊での取り扱いについて、もちろん全員が、いかに残虐であったかを口々に述べているが、そのようななかで、何人かの者は人間として気心を通わせるような出来事もあったことを書き記している。たとえば、恐怖に加えてこの事件の逮捕者たちを悩ませたのは、食事が極めて粗末だったことである。医療関係者と言えば、当時のインドネシア社会ではかなりの地位と経済力を持っていたから、いかに戦時中とはいえ、そこそこのものを食べていたと思われる。それが、ご飯に菜っ葉をひとつかみまぶし、ときおり小さな塩魚のかけらがついてくるような粗食にはとうてい耐えられなかったのだろう。だが、これについてちょっとしたエピソードがある。連日厳しい取り調べが続いた日々のなかで、憲兵隊内にも、彼らをこっそり力づけてくれる者がいたのだった。モホタル看護人は、拘置所の粗末な食事に飢えていたとき、日本人憲兵がこっそり彼に一本のきゅうりを手渡してくれたのを覚えている。それを彼は房へ持ち帰って、同房のスレマン・シレガル医師たちと分け合って食べた。その味がいまだに忘れられないと、のちに語っていた。

一方ヤットマンも、心温まるエピソードがあったことを回想している。ウエヤマという憲兵隊員は、彼をしばしば私的に呼びだし、彼との会話のなかで、英語を通じてインドネシア語を勉強しようとした。そしてまた「俺はこんなことをやらねばならない。でもお前が間違っていないことはとっくに分かっている」と言い、自分が行う拷問に関して謝罪していた。ヤットマンはその言葉を聞いてなんとなく胸のつかえがとれた感じがしたという(Hanafiah 1976: 37)。

さて、このように多くの者が釈放された中で、上述のようにアリフの上司のジャカルタ特別市衛生課長マルズキは、何も言及されないまま、また本人に対する説明もないままに身柄の拘束が続けられ、終戦後にようやく自由の身になった。その不可解なマルズキの運命については次章で詳述することにしよう。

一人で罪をかぶったモホタル

一六軍軍医部長の最終報告には、「註」として「前報(第一第二第三報)謀略実行過程ト若干相違点アルモ精査ノ結果本項ノ如ク正ス」と追記され、これまでの報告とずれがあることをあえて認めている。なぜ筋書きが大きく変わったのだろうか？　上述のようなどう見てもおかしい日本側の言い分を作り出した背後には、何があったのだろうか？　もちろん捜査が進むに従い、内容が変更されるというのは一般にありうることであるが、その場合多くは追加的な事実の判明によるものである。ところが、モホタルが新たな〝自白〟に署名したのは、なにか「新事実」が判明したからではなく、供述をすっかり覆したのである。モホタルは、なぜそのような新たな筋書きを受け入れたのであろうか？

インドネシアの関係者の間では、モホタルが自分一人で責任をかぶり、部下たちに咎《とが》が及ぶのを防ごうとしたのだという解釈が強い。つまり、モホタルの二回の〝自白〟の間に、一二月九日に市衛生局のアリフ医師が獄死するという事件があり、同じ憲兵隊内にいたモホタルは当然アリフ医師のむごたらしい死を知って心を痛め、単独で罪をかぶろうと決意するにいたったのであろうという解釈である。たとえばバードとサンコットもそのような説を取っている。モホタルは、最終的には、自分自身が非を認めない限り、部下たちが釈放されるのは不可能だという絶望的な悟りに至ったと彼らは考える。つまり、このようなむごいことが次々と他の被疑者にも降りかかるよりは、責めを一身に負った方がいいという殉教者的な判断に至ったのではないかと、推測している。そして一二月二三日から順次他の被疑者が釈放されていることから、モホタルの新たな〝自白〟は、おそらくアリフが獄死した一二月九日から二三日までの間に行われたものであろうと推定している（Baird & Sangkot 2015: 172–175）。

たしかに、そうしたモホタルの決意を推測させる証言がいくつかある。たとえばハナーフィアは、「一九四四年末には、クレンデルでのロームシャ死亡事件についての捜査は終わったので、我々勾留者は間もなく釈放されるだろうという情報が届いた。ある日の夕方、全員が房の外に並ばせられた。顔を隠されない状態で、モホタル教授もいた。そのとき教授は密かに「辛抱しろ、お前たちはもうすぐ釈放される」と言ったが、それは忘れることができない最後の言葉となった」と記述している。彼はモホタルが、自分自身の運命については何も言わなかったことに、そのときは気づかなかったのだという(Hanafiah 1976: 25)。

ヤットマンは、「釈放前のある時、日本人高官が憲兵隊拘置所を視察した際に、我々は外へ出された。そのときモホタル教授と、オランダ語でひそひそ話をする機会を得た。彼は、「日本は私にすべての罪を着せたがっている。君たちは皆ここから出られるように努力しよう。でも私は……」と言ったあと、手を首に持って行って斬首の仕種をした。私は彼の度量の広さに感動した」と述懐している(Hanafiah 1976: 38)。

ジュハナ・ウィラディカルタ医師は、勾留中一回だけ水浴び場でモホタル医師に会っていたが、そのとき彼は「もう解決した(Sudah beres)」と言ったそうである。その意味するところは現在に至るまで理解できないが、と述べている(Hanafiah 1976: 55)。

看護人モホタルによれば、モホタル教授は一度だけ現場検証のために、憲兵隊員にエイクマン研究所へ連れてこられたことがあったという。縦縞の綿のズボンを穿き、パダン人が普段着る白いシャツ姿だった。かれは研究所の二〇号室へ連れてこられたが、所員たちと話をすることは許されなかった。モホタル看護人は遠巻きに姿を見ただけだが、教授は痩せていた。拷問の跡もたくさんあった。それが彼の姿を見た最後であった(同氏とのインタビュー)。

それより前、何人かの容疑者たちは、日本語で書かれた同意書に署名せよと迫られたが、おそらくそれはモホタルの犯行を裏付ける内容だったのであろう。彼らはその内容を理解できなかったが、恐怖と苦痛のあまりサインした者がいたとしても不思議はない。

5　事件の顚末——モホタルとスレマン・シレガルの最期

軍律会議

こうして事件はモホタル教授とスレマン・シレガル医師の犯行と断定され、この二人は、作戦妨害の罪で、一月二七日に軍律会議に報告された。軍律会議とは、敵国の俘虜や占領地の住民等による戦時重罪などに対して行う軍事裁判で、日本の軍人を対象とする軍法会議とは異なる。通常、裁判官三名（うち一名が法務官、あとの二名は司法将校）と検察官（法務官）一名により構成され、弁護人はつかない。このとき法務官として裁判に関与した鬼倉によれば、この裁判の記録は終戦後、イギリス軍に引き渡したという（沢田博史による鬼倉とのインタビュー）。そのため、おそらくどこかにまだ存在するものと思われるが、筆者は入手することができなかった。軍律会議に提出された罪状は、一六軍軍医部長の最終報告に基づくものであったと思われる。

森本憲兵隊員の供述によれば、この裁判でモホタル教授には死刑、そしてスレマン・シレガル医師には禁錮七年の判決が出たという。しかし、そのことに関しては、日本人の間でさえ大っぴらに公表されなかったので、モホタルも病死したなどという誤報（ただし文書では確認できない）が伝えられているのである。

この間インドネシアの指導者たちは、山本茂一郎軍政監などの軍政当局の高官を通じて、モホタルらの助命のために奔走した。特にハッタは、同じミナンカバウ族であるというだけでなく、オランダ留学時代の何年かをモホタルとともに過ごした仲であったから、心を痛め、助命に尽力した。しかし山本のような高官であっても、憲兵隊の前にはほとんど力を持ちえなかったという。

スレマン・シレガル医師の獄死

有期刑が確定したスレマン・シレガル医師は、チピナン刑務所に移送され、なぜかそこで五月二五日に獄死している。刑の確定後も拷問が続いていたのだろうか。彼が刑の確定後どのような状況に置かれていたか、状況はまったく分からない。死亡直前の様子だけは、たまたまスレマン・シレガル医師のSTOVIA時代の同級生であった、スラメット・イマン・サントソ医師が目撃している。スラメット医師は当時このチピナン刑務所の担当医をしていたのだが、その彼のもとに、奇しくもスレマン・シレガル医師が瀕死の状態で運びこまれ、彼が旧友の脈をとるという悲しい偶然に出会った。スレマン・シレガル医師の顔はフットボールのように腫れ上がり、体中にまるで豹の斑紋のように火傷の跡があったという。それでも、スレマン・シレガル医師は旧友の顔を識別できて、「助けてくれ、助けてくれ」ともがいていた。チピナン刑務所の病棟に備えられていた薬品は非常に限られていたので、スラメット医師は彼の所属する大学病院から薬をこっそり持ち込もうと考えた。翌日、うまくいくつかの薬を運び込んだが、もはやスレマン・シレガル医師の命を救うことはできなかった(スラメット・イマン・サントソとのインタビュー)。

スレマン・シレガルの死の知らせは、一九四五年五月二五日に家族のもとに届いた。家族が刑務所に遺体の引き渡しを要求したところ、棺に収めたままの状態で返され、遺体は見てはならないということだった。拷問の跡がよほどひどかったのであろう。遺体はメンテン・プロ（Menteng Pulo）の墓地に葬られた（Hanafiah 1976：48）。スレマン・シレガル医師の死については、日本側の極秘資料にもいっさい出てこない。憲兵隊の森本も、のちに仮釈放審議会で、スレマン・シレガルは最後にどうなったかと聞かれ、「知らない」と答えている（ＧＨＱ資料②）。

マルズキ医師と同じようにスレマン・シレガル医師の妻もオランダ人であり、そのためか獄死に先立つ何カ月間か、一度も家族の面会が許されなかったという。

スレマン・シレガルがいなくなった後の労務処理班には、一九四五年五月一日付でジャカルタ医科大学付きの三名が、兼務という形で任命されている。三等教育官のサルトノ（Sartono Kertopati）、四等技術官として任命されたグナワン（R. Gunawan）ならびにダウレイ（Daulay）医師である（Gunseikanbu 1945, *Kanpo* No. 68）。

モホタル教授の処刑

モホタル教授がどのような最期を遂げたかについては、実ははっきりしないところがある。死刑判決のことは誰にも知らされず、日本側の関係者が戦後書いた回想録などでは、モホタル教授は獄死したとされてきた。ましてや死刑が執行されたのかどうかも不明であった。本当のところモホタルは獄死したのか、あるいは刑を執行されたのかについては次のような説明がある。終戦後、連合軍側の取り調べを受けたとき、拘置所の所長であった木田某は「モホタル教授は病死した」と述べた。しかしその後、軍律会議の法務官を務めた鬼倉が調べられたときには、死刑判決が出たのに執行を引き延ばしていたことがわかると職務怠慢のように思われるとまずいと思い、「死刑を執行した」と述べた。ところが木田との食い違いを指摘され、「木田は嘘つきか？」とまで問われて鬼倉も最後は「病死」であることを認めたという。そこから長い間病死説が流布していた(沢田博史による鬼倉とのインタビュー)。

死刑判決のことは家族にも誰にも知らされないままに、死刑確定後、モホタルは正式に医科大学教授やエイクマン研究所所長の職から解任されたようであるが、官報等での公式の発表は何もない(8)。ただ、モホタルの家族は、ある段階でチキニ通りの官舎を出て自分自身の家に移らされたという。

一九四五年八月一五日に日本軍が降伏したのち、モホタル教授一家と親しかった、同郷の民族主義者モハマッド・ヤミン(Mohammmad Yamin)の仲介で、二人の姪が憲兵隊事務所へ、叔父の所在を尋ねに行った。その一人で、インドネシア国内に残る最も近い近親者としてその後ずっと叔父の墓守をしていたマルサムス・ナスティオン夫人によると、彼女たちは、日本語で書かれた一冊の厚い調書を見せられたという。その調書の最後にモホタルのサインがあった。彼はそのなかで罪を認めているということだった。「叔父はどこにいるのですか？」との質問に対して、「病死した」という答えがかえってきた。応対した者は、モホタルが何の病気で死に、どこに葬られているかも、担当が違うので分からないということだった。その後、コタ地区のある倉庫で、家族が故人の時計や大量の血がついた衣服を見つけた。

モホタル教授の軍律裁判で法務官を勤めた鬼倉によれば、終戦後、「事情を聞きたい」と、娘さんらしい人が彼のもとを尋ねてきたという。おそらくこれがマルサムスだったのだろう。そのとき彼女たちはモホタル教授がどこに葬られているかを尋ねた。鬼倉は、アンチョールに葬られていると答えたという（沢田博史による鬼倉とのインタビュー）。

実は、モホタル教授の最期については、軍政の中枢にいた日本人行政官にもまったく知らされなかったようである。たとえば外務省から出向して軍政監部総務部に勤務していた三好俊吉郎は、後年その手記で、次のように述べている（三好二〇〇九：一三一―一三三）。

その後のモホタル教授の消息については全く不明で、どのように処分されたかも確証がない。一部には拘置中に死亡したとの報もあるが誰も真相を知る者はない。某要人は、プリオク港に近い沼沢地の草原の中に埋められたとの風聞もあるが全く現場には見当らないといい、先年筆者がインドネシア訪問のさい某要人から知らないかと聞かれ全然知らないと答えると、何とかして日本側から真相を知らせて欲しいと頼まれたことがある。

このように軍政の中枢部にいた三好にも、モホタル教授が最後はどうなったのか、またその遺体はどこに葬られているのかなどは、まったく分からなかったようだ。憲兵隊員森本新も、のちに仮釈放審議会でその点を尋ねられているが、知らないと答えている。

しかしモホタル教授は病死したのではなく、一九四五年年七月三日にアンチョールで斬首されたことがのちに判明した。その情報は、日本軍の残虐行為について研究していた日系二世の研究者が、ある日本人情報将校の手記に記されていた著名人の処刑の日時についてのメモのなかにモホタルの名を目にし、そのことをハッタに会ったときに伝えたのだという。それによれば、モホタルは斬首されたのち、遺体は日本によって蒸気ローラーで押しつぶされ、トラックで海岸の沼地の墓地へ運ばれたという(Baird & Sangkot 2015: 217)。別の情報によると、オランダの戦争資料研究所(ＮＩＯＤ＝旧ＲＶＯ)に、戦後オランダ側が入手した軍律会議において死刑を宣告された者のリスト(“List of persons executed by the military court”)にモホタルの名もあり、そこから処刑日と埋葬地が判明したともいう(Friend 1988: 196)。これは上記の二世研究者が見つけたものと同じであるかもしれない。

アンチョールのその場所は日本軍政当時「処刑場」として使われていた所で、当時はうっそうとした森が茂り、ジャカルタの市民たちは怖がってまったく近づかなかったそうだ。処刑された者や、拘置所で死んだ者などがそのまま葬られたのであろう。今ここはオランダ墓地管理財団管理下の墓地になっており、そのすぐ隣には遊園地、プール、公園などを含めて建設されたアンチョールの行楽地「ドゥニア・ファンタジー(Dunia Fantasi)」がある。門を入り、海の方へ向かってかなり行ったところに、緑に囲まれて小ぎれいに整備された墓地がある。

第3章 蜘蛛の巣から逃れて——マルズキの場合

1 マルズキの逮捕

こうしてこの事件は、破傷風を発症した多くのロームシャたちに加えて、刑を執行されたモホタル医師、獄死したスレマン・シレガル医師とアリフ医師らの命を奪ったのであるが、実はもう一人、激しい拷問と取り調べのなかで、裁判もないままになぜか終戦まで身柄を拘束されていた被害者がいた。ジャカルタ特別市衛生課長のマルズキ医師である。前述のように彼は、一九四四年一〇月一九日のモホタルの最初の〝自白〟により、ワクチンに破傷風菌を混入して細菌謀略を行う謀議に参加した六人の医師の一人として名前が挙がり、翌二〇日に逮捕された。労務処理班関係でもエイクマン関係者でもないにもかかわらず、名前が挙げられたという不運が突如降りかかってきたのである。

いったいなぜであろうか？　不可解なままではあるが、日本の占領下で、典型的に親オランダ的とみなされていたエリート医師のケースのように思われるので、詳細に状況を追うことによって、当時の日本人がインドネシアの医学界に対して抱いていた歪んだコンプレックスの一端を垣間見ることができるかもしれない。以下に少々詳しく述べることにする。

彼に関しては、いくつか貴重な文字資料を、娘のラティファ・コディヤットが大切に保存していた。たとえば父が獄中から密かに家族に送った五通の手紙、釈放後にまとめた覚書（一〇ページに及ぶもので、エムゼッカ医師［Dr. Emzedka］が代筆）、マルズキ夫人が終戦直後にオランダ在住の弟ヤープに送った詳細な手紙、などである。さらに、ラティファならびにその兄ヤジール（Yasir）との筆者（倉沢）のインタビュー（一九九二年一〇月二〇日）や、*My Parents* と題するラティファの手記も残っている。また、連合軍が取り調べの際の過剰暴力行為という罪状で憲兵隊員を取り調べた戦争犯罪関係の記録（Collectie L. F. de Groot No. 584）にも、マルズキの証言が登場する。それらを活用してマルズキの周辺に起こったことを再構築してみよう。

「原住民医師」からの転身

マルズキは一八九三年、西スマトラ州アガム県のコト・ガダン（Koto Gadang）という村に生まれた。ここはのちに首相になるスータン・シャフリルや、ハジ・アグス・サリムなど多くの著名な民族主義者を生み出したことで知られている。マルズキは一九一九年に原住民医師養成学校（ＳＴＯＶＩＡ）を卒業して「原住民医師」の資格を取ったのち、一九三三年にオランダのライデン大学でヨーロッパ人と同資格の医師試験に合格し、戦争が始まったときにはジャカルタ市の衛生課に勤務していた。医師として社会へ出てからのマルズキの経歴を、*My Parents* を参考に概観してみよう。

「原住民医師」となってまもなく、ジャカルタの中央市民病院（後のジャカルタ医科大学付属病院）に配属されていたころ、彼はニザというオランダ女性と出会って結婚した。ニザは、インドネシアに何十万人もいる、先祖代々この地に住み着き、多くはインドネシアの血と混ざり合ったいわゆる「インド・ブランダ」の家系の出身ではなく、本国のハウダ(Gouda)生まれの純粋なオランダ人であるが、単身でインドネシアへ渡って薬剤師として働いていた逞しい女性であった。このような純粋なオランダ女性が、西スマトラのミナンカバウ族出身で、まだ単なる「原住民医師」でしかなかったマルズキと職場で知り合い、恋に落ちたのであるから周囲は驚いた。息子のヤジールによれば、そのときオランダ人の上司は、結婚をとめようとしてニザの父に手紙を書いたが、オランダでオルガン奏者をしていた父親は、「個人の問題に介入しないでください」とそれを退けたという。当時としては驚くほど進歩的な家庭であったことがうかがえる。それでも、オランダ人上司は二人を引き離そうとして、マルズキをシンガポール沖のサンブ(Sambu)島(バタム島の近く)の勤務にした。当時STOVIAを出た医師たちは、一定の年数、政府が指定する土地での年季奉公が義務づけられていたためであるが、上司はそんな僻地へは妻もついて行かないだろうと、あえてサンブ島を選んだのであった。しかしニザは夫に従って新天地へ行った。

　彼らの間には、サンブ島で長男タウフィック(Taufuk)が生まれ、その後転勤になったリオー州インドラギリ・フル(Indragiri Hulu)県のレンガット(Rengat)で二人目の息子ヤジールに恵まれた。しかしニザは、その後双子を死産して自分も命を落としてしまった。医療事情は悪く、多くの妊産婦が命を落とす時代であった。二人の幼い子供を抱えて当惑していたマルズキのもとに、オランダにいたニザの妹コリーが「甥たちは私が育てるわ」と志願し、オランダからはるばるやってきて、彼と再婚した。コリーは幼い頃からひどい片頭痛持ちで、東インドへの長い船旅は家族を心配させたが、勇敢にもスマトラの田舎までやってきたのだった。一九二八年にはコリーとの間にさらに娘のラティファが生まれ、幸せな家庭を築いていた。

一九三〇年、政府が定めたマルズキの年季奉公の期間がようやく終わったので、オランダのコリーの父が、ライデン大学への留学をアレンジしてくれた。ここで学位を取れば、「原住民医師」ではなく、オランダ人と同等の医師免許が取得できるのである。マルズキは一家でオランダへ渡り、三年間を過ごした。この時期、同じくオランダに留学していた同郷のモハマッド・ハッタ(第1章7参照)とも再会し、家族ぐるみで交際している。一九三三年、マルズキはオランダの医師免許を取得してインドネシアへ戻り、西ジャワのスカブミ(Sukabumi)にクリニックを開設した。その後、子供たちが上級の学校へ行く年齢になると、一九三九年にジャカルタに移り、市の厚生局衛生課で職を得た。

間もなくヨーロッパで戦争が始まってオランダはドイツに占領され、コリーの実家も不安な日々を過ごすようになったが、その戦禍はアジアにも広がり、インドネシアは一九四二年三月、日本軍に占領された。同時にオランダ人シーブルフ(Sieburg)医師の後任として、マルズキがジャカルタ特別市の衛生課長に任命された。

子供たちがそれまで通っていたオランダ語の学校は日本によって閉鎖され、新たにインドネシア語で教育を受ける学校へと生まれ変わった。オランダ人に対する日本軍の規制は厳しく、すべての人に登録をさせ、日本軍への忠誠を誓うことを義務づけた。のみならず、当初は、公的な職務についていた男性のみを対象とし、しかも日本軍が必要とする専門的技術を持った者は免除されていた敵性国人抑留所への抑留は徐々に拡大し、身柄の拘束はさらに民間人女性にまで及んだ。コリーも、長男とともに敵性国人の抑留所に入れられそうになったが、ジャカルタ市長の塚本栄が「彼らは戸籍上インドネシア人だ」と言ってかばってくれたために免れ、引き続き夫や子供とともに、タナ・アバンのクセハタン通りにある市衛生課事務所近くの官舎に住み続けることができた。塚本は米国で教育を受けたことのある進歩的な人物で、マルズキとは職務上よい関係を維持していたという。その後もコリーは再度抑留所に入れられそうになったが、その時は市衛生課のサイトウ医師が助けてくれたという。しかしそのようなことがあったため、コリーは怖がってほとんど外出を控えていた。

マルズキは、ジャカルタ市内のオランダ人医師の名簿作成を命じられ、それに基づいて彼らを抑留所から呼び出し、特別許可のもとで医療行為を行う際に発行するライセンスのしるしとして腕章を配布した。また初期の頃はオランダ人俘虜収容所の医療管理を任されており、医療を必要とする者がいれば病院へ搬送する手筈を整えた。これはオランダ人に感謝されたが、日本側からは敵性国人に親切であったとみなされていたようである。なおマルズキは、当初は衛生課長としてかなり大きな権限を与えられていたが、その後薬剤師オオワキ某が到着して采配を振るい、マルズキとはギスギスした間柄になった。このオオワキなる人物が、マルズキの勾留を長引かせるうえで影響力を持ったのではないかと家族は想像している。

マルズキの逮捕

前置きが長くなったが、市の衛生課長であったマルズキは、前述のようにモホタル教授の一回目の〝自白〟に基づいてこの破傷風ワクチン事件に巻き込まれ、一九四四年一〇月二〇日に突然逮捕された。それからちょうど一年を経た一九四五年一〇月二〇日付で、妻のコリーは、逮捕から釈放までの長い月日のことを詳細に記した書簡をオランダの弟ヤープ宛に送っている。赤十字の仲介でようやくオランダの実家との通信が可能になったのであった。その書簡を軸にしながら、マルズキ自身の覚書、息子や娘たちの記憶も交えて、残された家族の苦悩の日々と、獄中の父親との密かなやり取りなどを追ってみよう（以下は特記しない限り、弟ヤープ宛てのコリーの手紙から引用）。

ロームシャの収容所で発生した破傷風患者のことは、夫人も夫から聞いていたし、またエイクマン研究所関係者が大量に逮捕されてからは、医学関係者でもはや知らない者はなかった。さらにまた、それより前ジャカルタでは、アンボン人（キリスト教徒が多く、一般的に親オランダ的と言われている種族）の産婦人科医カヤドゥ（Kayadoe）がある夜自宅にいたところ、突然憲兵隊に襲われ、連れ去られるという事件が起こっていた。彼は家の中にいる妻に告げる間もなく、また老眼鏡をとりに行く間もなく、下着姿のまま引っ張り出され、ボゴール（Bogor）の憲兵隊に連行された。そして何日後かに棺に入れられて戻ってきた。その後シタネリア（Sitanelia）医師も憲兵隊に逮捕された。少し前、マルズキと食事をしたとき、シタネリアは「マルス〔マルズキの愛称〕、今年は日本抜きでクリスマスを祝うことができるよ」と語っており、おそらくそのような反日的な言動が問題にされたのだろうとマルズキは思っていた。幸いにも、のちにシタネリア医師は釈放された。そのように医学関係者の逮捕が相次いでいたので、マルズキも絶えず不安は抱えていたものの、自分は破傷風事件とはまったく関係ないので、それに関しては対岸の火事のような感じがしていたのであった。

クレンデル収容所で破傷風患者が大量に発生する前のある日、「スマトラへ送る前にロームシャに予防接種をすることになっているのだが、人手が足りないので応援の医者を送ってくれ」と日本側からマルズキに電話がかかってきたことがあったのを、夫人は思い出した。そのとき夫は市の衛生課から二人の医者を送った。しいて言えば、夫とロームシャ収容所との関係はそれだけだった。「ワクチンは収容所にたくさんあり、市の衛生課からは何も持って行ったわけではないし……」と夫妻は別に気にもとめなかった。

ところが、一九四四年一〇月二〇日、災難はマルズキにもふりかかってきた。その日一二時半頃、職場の同僚のナチールが夫人のもとへきて、マルズキと、部下のスレマン老医師が逮捕されたと告げた。ジャカルタ市の衛生課でマルズキの先輩であったというこの老医師は、日本側の要請を受けてワクチン接種のためにマルズキが派遣した人材には含まれていなかったという。にもかかわらず逮捕されたのである。

憲兵隊での不確かな絶望の日々

しかし、何かの間違いに違いない、夫はすぐ帰ってくるだろうというマルズキ夫人の楽観的な予想は外れた。夫は激しい拷問に晒されていた。それは、逮捕されて一五日目から始まった。取り調べにあたった憲兵隊員の名はモリモトとマエカワだったと、のちのオランダ当局による証人尋問のなかでマルズキ医師は答えている。モリモトとの出会いは平手打ちで始まり、マルズキはいきなりその場でノック・アウトされた。拷問を交えた取り調べは一五日間続いた(Collectie L.F. de Groot No. 584：55)。

マルズキ夫人は釈放直後に夫から聞いた憲兵隊の拷問の様子を、次のように書き記している。

憲兵隊の拷問のやりくちのなかに、「眠らずの刑」というのがあります。モホタル教授は一四日間、マルズキは二〇日間これをやられました。日本人がそばに立っていて、少しでもうとうとすると殴るのです。マルズキはこれに耐えることができました。というのは、日本人の取り調べ官は時々インドネシア人にまかせて席を外したからです。そのインドネシア人は、マルズキを三〇分とか四五分とか眠らせてくれました。そして取り調べ官の足音が聞こえるとマルズキを起こしてくれるのでした。決してぐっすり眠ることはできませんでしたが、これはちょっとした救いでした。

マルズキはいつも自分が、カッとなって常識を失って、相手を殴りかえしたりするのではないかと恐れていました。カヤドゥ先生〔アンボン人〕が取り調べ官を殴り返して、銃剣で殺されたということを知って恐れていました。

拷問の一つとして、マルズキは火のついたタバコをこすりつけられたり、電気の道具を使われたり……体の中に水を入れ、胃をポンプのように押したり、蹴ったりされました〔このあと拷問の種類を詳しく記述〕。これらをマルズキは耐え抜きました。

憲兵隊に毎日苛まれる容疑者たちは、肉体的にだけでなく精神的にも酷いストレスの下に置かれていた。ロームシャの大量殺人に加担したと認めれば、それは死刑判決を意味し、かといってそれを否定すれば、いつ果てるともない拷問によって、やがては死に至るかもしれない——こういう絶望感が彼らの間に広まっていった。これからどうなるのかまったく見当がつかない不確かさが、いっそう彼らの神経を逆撫でした（マルズキの覚書：八）。極度の緊張状態で神経衰弱になる者も出てきた。すでに逮捕されていた女性検査士の一人は、鍵のガチャガチャいう音を聞くたびに神経が激しく昂り、動揺した。苦しさのあまり、マルズキが「早く殺してくれ！」と言うと、憲兵隊員は、「ティダッ・マウ・ルカス・ルカス（Tidak mau lekas-lekas. まあ、あわてるな）」と返すのだが、日本人はrとlが区別できないので、ルカス・ルカス（lekas-lekas）が正しく発音できなかったことまでマルズキは憶えている（Hanafiah: 1976: 51）。

マルズキは覚書（六頁）のなかで次のようにも書いている。

同じ運命を共有する者たちは、仲間が尋問のために呼び出されると、他人ごととは思えない同情のまなざしでこれを見送った。そして、彼らが傷ついて戻ってくると、皆で体をさすったりするのだった。そのため肉体的苦痛はどんなに激しくても比較的早く忘れることができた。

マルズキ夫人コリーは、これからどうなるのか皆目見当のつかない夫や父の行方を案ずる、留守家族のストレスを綴っている。彼女は、近所の心ない子供たちが、窓の外でマルズキ医師のまねをして吹く口笛の音に、何度か「夫が帰ってきた！」と心をかきたてられ、表へ飛び出すと、それを見て子供たちは笑うのだった。このような糠喜びのたびに、かえって心の傷は深まっていった（ヤジールのインタビュー)。

2　獄中からの手紙――釈放へ向けて奔走

密かに届けられた手紙

さて、連日厳しい取り調べが続いたこの日々に、マルズキ夫人のもとに夫からの手紙が突然密かに届けられた。憲兵隊で働いていたインドネシア人の警備員が、密かに段取りしてくれたのである(1)。それが最初に家族のもとに届けられた時の様子を、夫人はオランダの弟への手紙でつぎのように書き記している。

ラティファ〔娘〕の誕生日〔一一月一一日〕の前日に、マルスからの最初の手紙が送られてきました。それは、〔娘に宛てた〕「心からの挨拶とキスをこめて。がんばりなさい。パパ〔"m. h. g.〔Met Hartelijk Goeden〕Zoentje. Sterkte Pappie"〕」という短い誕生日のメッセージで、インドネシア人の警備員が、夜、こっそり届けてきたものでした(図**3-1**)。私は台所で洗い物をし、息子たちは自分たちの部屋におり、ラティファはピアノの練習をしていました。その男は大変ミステリアスに見えたので、私は子供たちを呼びました。彼は私たちに、「誰にもこのことをしゃべってはいけないし、返事を書いてもいけない。ただ伝言だけは届けてあげよう」と言いました。

この手紙を書くに至った経緯について、マルズキ自身の覚書によれば、「一一月一二日には、一枚の紙を渡され、今晩チピナン刑務所の二人の囚人と一緒にある場所で銃殺されるという趣旨の別れの手紙を家族宛てに書け、と脅かされた」という（マルズキの覚書：七）。娘のラティファの記憶によれば、父は、憲兵隊に「明日お前は銃殺されるから、家族に手紙を書け」と言われて弟（ハシム［Hasim］医師）宛に手紙を書いたそうだ。そして次の日、ずっと不安のなかで待っていたが、銃殺にはならなかった。どうやら単なる脅しだったらしい。このような脅しが二回あったという（ラティファのインタビュー）。結局マルズキの「遺書」は家族には届けられず、その代わり、前日に娘にあてて上記のような短い誕生日のメッセージが届けられたようだ。その三日後の一一月一五日を最後に、彼に対する拷問は止んだという（マルズキの覚書：七）。

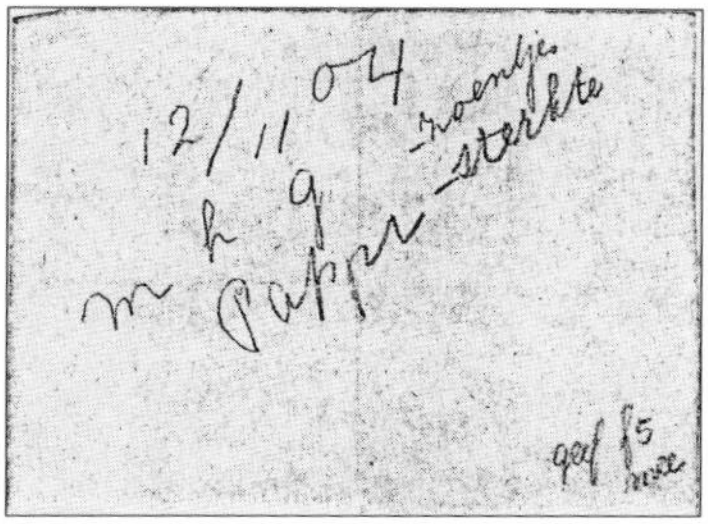

図 3-1　娘の誕生日前日に届けられたマルズキの手紙

最初の手紙から一週間ほどして、二度目の手紙が来て、その後一九四五年一月までの間に数回にわたって手紙が届けられたという。いずれも伝令役の警備員がどこかからこっそり調達してきたありあわせの用紙に、鉛筆を使ってオランダ語で殴り書きしたものである。その用紙の多くは、不要になった日本軍の日本語文の書類が再利用され、通信文は裏面にしたためられている。手紙は、誰かに読まれる可能性も警戒して、非常に押し殺した表現で綴られているが、釈放に向けて外部からプッシュしてくれるように頼んだり、また、衣類や薬など届けてくれるよう頼んだりしていた（**図 3-2**）。

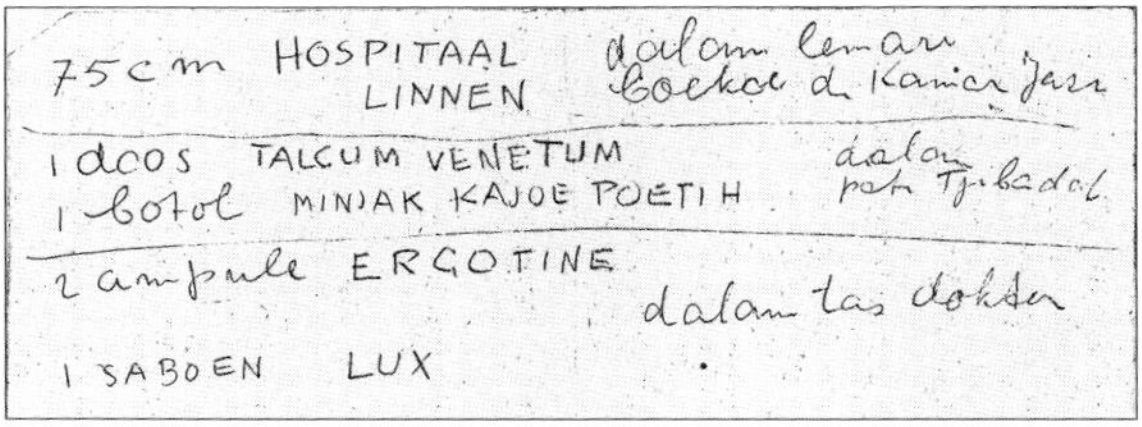

75cm HOSPITAAL LINNEN　dalam lemari boekoe di kamar Jasi

1 doos TALCUM VENETUM
1 botol MINJAK KAJOE POETIH　dalam peti Tjibadak

2 ampule ERGOTINE　dalam tas dokter

1 SABOEN LUX

図 **3-2**　マルズキの手紙（薬を送ってほしいと書かれている）

ハッタの奔走

警備員の配慮とは別に、彼らの待遇改善や釈放に向けて駆けずり回ったインドネシア人要人たちの努力もあった。特に、モホタル教授をはじめ、多くの被疑者がスマトラのミナンカバウ人であったことから、同じ種族出身の民族主義者で、のちにインドネシア共和国初代の副大統領になったモハマッド・ハッタの尽力があったようだ。前述したようにマルズキ一家はオランダ滞在中、同じくオランダに留学していたハッタと親しく交わっていたし、帰国後ハッタが、オランダ当局から流刑にされた時期には密かに様々な支援を行っていた。マルズキ夫人は弟への書簡で次のように記している。

> 学生やハッタらは、憲兵隊と連絡をとり、助けようとしましたが、できたのは衣類を差し入れることだけでした。しかし待遇を改善してくれるということでした。

〔…〕子供たち、タウフィックとヤジールが、市長を訪ね、またオム・ハッタ〔ハッタおじさん〕のところへ行き、連絡をとりました。オム・ハッタは、オランダ人である私があまり外へ出歩けない〔禁止されていたわけではないが、面倒を避けて〕ことをよく理解していたので、私たちの家へ来てくれました。この最初の訪問の際に彼は、マルスは大丈夫だよ、逮捕された医者たちのために憲兵隊の上の方の人たちにきちんと連絡を取ってあげよう、と私に保証してくれました。一二月七日の夜、私はハッタに再び手紙を書きました。というのは大変不吉な予感がしたため、再度彼に個人的に助けを求めたのです。そして、もう一度行動を起こしてくれるよう頼みました。〔…〕私は、ハッタは必ず来ると思っていました。一二月一〇日の夜、ハッタが来ました。「心配しなくていい。私たちはすべて理解している、コール〔コリーの愛称〕」と彼は言いました。「私たちができるかぎりの努力をしたことを信じてくれ。けれど力が足らなかった」。私が再び呼び出したことを、彼は怒ってはいませんでした。これは単に、マルズキだけの問題ではなく、この国の知識人すべてにかかわる問題だったからです。

その後私はもはやハッタを悩ませませんでした。のちに一九四五年八月一八日にマルズキが釈放[2]されて戻ってきた時、ハッタはジュハナ教授といっしょにお祝いを述べに来ました。彼とスカルノが非常な努力をしてくれたということが証明されました。

それより前、獄中のマルズキからの最初の手紙を持ってハッタに会いに行ったヤジールによれば、ハッタは手紙を見て、「こんなものが見つかったら大変なことになる」と心配していたという。スカルノに次いでナンバー2の対日協力者であったハッタでさえ、憲兵隊に対してはそれほど影響力を行使することはできなかったようである。

実はハッタは、当時のインドネシア人政治家のなかではスカルノに次ぐナンバー2の大物ではあったが、左翼的であるとして、憲兵隊当局からはかなり睨まれていた。フリーンドによれば、ハッタは一九四二年一二月八日に、「別の植民地支配者のもとに置かれるくらいなら、インドネシアが海底に沈むのを見るほうがましだ」という趣旨の演説をし、それ以来憲兵隊は彼を警戒していた。また一九四三年七月にハッタが日本軍当局へ提出した業務上の報告書は、赤インクだらけの批判を伴って戻されてきたという(Friend 1988: 191)。そのようなことから、一時はハッタを秘密裏に暗殺しようという日本当局の計画まであったというほどであるから(三好二〇〇九：一〇三―一〇九)、日本からの信頼の厚かったスカルノならばまだしも、その力には限界があったと思われる。

憲兵隊へは、できるだけよい「取扱い」をすることや、衣服の差し入れの許可を申し入れるくらいがやっとで、反日サボタージュとみなされている事件に関して、釈放を要求することなどとてもできなかったであろうと想像される。

ハッタはマンスール、デワントロ、オット・イスカンダル・ディナタを誘って、嘆願のために山本茂一郎軍政監のもとへ行った。この頃参謀長になっていた山本は、これに介入するだけの権限を持っていたが、それを行使しようとはしなかった。そしてハッタたちに、憲兵隊は自分の指令系列の外にいると言った(Baird & Sangkot 2015: 195)。

ハッタの他には、同じくミナンカバウ族出身で、特にモホタル医師と親しかったモハマッド・ヤミン(当時軍政監部宣伝部参与)も尽力したようである。さらに、ジャカルタ医科大学の日本人医師たちの口添えもあった。たとえば、逮捕のわずか六日後に釈放されたアシキン医師の場合は、日本人医師ドイとヤマグチの口添えがあったと関係者は言っている。

アリフ医師獄死の知らせ

そのようなとき、マルズキ医師の家族にショッキングなニュースが飛び込んできた。モホタルの〝自白〟のなかで共謀者として名を出された、ジャカルタ特別市衛生課付でマルズキの部下だったアリフ医師が、一二月九日夜、遺体となって家族のもとに戻ってきたのである。アリフ医師の死が伝えられたときのショックを、マルズキ夫人は弟への手紙で次のように伝えている。

一二月一〇日、日曜日の朝に、ネティ〔マルズキの妹〕が電話してきて、そちらへ行くということでした。その一時間後に彼女が来ました。「どうしたの？」と尋ねると、「姉さん何も知らないの？」という返事が……〔私の電話の声から、私がもう知っているものと彼女は思っていたらしいのです〕。「他の人は皆釈放されたのにマルズキはされなかったとでもいうの？」と、私はおそるおそる尋ねました。すると彼女は、「いいえ、もっと悪いニュースよ。アリフ先生が、昨日死体になってトラックで自宅へ運ばれてきたの」と言うのでした。

アリフはタンジュン・プリオク港湾保健所に出向していて、日頃はマラリア撲滅の仕事に従事していたが、ロームシャへのワクチン接種も手伝っていた。この事件では、モホタル教授から破傷風菌入りのワクチンを受け取って注射したという嫌疑をかけられ、この悲劇に遭遇したのである。

一方、その後、逮捕されていた者が一人、二人と釈放されていった。エイクマン研究所の看護人モホタルはすでに釈放されていた。彼はアリフ医師の葬儀に出席したという（モホタルのインタビュー）から、釈放は一二月九日よりも前のことだったと思われる。

次いで、細菌とは関係のない化学部門の担当だったスタルマン医師らが釈放された。釈放のニュースは、他の被疑者の家族にもただちに伝わり、皆に大きな希望を抱かせた。夫の釈放への期待と不安の入り交じったそのときの心境を、マルズキ夫人は書簡で次のように綴っている。

マルズキより先に逮捕されていたアシキン先生（内科医として名の知られた人です）はすでに逮捕の六日後に釈放されていましたが、口を閉ざして何も話しませんでした。年配のスレマン先生（マルズキやアリフ医師と同時に逮捕されたジャカルタ特別市衛生課付の医師）と、エイクマン研究所の二人の女性検査師は一二月二三日に釈放されました。〔…〕その時、ヤジールがスレマン先生のもとに祝福に行きました。ヤジールは喜んで帰ってきました。というのは、スレマン先生が、「もうすぐお父さんも帰ってくるよ」と強調して言ったからです。たまたまアンワルとマフディ（二人とも様々な信頼できる情報を持っていました）も来て、同じような希望を与えてくれました。アンワルは慎重な人間です。しかし、そのとき彼は、私を糠喜びさせることになってしまいました。そのとき我々をとりまいていた緊張やそれに伴う恐怖は、とても筆舌に尽くせないものでした。

3　釈放されなかったマルズキ

最悪の状況は脱したが……

一九四五年一月までには被疑者の大部分が釈放されて自宅へ戻ったが、マルズキ医師の家族のもとには朗報は届かなかった。それでも、彼は、ある段階で最悪の状況を脱したようであった。そして自分の釈放に関してかなり希望的な観測をするようになっていた。ラティファによれば、一九四五年一月一七日付の夫人宛の手紙(図3-3)は次のような文面になっている。

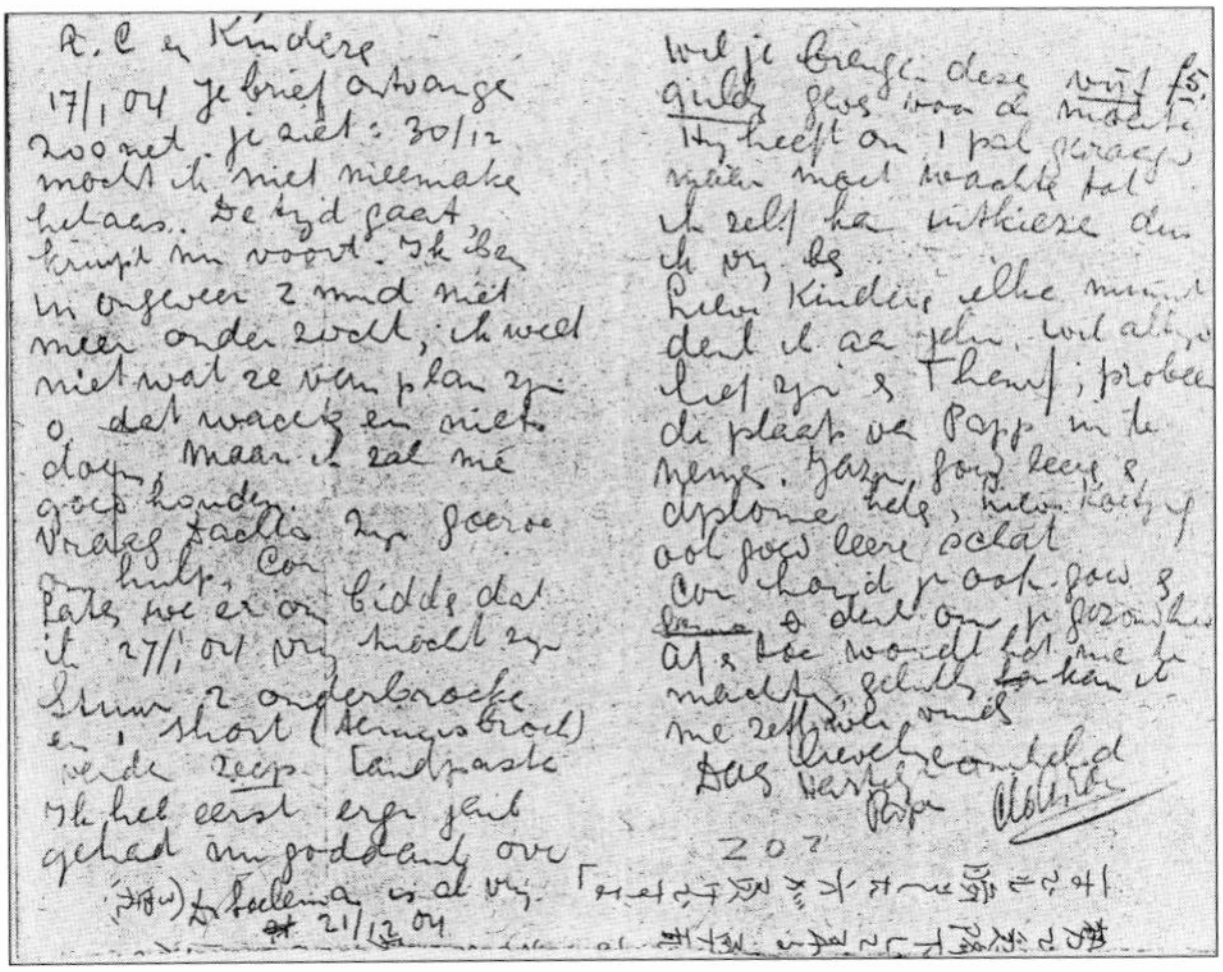
A. C. en Kinderen
17/1, 04 Je brief ontvangen
Dag lieve ...
Papa

図3-3　マルズキの手紙(1945年1月17日付)

> 君の手紙を受け取った。私はこのところもう二カ月尋問を受けていない。なぜなのかは分からない。何もすることがないというのは苦痛なことだ。グル[3]に頼んでくれ。二七日には、もう釈放されているといいのだが。私は痒《かゆ》みに悩まされているが、今はだいぶよくなった。〔部下の〕スレマン先生はすでに釈放された。この手紙を持って行く者に、五ルピア払ってやってくれ。彼は、背広の上下を一組欲しいと言っているが、

それは私が〔釈放されてから〕自分自身で選んでやることにしよう。かわいい子供たちよ。パパはいつもお前たちのことを考えている。いつも良い子でいなさい。タウフィック、お前はパピーの代わりになって家族を助けなさい。ヤジールは勉強しなさい。ラティファも勉強しなさい。コリーは体に気をつけなさい。私は時々絶望的になるが、でも、いつかまたお前たちに会えると思ってがんばっている。

仲介した警備員にとっても命懸けのことであったろう。本人が要求したものかどうか知らないが、一回配達するたびに、マルズキ医師の指示で五ルピアが家族から彼の手に渡された。「地獄の沙汰も金次第」ということである。それにしても「釈放されてから自分で背広を一組選んでやろう」などと言っているのは、彼が釈放への希望をかなり大きく持っていたことを示すものではないだろうか。

さらに、ここで「二七日には、もう釈放されているといいのだが」と記されているが、なぜ二七日なのか気になる。というのは、あとで分かったことだが、一月二七日というのは、日本側の結論が出て、モホタル教授とスレマン・シレガル医師だけが「作戦妨害」の罪で起訴され、軍律会議に送られた日だからである。手紙を書いた一月一七日の時点で、そのことがマルズキ医師に分かっていたのだろうか——。謎である。その後モホタル教授とスレマン・シレガル医師に対して下された判決の内容をマルズキが知っていたかどうかも分からない。はっきりしているのは、彼は、その二七日が来ても釈放されなかったということである。

そしてマルズキは二月一日、別件で逮捕されていた他の医師二人とともに、未決のまま、憲兵隊の道路を隔てた向かい側のコーニングス広場の一角にある、元オランダ秘密警察（PID：Politieke Inlichtingen Dienst）の建物に移された。PID《ペーイーデー》というオランダ語の名前は、市民の間でとてつもない恐怖を呼び起こす言葉として知れわたっていたので、日本人がどう呼ぼうとも、人々は当時なおオランダ時代の「ペー・イー・デー」という名で呼んでいた。

憲兵が彼の衣服を持ってきたとき、マルズキは、一瞬家へ帰れるのかと思った。別の拘置所に移されるだけと知ってがっかりしたが、以後の待遇はそれまでよりはよくなったという。監獄そのものはひどく、幅一・四メートル、長さ二・五メートル、高さ三メートルの湿っぽい部屋で、ここに九人もつめこまれていた。九人のすべてが政治犯ではなく、浮浪者、「スネン（市場）のブアヤ（鰐《わに》）」と呼ばれたスリ連中、泥棒などもいっしょだった。同時に移された二人の医師とはそれ以後房も別々で、一度も顔を合わすことはなかったという。

しかし、それまでよりはずっと良い状況が訪れた。二月三日（移送の二日後ということである）に警察から家族に電話があり、衣服を差し入れてもよいということだった。また、九日には食べ物を差し入れることも許された。オランダ人である妻はあまり出歩かない方がよいという配慮から、子供たちが母に代わって毎日ごちそうをつめたランタン（インドネシア式の重箱）を持って、旧PIDの建物まで通うようになった。差し入れだけで面会は正式には許されていなかったが、その日の当番によってはこっそり父に会わせてくれる者もいた。父の姿を見たとき、一〇歳もふけてしまったようであったが、差し入れのおかげで、だんだん元気になっていった。もはや拷問も取り調べもなくなったという。反対に、そこで行われる他の被疑者の拷問に立ち会わされて、苦痛が限界に達すると、医師の立場から

「ストップ」をかける役割を求められた。

しかし夫が戻ってくるまでには、さらに何カ月もの月日を、マルズキ夫人は厳しいストレスのなかで過ごさねばならなかった。

支払い続けられた給料

ところでその間、マルズキは、公式にはジャカルタ特別市衛生課長のポストを維持していた。そして夫人のもとにはずっと、夫の給料が支給され続けていた。マルズキの場合は、息子のタウフィックに給与代理受領の権限を委任する旨の書類に自分自身で毎月サインする必要があった。直接は会えなかったが、タウフィックが毎月PIDを訪れて父からサインをもらってくるのだった。その委任状には渡邊守道（陸軍技師）というサインも書かれている（図3-4）。不思議なことに、渡邊の肩書はマルズキと同じジャカルタ特別市衛生課長とされている。

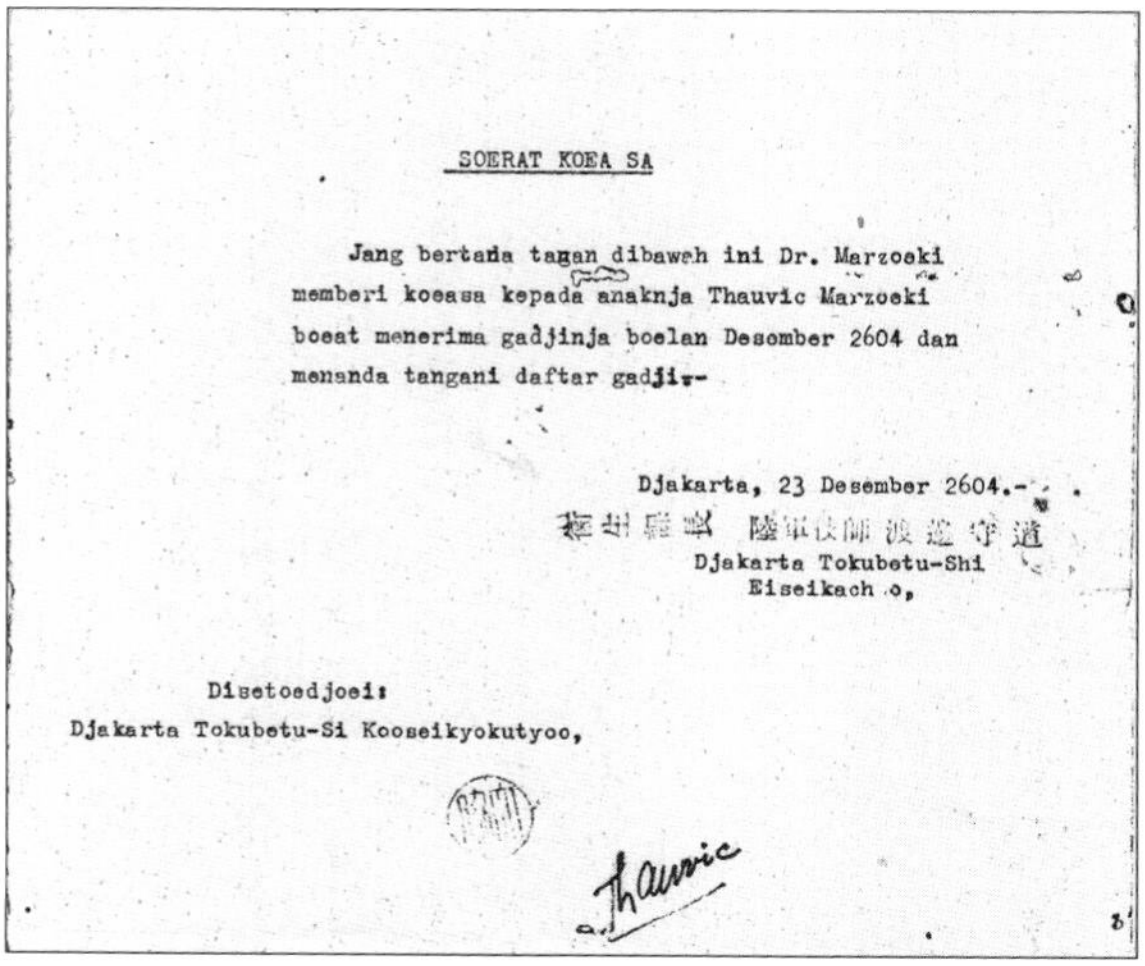

SOERAT KOEA SA

Jang bertanda tangan dibawah ini Dr. Marzoeki memberi koeasa kepada anaknja Thauvic Marzoeki boeat menerima gadjinja boelan Desember 2604 dan menanda tangani daftar gadji.-

Djakarta, 23 Desember 2604.-
特別市衛生課長　陸軍技師渡邊守道
Djakarta Tokubetu-Shi
Eiseikacho,

Disetoedjoei:
Djakarta Tokubetu-Si Kooseikyokutyoo,

Thauvic

図 3-4　給与代理受領の委任状（1944 年 12 月分）

夫人は次のように書いている。

マルズキがなお、彼のポストを維持しているということは、私たちにとって大きな励ましでした……。二カ月後に私は給料の半分をうけとりました。そこから家賃や税金を引かれて、私の手元には一〇〇フローリン〔「ルピア」と同じ〕の軍票が残りました。しかし、金額は主たる問題ではありません。要は、彼がまだ正式な取扱を受けているということが光明でした。

そしてマルズキ一家は、引き続き官舎に住むことも許されていた。

4　終戦——マルズキの釈放

マルズキ医師は結局、インドネシアの独立宣言の翌日、一九四五年年八月一八日にようやく釈放された。それにはジャカルタ特別市衛生課の同僚であった日本人医師サイトウの助言があった。彼は「終戦のどさくさのなかで憲兵隊が証拠湮滅のために勾留中の者を皆殺しにする可能性もあるので、早く身柄をもらい受けにいったほうがいいですよ」と夫人に知らせてくれた。それを受けて、息子のヤジールと、ミナンカバウの民族衣装を着た娘のラティファが憲兵隊本部に行き、「父を釈放してください」と掛け合った。

憲兵隊員が電話でサイトウ医師に確認したところ、サイトウ医師の口添えがあり釈放に応じてくれた。やがて顎ひげをはやし痩せ衰えた彼らの父親が、灼熱の太陽の下に姿を現した。

さて、マルズキ医師だけが未決のまま、最後まで残されたのはいったいどうしてなのだろうか。真相はいまだにわからない。一つには、妻がオランダ人であったために、疑惑が消えなかったのかもしれない。加えて、もしかすると彼は最後まで「モホタル医師が破傷風菌を混入した」という調書にサインしなかったからではないか。つまり、他の者たちは署名したのかもしれない、ということを仄めかす遺族もいる。

マルズキ医師は破傷風事件を口実に、あるいはきっかけに逮捕されたが、実は日本側の本音は、何らかのことからこの親オランダ的な、そしてハッタにも近い医師が反日的であるという疑いを抱き、隔離する方が安全だとでも考えていたのかもしれない。

第4章　行われなかった真相究明

1　連合軍による取り調べ

戦争犯罪ではなく

この事件は、日本が戦争に負けて占領統治に終止符を打ち、インドネシアが解放されたのち、どのように処理されていたのであろうか。

終戦処理のために戻ってきた連合軍は、日本の占領時代に発生した戦争犯罪行為の数々の調査を開始し、ジャワ島の場合、起訴された者はバタヴィア（ジャカルタ）で開かれたＢＣ級戦犯法廷で裁かれた。しかし、多くのロームシャの命が奪われたこの破傷風事件は、そこでは正面から取り上げられることはなかった。事件そのものは日本軍が軍律会議を開いて、一応合法的な形式をとって処理しているので、「戦争犯罪」という範疇でとらえられることがなかったようである。

ただ、憲兵隊による取り調べの際の被疑者虐待が問題にされた。その憲兵隊員に対する裁判が一九四七年六月一一日にバタヴィア法廷で行われ、様々な事件の取り調べに際して問題ありとされた隊員三三名が起訴され二八名が有罪とされた。そのなかでは、破傷風事件関連の取り調べ中の残虐行為、とりわけスレマン・シレガル医師とアリフ医師が獄死している事実も取り上げられた。オランダの国立公文書館(National Archief)に、戦犯裁判にかかわったオランダの法務官ドゥ・フロートの報告書(Collectie L.F. de Groot No. 584)が残っており、そのなかの「血清事件(Serumzaak)」と題する部分で、多数のロームシャが破傷風を発症して死亡した事件について触れられているが、それは戦犯捜査の本題としてではなく、憲兵隊員が被疑者虐待を働いた際に取り調べていた事件の背景としてわずかに説明されているにすぎない。ドゥ・フロートによる報告書の導入部分で、それはおよそ次のように説明されている。

一九四四年の後半、医療任務〔何を指すか不明〕にあったとき、ロームシャの収容所で発病、死亡が相次ぎ、患者は痙攣症状を起こしていることから、調査によって破傷風と見られるという報告があった。

当初は特高班長カトウの指導のもとで、そして彼の出発後はイワマサの指導のもとで、チョウの命令によって、〔現在〕逃亡中のマエカワとウギヤマ〔ウエヤマか？〕が、さらに同じく告訴されているツカモトとモリモトがこの事件を捜査した。かれらの取り調べによって、およそ次のようなことがあきらかになった。

エイクマン研究所所長モホタル教授が、生きた破傷風菌をチフス・コレラ・赤痢の予防接種液に意図的に混入し、それをインドネシア人医師スレマン・シレガルが、マス・カワン〔不詳〕の補助を得てロームシャに接種し、その結果三〇〇ないし四〇〇人のロームシャが破傷風を発症して死んだ。それは、インドネシア民族と日本民族の間に亀裂を起こし、インドネシアの独立達成を早めようという意図からでたものだった。このすべてをモホタル教授は自白した。このケースは、軍律会議に持ち出され、その委員によって裁定された。モホタル教授に死刑が言い渡されたこと――第一六被告〔モリモト〕がそれを見たと証言している――を除けば、どのような宣告がなされたかは分からない。モホタル教授とスレマンは、この軍律会議の建物で死んだ。彼らは調査の後そこへ連れて行かれ、アリフは憲兵隊において感染症で死んだ。

つまり、この報告書では、事件の顚末に関しては日本軍側が出した結論がほぼそのまま踏襲されている。さらに読み進めると、戦犯法廷で虐待の嫌疑をかけられた憲兵隊員は、チョウ・コウノスケ少佐（ジャカルタ憲兵隊長）、モリモト・アラタ（森本新、一九四五年一一月四日逮捕）、ツカモト某の三名で、彼らの罪状調査に際してマルズキ医師や、エイクマン研究所のコ・キアップ・ニオ検査技師などが証人として喚問されている。

一方、東京で連合国軍総司令部が一九五一年に開いた森本の仮出所に関する審議会において、再び憲兵隊による破傷風事件取り調べの経緯が問題にされた。その記録（ＧＨＱ資料①②）が国会図書館の憲政資料室に残っており、そこから一九四七年に行われた連合軍の戦犯裁判を類推することができる。そこでの森本の発言によれば、破傷風事件の捜査に於ける残虐行為がらみで、裁かれた憲兵隊員は、ドゥ・フロートの記述と異なり、彼以外では、イワマタとウエヤマであったという。

取り調べの際、アリフ医師は電気をあてられて両足に火傷を負い、膿血症にかかって死亡したとされたが、森本被告は、軍隊入隊以前電気技師をしていたため、電気ショック等の拷問器具使用もお手のものだったと供述している(1)(第2章1参照)。またスレマン・シレガル医師の死も虐待によるものと判明し、憲兵隊員もこれを認めた。森本被告によれば、スレマン・シレガルは、一度現場検証のために連れ出されたとき——おそらく判決より前のことと思われるが——橋の上で突然車から飛び出す(自殺を図ったらしい)ということがあり、そのために憲兵隊へ戻ってから森本が剣道場から竹刀を持ちだしてひどく殴ったことがあった(GHQ資料①)。その暴行を咎められたものと思うと、のちに森本は語っている。

ジャカルタ憲兵隊長であったチョウとイワマタは死刑、ツカモトは禁錮二〇年、森本は一〇年、ウエヤマは四年の判決を受けた。なお、アリフの死亡診断書を書いた軍医コバヤシ・テルオ(小林輝雄)は他の罪で八年の判決を受けた。森本は一九五〇年一月二二日までジャカルタで服役し、その後巣鴨に移された。日本を占領していた連合国軍(米軍)総司令部は、一九五〇年三月七日付で、戦犯の仮出所に関する規定を設置したので、すでに刑期の半分を終えていた森本もこれに基づいて申請した。結局それが認められて、森本は自由の身になった。

森本は、戦犯裁判では破傷風事件そのものに対しては、なんら調査はなされなかったと述べている。ただ、オランダ当局の調査に際してマルズキ医師は、取り調べの本題ではないが、ワクチン汚染の原因は、日本人の指導下にあったパスツール研究所で取扱に不注意があったためであって、日本側が主張するようにインドネシア人医師、とりわけ学識があり、医学に造詣の深いモホタル医師が悪意でやったことではない、と主張した。そしてモホタル医師は、拷問によって嘘の自白を強いられたのだと訴えた。しかし、オランダは特にこの発言に耳を貸していない。

ＢＣ級戦犯裁判の限界

一般に連合軍は、日本の非人道的行為の被害者がヨーロッパ人であった場合にはかなり綿密に調査をしたが、被害者がインドネシア人の場合は通り一遍のことしかしていない、という印象を筆者（倉沢）は常々受けている。たとえば従軍慰安婦問題でも、オランダ人女性が被害にあったケースは戦犯裁判でとりあげられ、その慰安所開設の責任者は死刑にされた。しかし、その何倍にものぼる数のインドネシア人女性の苦難に対しては、何の裁きも調査も行われなかった。映画『戦場にかける橋』で有名になった泰緬《たいめん》鉄道の建設に際しても、強制労働に駆り出されたのは連合軍の軍人だけでなく、その何倍もの数の東南アジアの住民がいたのであるが、そのことは戦後長い間ほとんど問題にされなかった。そして戦犯裁判や映画で取り上げられたのは、欧米人捕虜の苦悩であった。

このように、ＢＣ級戦犯裁判は、欧米人が受けた被害に対する、いわば復讐的な側面を持った裁判で、その意味で限界があったのである。うがった見方をすれば、この破傷風事件の場合、虐待されたスレマン・シレガルやアリフがオランダで高度な教育を受けた知識人であったので、多少とも注意を払われたのであろう。この事件におけるもっと多くの犠牲者たち、つまり破傷風で死んだロームシャたちの運命には、まったく思いが馳せられていない。また、他にも日本の占領中、インドネシア人が憲兵隊によって虐待された例は幾多もあるが、それらはほとんど問題にされていないのである。

連合軍による戦犯裁判が行われていた当時、インドネシアでは民族主義者スカルノとハッタの名においてすでに独立が宣言されていたものの、この独立を認めようとしない旧宗主国オランダとの間で武力闘争も展開されていた。そのような政治的状況のなかで、たとえインドネシア政府がモホタルらの冤罪や日本軍の責任などを主張しても、連合軍側にはまったく注目されなかったのかもしれない。これは単に破傷風事件のみならず、インドネシアが被った戦争被害すべてに関して言えることであった。

2　戦後日本における認識

日本では、元ジャワ軍政監部の司政官三好俊吉郎が一九六〇年代に書いた手記（二〇〇九年に刊行）のなかで、破傷風事件について「これは労務者の強制供出をめぐる住民の不満と恐怖を反映した人道的重大事件である」としている。そしてさらに次のように記している。

労務者は港から出発前に各種の伝染病の予防注射を受けるのである。この点に着眼したのがモホタル博士の、ある意味では同胞愛から出発したとしても、結局は非人道的殺人注射事件が起こったのである。モホタル博士はジャカルタ医科大学の教授で、細菌学の研究所をもっており破傷風菌の培養が行なわれていた。そこで予防注射液にこの破傷風菌を混合して労務者に注射し多くの死亡者を出した。こうして労務者の注射拒否を誘致してインドネシア人労務者を海外派遣から救い、かつ、労務者の供出を妨害しようとしたものと考えられる。

〔…〕とにかくこの事件はきわめて重大な問題で、同教授の背後には相当広範な反日陰謀があり反日政治家連も関係があるのではないかとの疑問ももたれるが、同教授なき以上ほどこす術もない(三好二〇〇九：一三一─一三三)。

また、「その後のモホタル教授の消息については全く不明で、どのように処分されたかも確証がない」と記している(三好二〇〇九：一三二)。このような軍政の中枢部にいた司政官でさえ、事件当時ならびに戦後に知りえた内容は以上のようなものであり、事件は秘密裏に処理されたまま、戦後も明らかにされなかったようである。ところで、元憲兵隊関係者が寄稿して編纂された『日本憲兵正史』という一四五〇ページにもわたる大著があるが、同書でのこの事件の記述は実に不正確である。まず事件の概要に関し「昭和十九年二月、バタビヤ憲兵隊は、細菌学者として世界的に著名な、インドネシア人のマルズキ博士を逮捕した」と記しているが、日時も、被疑者の名前も間違いである。事件の経緯に関しては「住民が日本軍の軍事施設労務にかり出されるのを不快に思った博士が、労務者の健康診断で予防接種の際、赤痢菌を注射液に混入させて赤痢を蔓延させ、労務者の労働を不能にして、日本軍の工事妨害を謀ったものである」とし、破傷風ではなく、赤痢を発生させたと、これまた不正確な記録を残している。さらに多くの労務者がこれにより命を落としたことには触れていないうえ、量刑には触れないまま犯人(マルズキ)の「刑は比較的軽かった」とだけ述べて、主犯が処刑されたこと、拷問による獄死者が出たことなどは全く述べられていない。故意に隠したというよりは、調査が不正確であったと思われる。ともかく、この記録からわれわれはほとんど何ら新しいことは知りえないのである（全国憲友会連合会編纂委員会一九七六：一〇三四）。筆者はこれらと、「はじめに」で紹介した西嶋・岸の著作以外には、当時を直接知る軍政関係者が破傷風事件に関して記しているものを知らない。

3　冤罪の主張とインドネシア政府の対応

なぜか踏み込まなかったスカルノ

この事件は戦後長い間、インドネシアでも誰も声を上げず、うやむやにされてきた。モホタルが本当は無罪であったのかどうかについて、調査が行われたことは一度もないのである。そして、本書の「はじめに」でも述べたように、インドネシアの公式な「国史」においては、事件についてはいっさい触れられていない。

初代のスカルノ大統領は、その政権の末期（一九六五年）に書かれた「自伝」（口述）のなかで、日本軍政時代に、自分が日本軍に協力したのは、それによってもっと大きな譲歩を引き出そうと思ったからだ、という弁解を綴ったのちに、この事件について次のように短く触れている。それは、「あなたはなぜモホタルを救えなかったのですか？」とある若者に問い詰められ、次のように答えたものである。

モホタルは、〔ジャワ島外へ〕連れて行かれる前に多数のロームシャに破傷風の予防接種をした研究所の長だった。そのワクチンは欠陥商品だった。三日以内に何千人もが死んだ。その極悪さは、私が〔命乞いの〕お返しとして日本にオッファーできるものを超えていた（Adams 1965：193-194）。

あいまいな表現であるが、要するにスカルノは、モホタルが故意にワクチンを汚したとは言っていないものの、かといって彼が冤罪で裁かれたという弁護もしていない。どのような状況でスカルノがこの発言をしたのかも自伝には詳細には書かれていない。ちなみにこの部分は、なぜか同自伝の日本語訳には掲載されていない。そもそもロームシャ徴発に関しては、スカルノらが「結果的に労務動員に関与したということは、独立直後の政治に一時的ではあったが鋭い亀裂をもたらした」と日本軍政の専門家・後藤乾一が書いているほどで（後藤一九八九：九七）、スカルノと心情的にわだかまりのある人々の間では微妙な感情が行き交っていた。

スカルノの態度についてフリーンドは、軍政に携わった日本の要人たちとのインタビューから得た情報として、次のようにも述べている。軍政監部は軍律会議の判決後、インドネシア人民族指導者たちを呼んで、モホタルの自供や判決に関して説明をしたが、そのとき他の者たちは判決と証拠に疑問を抱いたのに、スカルノだけはモホタルが有罪だと信じたというのである。またハッタがマンスール、デワントロ、オット・イスカンダル・ディナタらの民族主義者を動員して、山本茂一郎軍政監のもとにモホタル医師の助命嘆願をしに行ったとき、スカルノは仲裁に入ろうとしなかったという。その理由についてフリーンドは、「それはパンチャシラ演説（建国五原則のアイディアを初めて提示した演説）や独立準備の時期（一九四五年六月）で、スカルノは日本軍に対し、それまでよりも大きな影響力を持っていた時期だった。スカルノは憲兵隊を非常に恐れており、そこへ踏み込まない理由を容易に考えついた」と説明している（Friend 1988：196）。

スカルノ政権下（一九四五－六七年）では、その末期（一九六五年二月二八日）に、高等教育相が、教育者としてのモホタルの経歴を称える賞状（図4－1）を出したが、彼の冤罪を認め名誉回復するために何らかの措置が取られることはなかった。

出典：Hasril Chaniago et al. 2021：226.

図4-1　モホタルの経歴を称える賞状

冤罪だったのではないかという声

モホタルの名が初めてメディアにとりあげられたのは、スハルト政権成立直後の一九六八年八月にバデル・ジョハン医師が日刊紙『オペラシ（*Operasi*）』に発表した手記においてであった。引き続き二年後の一九七〇年七月一四日付で全国紙『シナル・ハラパン（*Sinar Harapan*）』の記者が、「日本のスケープゴートになったアフマッド・モホタル教授を偲んで」と題する記事を書き、〝冤罪である〟という観点からこの事件をとりあげた。そしてそのなかで、いまだに日本政府からその「あやまち」に対して謝罪がなされていないと訴えた。記者は、モホタルの義弟のハナーフィア医師ら、当時まだ生き残っていた関係者にインタビューしてこの記事を書いた。

これに対して、ある読者(Sutan Kuatan氏)から反響があり、同年一二月二三日の『シナル・ハラパン』の投書欄に"Prof. Dr. Mochtar Pahlawan jang dilupakan(モホタル教授 忘れられた英雄)"と題して大きく掲載された。それは、ナチスの犯罪に比べて日本のそれは、あまり世界に知らされる機会がなかったと述べ、またナチスと違って日本は、自らが犯した残虐行為に対する償いを行っていないことを批判している。

そのような世論の指摘に影響されたのかどうかは分からないが、二年後の一九七二年にスハルト政権は、モホタルに勲三等(Bintang Jasa Narayang)を授与した。ただそれは、国家と国民に対するモホタルの忠誠心と貢献、とりわけ医学界における功績に対して出されたもので、事件の冤罪を認め、彼の名誉を回復したものではなかった(*Tempo*, 5 Juli 2015: 63)。

出典：Hasril Chaniago et al. 2021: 218.

図4-2 モホタルの銅像

その後、「はじめに」で述べたように、一九七六年になってハナーフィア医師が『医学界最大のドラマ』と題して、医学界の関係者たちが冤罪を訴える書を編纂・刊行した(2)。この本のなかで彼らは、インドネシア政府が日本をはじめ、資料を持っている可能性のある関係国(オランダ、イギリス、オーストラリア)に問い合わせ、事件の再審査を日本政府に申し入れるように訴えている。しかし、インドネシア政府がこれに応じた様子はまったくない。そして、いまだに政府の公式な見解を発表していない。

その後一九八一年に、モホタルの出身地であるブキッティンギの公立病院（Kelas C）を、当時の州知事の発案で、ドクトル・アフマッド・モホタル病院（Rumah Sakit Dr. Achmad Mochtar Bukittingi）と改名することが提案された。それに際し、文書で保健大臣の許可を仰いだところ、同意を得ることができた。病院の正面には、右手を前に突き出し、左手で書物を持っているモホタルの銅像（図**4**－**2**）が建てられている（*Tempo*, 5 Juli 2015: 63, Hasril Chaniago et al. 2021: 220）。

インドネシアでもそのような状況であったから、日本ではなおさら、冤罪を主張する声は上がっていない。筆者の知る限り唯一、「はじめに」で述べたように、西嶋重忠と岸幸一は自らが中心となって編集した著作（早稲田大学大隈記念社会科学研究所一九五九：二〇五－二〇六）のなかで冤罪の可能性をほのめかし、さらにその後の回想録の中で以下のような著述を行っている（西嶋一九七五：一六四）。

同教授の研究室内で破傷風菌を培養していたことが反日陰謀事件のきめてになったようだが、細菌学研究室とあれば、破傷風菌の培養くらいはするのがあたりまえだろう。〔…〕しかも、同教授が日本人の殺害を計画していたとすれば、これ見よがしに証拠を残しておくだろうか。拷問を重ねて、虚偽の自白をさせた可能性も十分にありうる。

4　なぜモホタルが狙われたのか

第6章で論じるように、筆者は、この事件は南方軍防疫給水部の人材が多く送り込まれていたバンドゥンのパスツール研究所で密かに行われていた、破傷風ワクチン製造の治験過程で露呈した人体実験の失敗で、それを覆い隠すためにインドネシアの医療従事者に罪をかぶせたものであるという仮定に立っている。当時現実に日本軍内では破傷風ワクチンの開発が急ピッチで進められており、しかもインドネシアにおいてその実験を中心的に担っていたのは、関東軍防疫給水部(七三一部隊)の流れをくむ南方軍防疫給水部の医師たちであった。いうまでもなく、七三一部隊は満州で〝マルタ〟と称して、平気で中国人を実験台に使っていたことで知られている。中国におけるそのような日本軍の人権意識の欠如を考えれば、インドネシアにおいても当然そのようなことがあったと推定してもおかしくない。

日本軍の思惑

詳細な論証は後の章に譲るが、ここでは、そうした前提に立ったうえでも残る一つの疑問を検証してみよう。日本側が故意に罪をデッチあげようとしたのだとして、その際に、ワクチンの製造とも接種とも無関係であったモホタル教授ら、エイクマン研究所の関係者がそのスケープゴートにされたのは、どうしてだろうか、ということである。インドネシア側の関係者は、憲兵隊には、初めからエイクマン研究所関係者に罪を着せようという態度が見られた、と証言しているが、日本軍の文書に見る限り、第1章で述べたように、実際は、事件発生直後の二カ月間は特にそのような気配は見られなかった。一〇月二日のスレマン・シレガルの〝自白〟のなかで初めてモホタル教授の名前が出てきたのである。そのスレマン・シレガルの〝自白〟は、「黒幕はワクチン接種を担当した医師たちではなく、背後にスレマンよりもっと大物がいたのではないか」という日本側の根拠のない「推定」、あるいは「誘導」に基づいて彼を問い詰めた結果引き出したものであった。いったい日本側にはどのような思惑があったのであろうか？　そしてなぜエイクマン研究所が疑われたのであろうか。

科学史の専門家・塚原東吾によれば、「エイクマン」という名は、当時の日本の医学関係者にとってはある種の怨念の対象であったという。というのは、この研究所の初代所長であったエイクマン博士は、一八九六年に白米で飼育したニワトリが脚気の症状を呈し、これに米糠を与えると治ることから、米糠中に栄養素が存在することを確認して、ビタミンB1発見の端緒をつかんだ人物である。その後一九二六年に、エイクマン研究所のヤンセン博士が、ビタミンB1の純結晶分離に成功した。それらの功績を認められて、エイクマン博士は、一九二九年にイギリスのホプキンズとともにノーベル生理学・医学賞を受賞した。

しかし実はヤンセンよりも先に、日本の鈴木梅太郎が一九一〇年に、米糠から有効成分の単離に成功していた。そしてヤンセンは、この鈴木の研究発表をふまえて、一九二六年にビタミンB1の純結晶分離に成功したのであるが、世界的評価はエイクマン研究所に与えられてしまった――そうした意識が当時の、国家主義的色彩の強かった日本の科学者の間では強かった。あるいは、そのような先入観のゆえに、エイクマン研究所に対するネガティブな評価が、一六軍の軍医関係者の間にもあったのかも知れない、というのである。

一方、自身病理学者であるバードとサンコット・マルズキはその著作のなかで、前述（本書三〇頁）

したように一九二六年に書かれたモホタルの博士論文は、黄熱病の原因がレプトスピラという病原体(Leptospira Icteroides)だとする野口英世の説に反論する内容であったが、それはドイツ語で出版されたのちに英訳されていたので、日本の医学者にも知られており、日本のナショナリストにとってはおもしろくなかっただろう、と解釈している。そして一九四四年一〇月に憲兵隊がモホタルの家の捜査をしたとき、一九二六年の博士論文を押収したという事実に注目し、憲兵隊は、モホタルの博士論文をテーブルの上に載せて取り調べを行ったと述べている(Baird & Sangkot 2015: 91, 97–98)。そのようにバードとサンコットの著作は、野口英世の研究成果に対して行ったモホタルの批判が、彼をスケープゴートに選ぶうえでの大きな要因になっていたことを強調し、一六ページに渡ってこの問題を論じている(Baird & Sangkot 2015: 85–100)。

インドネシア医学界の重鎮たちを抹殺

しかし、たとえそのような医学史の知識が日本軍の軍医たちの間にあったにせよ、それだけによってエイクマン研究所やモホタルがスケープゴートにされたというのはいささか短絡的ではないかと思われる。筆者はそれに加えて、何らかの理由で、モホタル教授やスレマン・シレガル医師、マルズキ医師などインドネシア医学界の重鎮たちを抹殺しようという意図的な謀略が日本側にあったのではないか、と考える。その理由は推測の域を越えないが、ひとつには、後述する南方軍防疫給水部の活動をより自由に展開するに当たって、インドネシア人の細菌学の権威は邪魔な存在ではなかったか、ということである。

もうひとつの推測はより政治的で、医師はいずれもオランダ式の高度な教育を受けていて、一般的に「反日」感情が強いとして、その政治的忠誠に関して疑いを抱かれていたのではないかというものである。とりわけ、より上級の免許を取るためにオランダに留学した医師たちは、戦前オランダ人待遇を受けており、おそらく日本にとっては鼻持ちならない存在であったろう。モホタルは自身オランダに留学し、二人の息子もオランダへ留学している。スレマン・シレガル医師とマルズキ医師はともに妻がオランダ人である。オランダ人女性と結婚したインドネシア人男性というのは決して多くはなく、かなり特異な存在であったことは確かだ。しかも両夫人とも敵性国人でありながら抑留所行きは免除されていた。そのほかこの破傷風事件で逮捕された者のなかには、オランダ留学組が非常に多い。

そういう医師たちに対する日本の警戒心は強く、なんらかの事件のたびに、それと結び付けて医師たちを葬ろうとする意図があったのではないだろうか。実は日本占領期には、ほかにも医療関係者が「謀略」の嫌疑をかけられて殺害されたケースが少なくとも一九件ある。たとえば海軍支配下の西カリマンタンでは、いわゆるマンドル事件(3)などで一三名もの医師が殺害されている(Hanafiah 1976: 60)。

当時医師の数はジャワ全域で六四八名(うち華僑一六三名)と記録されている(ジャワ新聞社一九四四：一五八)。これは住民七万人に対して医師一名という計算である。つまり、当時は医者が非常に不足しており、住民の医療状態は極めて悪かった。したがって日本当局は衛生状態の改善が日本軍の民心把握の最善の方法であると考え奮闘していたのだが、そのようななかで「医師」免許を持つ者は非常に貴重な存在であったはずだ。不足を補う対策として、軍政開始直後は抑留所からオランダ人の医科大学教員を連れだしてきて、実習も終えて卒業直前だった学生たちに二度にわたって緊急の試験を課し、医師免許を発行することもあったという(Hasril Chaniago et al. 2021: 138, Karimoeddin 1976: 263)。また他の高等教育機関(工業大学や法科大学)に先駆けてジャカルタ医科大学(軍政開始とともに閉鎖されていた)だけは一九四三年八月という早い時期に再開され、日本からも多くの教授を派遣していたのであった。そしてまた医師の養成を急ぐために医科大学の年限も座学が五年から四年に、実習が二年から一年に短縮された(Karrimoeddin 1976: 27)。そのような状況にもかかわらず、貴重な存在であった医師に対して、とりわけより高度な技術を持っていたはずのオランダ留学者に対して、日本軍はより警戒心が強かったと思われるのである。

そのことは、たとえばジャワ医事奉公会という翼賛的な国策団体が結成された時、その会長のポストに就いたのは、モホタル教授よりも年長(当時五四歳)ではあったものの、「原住民医師」の資格しか持たないアブドゥル・ラシッド(Abdoel Rasid)医師であった(「ジャワ医事奉公会公告」ジャワ軍政監部一九四三:第一〇号、二五)ということからも推定できるかもしれない。彼は内務部衛生局参与という職務にあったうえ、中央参議院の議員に任命されていて、おそらく政治的には親日的とみなされ、影響力を持っていたのであろう(Gunseikanbu 1943: 300)。

狙われたミナンカバウ族

次いで、破傷風事件を見ていて非常に奇妙に感じることは、逮捕されたインドネシアの医学関係者にスマトラのミナンカバウ族出身者が異常に多いということである。モホタル教授をはじめ、ハナーフィア講師、マルズキ医師、ジュハナ助教授、モホタル看護人らはいずれもミナンカバウ族である。

この種族の人口はせいぜい全国民の三％程度であることに鑑みて、この事件の被疑者にこれだけ多くのミナンカバウ族がいるということはいささか奇妙である。もちろん、この種族は教育熱心で多くの知識人を生み出していたから、高学歴の医師を輩出する率が高かったとしてもさほど不思議ではないが、それにしても高率である。

ミナンカバウに何か特別の意味が加えられていたとすれば、それは同じミナンカバウ族出身の民族主義者ハッタとの結びつきのために警戒されていたからかもしれない。当時ハッタは、対日協力をして矢面に立ち、スカルノに次ぐ民族の実力者として重要な役割を果たしていた。しかし前述のように、その背後で、憲兵隊はこのオランダ留学帰りの民族主義者ハッタを非常に警戒しており、共産主義者だとする報告書を密かに軍司令官に提出して、暗殺を計画したほどだった（三好二〇〇九：一〇三一一〇九）。

それほど要注意人物とされていたハッタとの親しい関係を疑われ、ミナンカバウの知識人は多くが目をつけられていたのかもしれない。とすれば、破傷風ワクチンの効力を試す実験の失敗で生じた日本側の不祥事を覆い隠すのに、ミナンカバウ族の高名な医師に罪をなすり付けて排除することは、一石二鳥であったろう。あくまで隔離することが主要目的で、抹殺するほどの必要を感じていなかったとすれば、モホタルの処刑をすぐに執行しなかったこと、マルズキを処分保留でグズグズ拘束し続けたことなども納得がいく。しかしこれもあくまで推測の域を出ない。

取り調べに当たった森本新憲兵隊員は、モホタル医師は日本に対して謀叛を起こす計画があり、そのためにジャカルタおよびタンゲランで闘争を始めており、殺人というより政治的な企みを持っていたのだ、と語っていたという。森本はさらに、一九五一年に仮出所審議会に対して行った発言で、モホタルの〝自白〟はおよそ次のようなものだったと回想している（GHQ資料①）。

日本軍は独立を約束していたが、なかなか実行されずインドネシア人のリーダーたちは不満を抱いていた。〔…〕サイパンが陥落した時これはいよいよチャンスがきたと考えた。もしすでにいろいろ問題になっているロームシャが多数死ねば、インドネシア人の怒りは爆発し、反日運動が活発化するだろうと考えた〔…〕。

いずれにしても日本側は、この事件に政治性を持たせようとしていたように見受けられる。しかし、モホタル教授には、それまで政治活動の経歴はまったくなかったし、また日本の占領下になっても日頃から反日的な言動があったということも伝えられていない。一九四三年、ジャカルタ医科大学で坊主頭を義務づけた校則を拒否して学生たちがストライキ事件を起こしたことがあったが、それに際しても、モホタルが何らかの政治的立場をとったとは報告されていない。これまでのさまざまな文献を見ても、モホタル教授を政治や民族運動に結び付けるような傾向はどこにも見られないのだ。そのような人物がいきなり、このような大陰謀を組織するということの論理的奇妙さは否定できない。

もし、日本側の言うように、独立を約束した（現実には正しくないが）のに日本がなかなか実行しないことに不満を持って、モホタル教授がこの時期に破傷風事件を起こしたのだとすると、それはまことに皮肉なことである。というのは、クレンデル収容所で患者が発生したときにはまだ約束されていなかったが、それからちょうど一カ月経った一九四四年九月七日に、日本政府の小磯国昭首相は「将来インドネシアに独立を許容すること」を発表するに至ったのだった。結局この約束は時間切れとなって、終戦までに実現することはなかったのだが、しかし小磯声明以降は、インドネシア民族運動のシンボルで、現在の国旗である紅白旗を掲揚したり、現在の国歌である「インドネシア・ラヤ」を歌ったりすることが許されるようになり、現実に独立に向けての準備も開始されたので、人々の不満はかなり解消されていったのであった。

5　ロームシャたちのその後

ほんとうの被害者、求められる検証

筆者は常々、この事件がインドネシアにおいて、もっぱらモホタルら医学関係者が被った冤罪という観点でのみ語られ、破傷風の被害者となったロームシャたちの運命があまり顧みられていないことに大きな違和感を覚えている。独立後のインドネシアでのロビー活動を見ても、モホタル教授ら医学関係者の「汚名」を晴らすこと、その功績に報いるための象徴的な措置をとること、などに終始しており、命を失った何百人ものロームシャには一度も言及されていないのである。戦時期を通じて、何百万人ものインドネシア人がロームシャという名のもとに――しばしば「経済戦士」などとおだてられ――徴発され、命を落としていったことに対し、戦後インドネシア政府が何も要求しないのをいい

ことに、日本政府も「戦争だったのだから」と見てみぬふりをしてしまっている。そのようななかでも破傷風事件の犠牲者は、作業地での激しい労働や移送中の水難事故などある意味で不可避の死亡とは違い、作業地に送られる前にジャカルタにおいて発生し、少なくとも日本軍の管理責任は免れない。

ジャカルタだけでも一九四四年八月に九八名のロームシャの命、スマトラやボルネオに送られてから発症した被害者なども加えると四六六名の命が奪われたことが、一六軍軍医部長の報告書②に公式に記載されているのであるが、その遺族たちからは何の声も上がらなかったのであろうか？　ロームシャたちには当然名前があり、その出身地や年齢を明記した名簿があったはずである。終戦時にそうした資料は廃棄されたようであるが、少なくとも事件発生時には、労務処理班でしっかり保管されていたはずである。もしも日本軍が言うように、事件がモホタル教授らの「陰謀」であり、彼らはその犠牲者だったのであれば、当時日本軍は、むしろ犠牲者についての詳細を明らかにし、その死を悼む報道をするなどして、「陰謀」の悪質さを大々的に世間に鼓舞したとしてもおかしくはないはずだ。

どうやら、おそらくロームシャの遺体は、宗教的な敬意を払われることもなくどこかに集団で埋葬され、死亡の事実そのものも含めてその経緯は被害者の遺族にはまったく伝えられなかったようである。筆者は一九九〇年代に、インドネシアの複数の新聞に投稿して関係者（とりわけ被害に遭ったロームシャの遺族や隣人）からの情報提供を呼び掛けたが、遺族からのレスポンスはなかった。このような事件はいくら緘口令を敷いても必ずどこかから漏れ伝わってくるものであるが、日本軍の降伏後でさえ、なんら声を上げる遺族がいなかったということは、おそらく彼らには事件発生の事実さえ伝えられていなかったのであろう。

同じ収容所にいながら発症しなかった者、あるいは発症したが血清を打たれて運よく一命をとりとめた者などはこの後どうなったのであろうか？　第6章で述べるスラバヤでの人体実験の場合は、発症したが生き残った者はその後、ただちに刑を執行されたというが、クレンデル収容所の場合、まさか口封じのために全員を意図的に殺害したとは思えず、おそらく、彼らは何もなかったかのようにそのまま船に乗せられて、予定していたジャワ島外の作業地へ送られたのであろう。そしてその地で命を落とすか、あるいは終戦とともに置き去りにされて帰国の機会を失ったのかもしれない。そのために彼らの声は届かず、事件はいっそう暗闇に閉ざされてしまったと考えられる。

命の重みの違い？

冤罪説の陰になって、実はもっと多くの命が奪われ、何の償いもなされていないということの深刻さに、インドネシア政府も、あるいはまたバードとサンコットの著作(Baird & Sangkot : 2015)を含めてその後に刊行された歴史書においてもまったく触れられていないのは、ロームシャの命と医学博士の命の重みの違いを、多くの人が「仕方のない当然のこと」として容認してしまっているからなのであろうか。

犠牲となったロームシャについて検証しようという動きが、戦後、インドネシア政府はもちろんのこと、いかなる人権団体からも上がらなかったのは、考えてみれば恐ろしいことである。それを検証してこなかった歴史家にも責任の一端はあるだろう。

第Ⅱ部

それは人体実験だったのか
——七三一部隊のワクチン戦略——

第5章 七三一部隊は何をしたのか――ハルビンからバンドゥンへ

一九四四年八月、ジャカルタのクレンデル収容所で、島外に働きに出るのを待っていたロームシャが破傷風ワクチンの混入されたチフス・コレラ・赤痢の三種混合ワクチンを接種された直後、一一九名が破傷風を発症し、九八名が死亡するという惨事が起きた。モホタル医師がその「謀略」事件の主犯として逮捕され、彼は一九四五年七月、日本の敗戦直前に処刑された。第I部では、その事件の経過が、第一六軍軍医部長が大本営に送った四本の報告書や、当時の医学雑誌などの資料分析と関係者の聞き取り(オーラルヒストリー)とによって詳しく追跡され、ロームシャの大量死は人体実験であった可能性が大きいこと、また南方軍防疫給水部が終始捜査を主導していたことも明らかにされた。

そこで第II部では、七三一部隊全体の構造のなかに南方軍防疫給水部を位置づけ、そこで起こったモホタル「謀略」事件を照射することを試みる。それは七三一部隊長・石井四郎の特異なワクチン戦略を追及していくことにほかならない。ハルビンの七三一部隊は日中戦争勃発とともに北京、南京、広東の固定防疫給水部の設置を実現し、アジア・太平洋戦争の勃発に伴い、さらにシンガポールの南方軍防疫給水部設置にまで行きつく。そして、東京の陸軍軍医学校防疫研究室と五つの固定防疫給水部の間につくられたネットワーク(石井ネットワーク)では、細菌兵器開発と防疫(ワクチン)給水にかんする知識・技術の交流と人的交流が不断に行われていた。

第Ⅱ部ではそれらのことを、具体的・歴史的に見ていきながら、最終的には破傷風菌によるロームシャ大量死事件に照準をあわせていきたい。

1　軍の要請によるワクチン開発

石井四郎のワクチン戦略思想

七三一部隊の隊長・石井四郎は、日中戦争の遂行には、感染症から兵士を護るため、兵士へのワクチン予防接種が絶対的に必要であること、それゆえ七三一部隊のワクチン開発が極めて重要になってきたことを熱心に説いた。その講演が行われたのは、一九四〇年三月三〇日、陸軍軍陣医薬学会においてであった。その講演録「支那事変ニ新設セラレタル陸軍防疫機関運用ノ効果ト将来戦ニ対スル方針並ニ予防接種ノ効果ニ就テ」は『陸軍軍医学校防疫研究報告』第二部、第九九号に収録されている（以後、石井講演九九号と略す）。これは、陸軍軍医学校で行われた七三一部隊の内密会議であり、出席者は、安東洪次、渡辺辺《ほとり》、石光薫、佐藤俊二、大田澄、村上隆、北条円了、碇《いかり》常重、早川清、内藤良一、中黒秀外之、出月勝重、小林栄三、安東清、植村肇、村国茂など計二五名。全員七三一部隊の名だたるワクチン開発の医師たちである。

石井は講演の冒頭で言う。

古今東西の戦役に於て戦争と伝染病は影と形の如く附随致して居りまして、病者の数は戦死傷者の数に数倍乃至数十倍し、病死者の数は戦死及傷死者の数に数倍、戦役に於ける兵員損耗の主因をなしましたことは周知の事実であります(石井講演九九号、一八七‐五)。

そのうえで、日清戦争、日露戦争、満州事変においても、欧米露の近代の戦役においても、病死者数が戦死者・戦傷死者の数倍ないし数十倍になっていることを、具体的に戦役ごとの数値をグラフ化して示すのである。

そして、「戦疫」の発生を絶滅するのは、兵士へのワクチン予防接種であると捉えた石井は、日中戦争の勃発により、ワクチン供給の必要量が飛躍的に増加したことを強調する。つづいて、七三一部隊が独自に開発したワクチンが、東大伝染病研究所(東大伝研)や北里研究所で開発した他のワクチンと比べていかに優れているかを、①チフス・ワクチン、②パラチフスA型ワクチン、③パラチフスB型ワクチン、④コレラ・ワクチン、⑤破傷風予防接種液、⑥動員用痘苗、⑦猩紅熱《しょうこうねつ》接種液、⑧ジフテリア予防接種液というように、細菌ごとのワクチンで示している。これは七三一部隊で開発された主要なワクチンについて語ったものと見てよい。

当時の日本では、軍人の感染症に対して、疾病にかかったら血清で治療するという「受動免疫」を原則としていた。それはワクチンの予防接種は、兵員全員に打つので多額の経費がかかることと、予防接種後の免疫力が短期間で失われるので、追加接種が必要になること、細菌の毒素を弱毒化したトキソジンが大量には得られなかったことなどが原因であった。このときの政府の方針に対して、石井はワクチンを全員に打つことにより、兵員を戦地で疾病から守ることができるとする「積極免疫」の立場を強く主張した。そして、七三一部隊でワクチン開発を推し進めたのである。

戦後米国は、七三一部隊について四回にわたって調査団を日本に派遣し、旧七三一部隊員を尋問した報告書を四回米国国防総省(ペンタゴン)に提出している。詳しくは終章で、サンダース、トンプソン、フェル、ヒルのレポートについて述べるが、ここでは、敗戦後まもなく、最初の調査官サンダースに、内藤良一が自ら通訳者として接触したことを記しておきたい。内藤はサンダースには、人体実験をとおして細菌兵器を開発し、実際に細菌戦を行ったことは秘匿し、細菌戦の防御のためのワクチン・血清の製造が七三一部隊の目的だったと印象づけることに努めた。その結果、期せずして私たちは、当時軍事機密であった七三一部隊のワクチン・血清の種類と製造能力を知ることができるのである。

内藤は一〇月六日のサンダースの尋問に対して、「平房研究所の任務は、初めから生物兵器の開発だった。大規模な防御の研究の中には医学研究、それと同時に血清やワクチンの大量生産が含まれていた。実際の生産量は、一年間に各種ワクチン合わせて約二〇〇〇万人と見積もられていた」と述べ、「関東軍防疫給水部のワクチンおよび血清の年間生産能力」(**表5-1**)を提出している(「サンダース・レポート」、常石一九八四：二八八―二八九)。その表の数値は内藤の供述からして、一九四〇―四二年頃のものであろう。その表の説明として「関東軍防疫給水部は関東軍司令官の命令によって、軍の各部隊、軍属、および満州、中国北部および朝鮮の関東軍支配地域の一部住民のためにワクチンと血清の生産と供給を行なっていた」とある。

表 5-1　関東軍防疫給水部のワクチンおよび血清の年間生産能力

ワクチン	接種可能人数(人)	治療用抗血清	分量(ℓ)
ペスト・ワクチン	200 万	ガス壊疽血清	5000
腸チフス，パラチフス・ワクチン	400 万	破傷風血清	5000
ガス壊疽ワクチン	200 万	ジフテリア血清	500
破傷風ワクチン	200 万	赤痢血清	1000
コレラ・ワクチン	50 万	連鎖状球菌血清	500
赤痢ワクチン	400 万	ブドウ状球菌血清	500
猩紅熱ワクチン	10 万	丹毒血清	500
百日咳ワクチン	10 万	肺炎血清	1000
ジフテリア・ワクチン	10 万	脳髄膜炎血清	500
発疹チフス・ワクチン		炭疽血清	50
鶏卵ワクチン	100 万	ペスト血清	1000
ハツカネズミ肺ワクチン	200 万	輸血用プラズマ	100 万
ハタリス肺ワクチン	100 万		
結核ワクチン	50 万		
痘苗	200 万		

注：「治療用抗血清」の「診断用抗原」および「診断用血清」は省略した.
出典：「サンダース・レポート」(常石 1984)補遺(1-e)より筆者(松村)作成.

表5－1は現在判明している七三一部隊のワクチンの種類と生産能力である。

石井四郎という人物

七三一部隊というと、読者はまず細菌戦を思い浮かべるのではないだろうか。しかし七三一部隊の任務は、その正式名称「関東軍防疫給水部」が示すように、まずは「防疫」と「給水」なのであり、ワクチン開発は七三一部隊の活動の柱であった。

七三一部隊の隊長を務めた石井四郎は、一八九二(明治二五)年六月二五日、千葉県千代田村加茂地区に生まれた。金沢の第四高等学校を経て、一九一六年四月、京都帝国大学医学部に入学。一九二〇年一二月に同医学部を二八歳で卒業するとただちに陸軍に入った。翌年四月に軍医中尉として任官し、東京の近衛師団に配属された。卒業から四年後の一九二四年には、京大の細菌学教室で研究するため陸軍から派遣されて母校の大学院生として戻った。石井は二年間大学院におり、一九二七年六月に、微生物学の分野で博士号を取得した。こうして石井は、一九三〇年代に京大の微生物学教授清野《せいの》謙次と博士論文の指導者木村廉という、二人の京大教授を師に持つことになった。のちに石井が七三一部隊長になったとき、清野と木村は病理学、細菌学、血清学の若い研究者を多数七三一部隊に送り込むことになる。

石井四郎は大学院修了後、陸軍により京都衛戍《えいじゅ》病院に配属された。一九二五年にジュネーヴ議定書が締結され、細菌兵器と化学兵器の使用が禁止されるが、石井は国際的禁止条約がつくられるほど細菌兵器は効力が大きいことにヒントを得て、以後日本の細菌兵器の開発を目指して猛進することになった。京都衛戍病院勤務時代、石井はしばしば上京し、参謀本部を訪れ、参謀や作戦課長に細菌戦の必要性を説くようになったという。

石井は一九二七年四月から二四カ国を足早に巡って、二年後米国経由で帰国した。この二年間の外国巡行の目的が何であったのかは、細菌戦準備の状況を探りにいったという説をはじめ諸説あるが、いまだに判然としていない。

出発点は防疫研究室

一九三一年九月一八日の柳条湖事件（満州事変）をきっかけに日本が中国東北に侵略を開始すると、陸軍軍医学校長一木儀一は、「事態の重大性に鑑み急遽中央局に連繫し」、三日後に化学兵器研究室主幹として小泉親彦を、防疫部主幹として梶塚隆二を招致した（陸軍軍医学校一九三六：一五九）。梶塚は、敗戦時には関東軍軍医部長という七三一部隊を監督する要職にあり、ソ連軍に捕まり、ハバロフスク裁判(一九四九年一二月)にかけられることになる。梶塚が招致されたのと同じ日に、石井四郎、羽山良雄、増田知貞が「防疫部及び防疫研究教室」に配属された。防疫部は主に腸チフス、パラチフスなどのワクチン開発を行い、防疫研究教室は細菌学の研究を行い、赤痢予防錠の研究、生産中の各種ワクチンの副作用の検査、乾燥培地の研究なども行っていた(陸軍軍医学校一九三六：一五三)。

一九三二年一月の上海事変の勃発に伴い、「戦役予防」の必要性は急速に高まった。防疫部は臨時雇用約八〇人を採用し、日夜を徹して生ワクチン・血清の生産に従事し、軍の各師団に供給したのである。同年四月には防疫部建物地下室の一部を改造し、応急的に防疫研究室(主幹は梶塚)が新設された。設立後一年も経たぬうちに、小泉親彦は陸軍軍医学校の校長として復帰し、石井は強力な後ろ盾を得ることになった。翌三三年四月近衛騎兵連隊より敷地の一部の移管を受けて、同年九月独立した研究室が竣工し、石井四郎が新築の防疫研究室(以後、防疫研と略称)の主幹となった。まもなく防疫研は防疫部を吸収する。防疫研には石井の他に西村英二、羽山良雄、渡辺廉、増田知貞、北条円了がいた(陸軍軍医学校一九三六：一六三)。この医師たちは皆、四年ほど後にはハルビンの七三一部隊に赴任し、部隊の中軸になる。

満州事変以降一年間に軍医学校防疫部は、**表5－2**に示したワクチンを製造し、日本国内の衛戍病院に交付するとともに、軍の各師団に供給していた。他に各種診断用血清計二万三六七〇人分、赤痢予防錠(研究中、後に中止)二四万三八二九人分、乾燥血清計八一グラムなどを生産していた。

その後、軍医学校防疫部で製造されたワクチンの種類と量を示すこのような資料は、軍事秘密に属するので公表されないのだが、ひきつづき関東軍司令部がどの種類のワクチンをどのぐらい製造して、日本軍のどこに供給せよと軍医学校長に宛てた命令書は多数残されている(楊二〇一五：四四七―五五四)。

そのうち二つの例をあげよう。

最初の例は、関東軍が陸軍軍医学校長に宛てた、コレラ予防接種液三万人分を製造し、関東軍の臨時奉天倉庫に送り収蔵せよ、という司令「陸満普第三三八二号　コレラ予防接種液交付ノ件」である(楊二〇一五：四五一―五三)。これは一九三二年六月三日付となっているので、表5-2におけるコレラ・ワクチン製造量の二〇万一〇〇〇人分に算入された三万人分ということになる。コレラは一九三二年にハルビンで流行し、防疫研の研究者が満州で最初に行った防疫活動となった。

表5-2　満州事変勃発後1年間の陸軍軍医学校防疫部の各種予防接種液(ワクチン)生産量(1931年9月～32年9月)

種　類	生産高(人分)
腸チフスA及びB型パラチフス	24万960
腸チフスB型パラチフス	26万5537
コレラ	20万960
A型パラチフス	12万8995
ペスト	1万9690
計	85万6142

出典：「事件費ニ依ル生産品一覧表」(陸軍軍医学校1936：167)より筆者(松村)作成.

次の例は、ペスト・ワクチン予防接種液で、陸軍省医務局医務課が軍医学校長に宛てた「ペスト予防接種液交付の件」に関する「陸満普第一一〇二号」(一九三五年一二月一一日付)である(楊二〇一五：五三八―五四〇)。そこには、「其の校に於てペスト予防接種液四五〇〇人分を調整し　至急第十六師団軍医部留守部に交付すへし」とある。その「理由　渡満すへき昭和十年度初年兵に実施の為第十六師団より請求ありたるに依る」とあるので、満州に出兵する以前に第一六師団の兵士にペスト・ワクチンの予防接種をするために、四五〇〇人分を軍医学校で製造して同師団に送るよう指示していることがわかる。軍医学校防疫部・防疫研は、日本軍の兵士に予防接種をするために、ワクチンを製造し、供給していたのである。

「東郷部隊」を背陰河に設置

日本軍は一九三二年二月五日、黒龍江省の省都ハルビンを占領すると、同年三月、「満州国」建国を宣言した。満州の地に細菌兵器とワクチン開発の秘密部隊設置の機会が到来したとばかりに、三三年に入ると、石井四郎をはじめ防疫研の一一人が渡満し、部隊設置に向けて準備に入った。石井は九月から約半年間、渡辺廉、西村英二、北条円了らと渡満している。石井にとっては前年六月、一カ月間の満州出張につづく二度目の出張である。満州事変以降三四年三月まで、「満州国」に出張した者は延べ一六人を数え、それ以外にも石井の「業務援助の為」嘱託、雇員、傭人、臨時傭人の満州国への出張は二二七人を数えた（陸軍軍医学校一九三六：一八〇―一八一）。それは七三一部隊の前身「東郷部隊」を背陰河《ベイインホー》に設置するためであった。

一九三三年八月、ハルビン南東約七〇キロの五常県背陰河に設けられた防疫班は、「東郷部隊」と呼ばれた。その名の由来は、石井四郎が尊敬してやまない東郷平八郎の名前に似せて、自らを「東郷一」と称したことからきている。このように当時東郷部隊員はみな偽名を使っていたが、戦後、一九四八年一月二六日に帝銀事件（終章で詳述）が起こったときに、石井四郎から聴取した捜査員が書きとった「背陰河守備隊名簿」[1]には、次の氏名がある（（　）内は筆者［松村］が正しい姓名を記入したもの）。

陸軍少将　北川正隆　佐藤信二　羽山良雄
大佐　西村英二　大田澄　井上隆朝
中佐　小野寺義男　園田太郎　酒井忠良　板倉淳
少佐　増田美保　古本広文　沼口（江口）豊潔　渡辺連（廉）　八木澤行正　北条円了
副官　今津綱幹
大佐　今瀬一夫
中佐　小口亘　藤井英太郎　渡辺睦男　菅原敏　吉田徹
技手　内海薫　他一二名

石井四郎が率いる陸軍少将・北川正隆から陸軍少佐・北条円了までの一六名は、いずれも三年後の関東軍防疫給水部設置以降、中核となる医師たちである。

この東郷部隊では毒ガスやワクチン・血清の製造を行っていたが、そのさい囚人や捕虜の中国人を人体実験に使っていた。関東軍参謀遠藤三郎は東郷部隊を二度訪問しているが、遠藤の一九三三年一一月一六日の日記には、毒ガスのホスゲンの人体実験を中国人に対して行っているのを見たことがかなり詳しく記され、また、同年一二月八日の日記には、石井に迎えられて「細菌試験場を視察し、いたく感心した」「研究所のスペースが六〇〇メートル四方の大兵営にして一見要塞を見るが如し。二十数万円の経費亦止むを得ざりしか」と記されている。要塞のような東郷部隊は、地元では「中馬城」(部隊幹部の偽名「中馬大尉」の城郭の意)と呼ばれ、恐れられていた。ロツ(籠子)と呼ばれた狭い鉄柵のなかに収容され、実験に供された中国人については、栗原義雄の証言と栗原が描いたロツの画がある(西里二〇〇二：一二四－一二五)。

一九三四年九月、中秋の名月の宴のとき、この機会を狙っていた一六名の中国人収容者が看守を殺害し、脱走に成功した。そのうち一二名が東北抗日連軍第三軍に入ると、人体実験も含めて部隊の内部の秘密が分かることを恐れて、石井たちは日本に一時帰国し、東郷部隊を閉鎖する決定をし、証拠隠滅のために「中馬城」を爆破した。

脱走事件の証言者に、栗原義雄、呉沢民、付連挙の三名がいる。付連挙老人は、「一九三四年の中秋節の日、日本軍の細菌工場を脱獄してきた抗日の英雄たちの足枷を叩き壊してやった。外した足枷は憲兵の追及を恐れて井戸に投げ込んだ。近年この井戸は埋めてしまった」と証言した。その後、日中市民共同で、石井四郎らの「東郷部隊」が捕虜を使って人体実験をしていた証拠とするべく、井戸に投げ込んだ鉄製足枷を掘り起こす作業がなされたが、この作業は二〇二二年現在中断している。筆者(松村)が二〇一九年に現地背陰河でその井戸を見たときには――地下六、七メートルのところに足枷があるはずだが――三メートルほど掘ったところで掘削は止まっていた。今後、足枷を発見すべく新しい掘削技術を用いて掘削をすすめるべきだろう(2)。

脱走者が東北抗日連軍に入り、東郷部隊の内部の状況を報告した内容が、抗日連軍第三軍第一師団長の劉海濤がコミンテルンの中国共産党代表究に提出した『満州の状況に関する報告』(一九三六年一月)において次のように書かれている(3)。

「背陰河に置かれた殺人場は極秘のもので、人々は全くこれを知らない。殺人場は数百もの部屋がある。窓は鉄製で、中の勾留者は外を見ることができなかった。部屋の中には鉄格子でできた檻〔ロッ〕が無数にあり、勾留者は一人ずつその檻に入れられていた。〔…〕また日本人は大きな注射器を持ち込んで、勾留者の頭や足、身体の前後を問わずめったやたらに注射した。すると数時間も経たないうちにその勾留者は舌がもつれて回らなくなり、体中がだるくなった。それを見た日本人は「もうこの病気は助からない」と言って急いで連れだしてしまった。その勾留者が以後どうなったかは不明である」。背陰河では、吸引された血液を使ってワクチン生産を行ったと言われているが、これ以上詳しくはわかっていない。

2　ハルビンに設置された関東軍防疫給水部（七三一部隊）

防疫研究室の満州ハルビンへの移転

石井四郎たちの熱望していた「関東軍防疫部」は、ついに一九三六年四月二三日に設置が決まった。その決定は、（『在満兵備充実ニ関スル意見』関東軍司令部一九三六）に記されており、そこには「第二十三、関東軍防疫部の新設増強　予定計画の如く昭和十一年度に於て急性伝染病の防疫対策実施及流行する不明疾患其他特種の調査研究並細菌戦準備の為関東軍防疫部を新設す　又在満部隊の増加等に伴ひ昭和十三年度以降其一部を拡充す　関東軍防疫部の駐屯地は哈爾浜《ハルビン》付近とす」とある。ここには関東軍防疫部新設の目的が、当初から伝染病防疫対策と細菌戦準備であると明示されている。そして関東軍

防疫部はハルビン付近に設置することも明示されている。同時に軍馬防疫廠（通称一〇〇部隊）の設置も決定された。(4)

ハルビンに新設される「関東軍防疫部」は、東京の防疫研が満州に移転した研究室、『陸軍軍医学校五十年史』のいう「満州特殊研究室」ということである。

さらに重要なのは、東京の防疫研の研究員がハルビンの関東軍防疫部の部隊員を兼職できるとした点である。これは本国の防疫研究機関の所員が、植民地化した満州、中国関内、さらにはインドネシアなど東南アジア諸国の防疫給水部員を兼ねることができる第一歩となる重要な決定であった。その決定には上奏文が提出され、天皇の裁可を求めるという手続きが踏まれた。

すなわち、天皇の裁可「「朕関東軍防疫部職員をして陸軍軍医学校職員を兼勤せしむる件を制定し之か施行を命す」御名御璽　昭和十一年九月」（楊二〇一五：五八六）に基づいて陸軍大臣寺内寿一が発した軍令により、防疫研の研究員が、ハルビンの七三一部隊の、さらには北京、南京、広東、シンガポールの固定防疫給水部の部員を兼ねることが可能になった。このことは七三一部隊のワクチン戦略に極めて重要な意味を与えた。東京の防疫研で蓄積された各種ワクチン製造の知識と技術が、そのまま七三一部隊と他の四つの固定防疫給水部に伝達され、共有されることを可能にしたからである。

平房に七三一部隊を設置

関東軍防疫部がハルビンに設置されることが決定したのは一九三六年四月であるが、関東軍は一九三五年夏には早くもハルビン市の中心から約二〇キロ離れた平房《ピンファン》に進駐し、部隊の根拠地をつくるために囲い込む土地として、六平方キロの土地の測量を開始した。同年秋には部隊建設のための工事が着工され、一九三七年には部隊の専用鉄道線が平房駅と結ばれた。

一九三七年七月七日、日中戦争勃発とともに平房での七三一部隊の建設は急テンポで進み始め、翌三八年六月には「平房付近特別軍事地域設定ノ件」(関東軍参謀本部命令第一五三九号)が布告された。この布告により、平房付近は「特別軍事地域」とされ、外部からの不審者の侵入を阻止するため、地上の防衛線が三本、空の防衛線が一本敷かれた。不審な飛行機の侵入には、七三一部隊と近くの八三七二航空部隊の専用機がただちに離陸して迎撃することになっていた(関二〇〇〇：四二―四三)。

また、この布告により、七三一部隊を平房に建設するために黄家窩堡《こうかかほ》以下四つの村が囲い込まれた。四つの村落を合計すると、六一〇ヘクタールの土地が強制占拠され、転居を強いられた農民は合計五四六戸、一六三八間の家屋が奪われ、そのうち二〇〇戸余は、臨時に掘った穴居生活を強いられた(関二〇〇〇：三九―四二)。

こうして囲い込まれた土地に、七三一部隊の本部官舎、各種実験室、監獄、専用飛行場、少年隊宿舎、隊員家族宿舎などが建設された。中心にはロ号棟と呼ばれる約一〇〇メートル四方、三階建の巨大で堅固な冷暖房完備のビルが大林組によって建てられた。細菌実験を行うために冷暖房が完備したビルが、一九四〇年までに満州の平原に出現したのである(図**５－１**)。

石井四郎は後年の一九五五年一二月、六三歳のとき、師清野謙次の「御通夜回想座談会」で、次のように語っている。

図 5-1　七三一部隊
注：ロ号棟が見える．

一年中同時に戦争があるものでありますから、これに対応策として、まづ将兵の身体を保護して死亡率罹患率をなくするという国家百年の計を樹てるということに廟議一定しました。それで如何にして日本の国力を維持するかゞ問題であります。そこでまづ陸軍軍医学校に研究室を作り、それから満洲ハルビンに（ロックフェラー・インスティチュートを中心に）。又南支に中山大学を中心に、その外、逐次研究室を作つて行つて、遂に三百二十四の研究所を作つたのであります。この結果、伝染病並にその伝染病死の率が下り、大蔵省は非常に喜んで、これではまだ継続出来るという結論になつたのであります。その為に、ハルビンに大きな、まあ丸ビルの十四倍半ある研究所を作つて頂きまして、それで中に電車もあり、飛行機も、一切のオール綜合大学の研究所が出来まして、こゝで真剣に研究をしたのであります。その時に〔清野〕先生が一番力を入れてくれたのが人的要素であります。各大学から一番優秀なプロフェッサー候補者を集めて頂いたのが、こゝに沢山御列席になる石川〔太刀雄〕教授、それから東北大学の岡本〔耕造〕教授その外十数名の教授連でございます（石井ほか一九五五：六五八）。

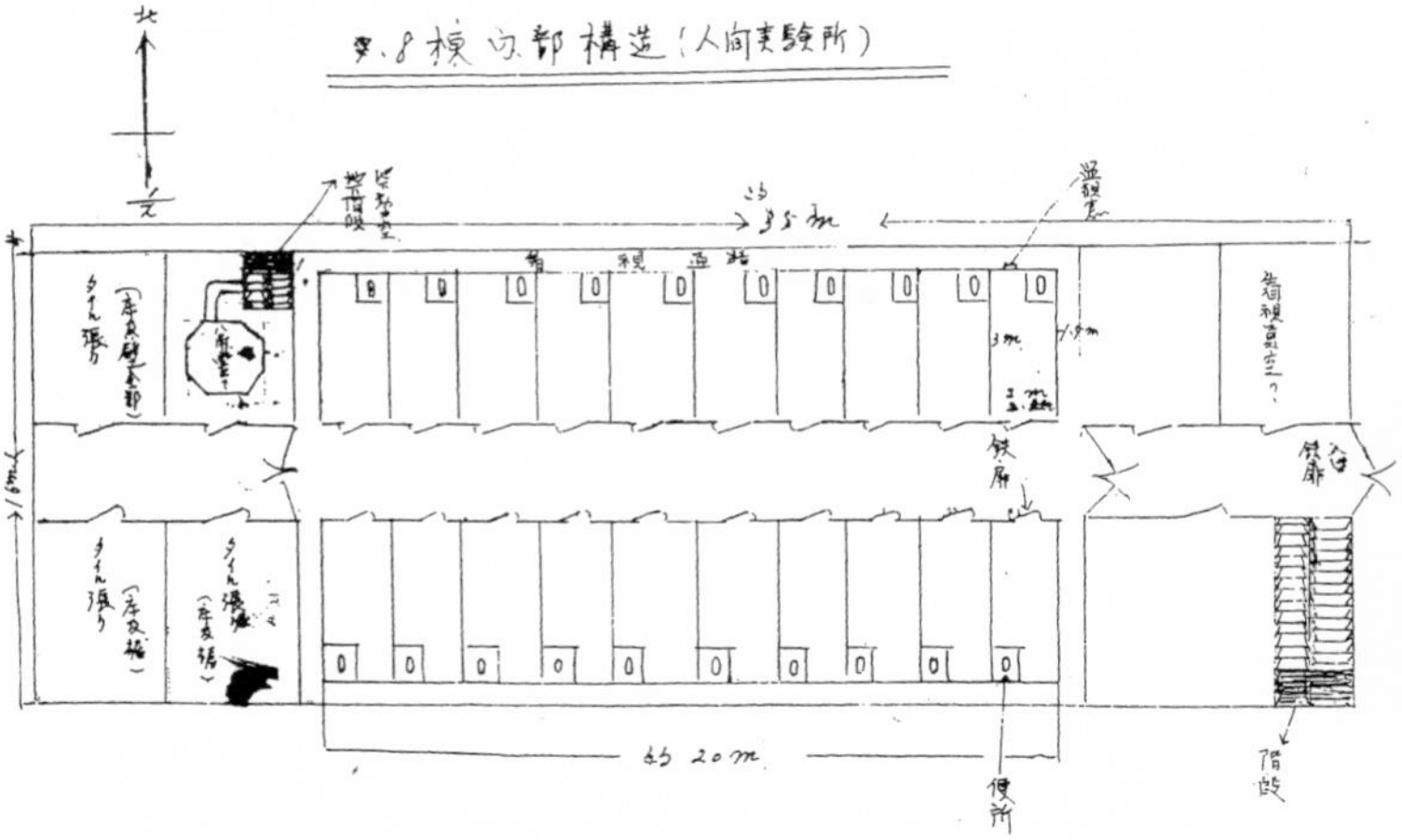

図 **5-2**　「マルタ」を収容する特殊監獄(第 7・8 棟)

注：第 7・8 棟をつくった建築工・萩原英夫が撫順戦犯管理所で描いたもの.

特移扱で人体実験材料を「七三一送り」

ロ号棟の中庭には、人体実験材料用の中国人「マルタ」を収容する特殊監獄(第七・八棟)が建てられた。「マルタ」は丸太の意であり、名前を奪われ、一本、二本と数えられた。日本の植民地支配に抵抗した者、あるいは抵抗したとみなされた者が関東憲兵隊によって逮捕され、「七三一送り」とされた。「特移扱ニ関スル件通牒」(一九三八年一月二六日)により「裁判に付さず、事件送致せず」に彼らは平房の七三一部隊に送られた。「特移扱《とくいあつかい》」とは、憲兵隊が逮捕した者を組織的に地方からハルビン平房の七三一部隊に連行することを意味する、当時の軍隊用語である。関東憲兵隊が逮捕した者のうち「七三一送り」になったのは、筆者(松村)の試算によると、一五―二〇%である(松村二〇一七：三一六―三一八)。

特殊監獄には、東西の方向に三五メートル、

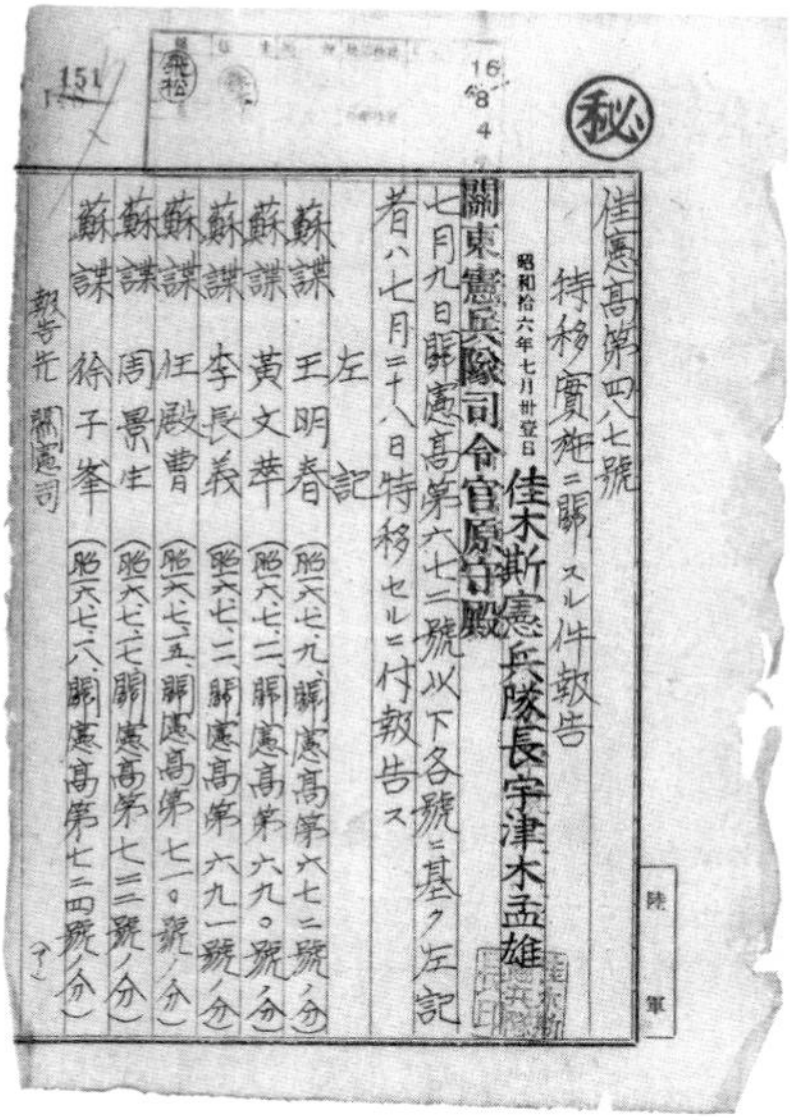
秘
佳憲高第四八七號
特移實施ニ關スル件報告
昭和拾六年七月卅壹日 佳木斯憲兵隊長宇津木孟雄
關東憲兵隊司令官原守殿
七月九日附憲高第六七二號以下各號ニ基ク左記者ハ七月二十八日特移セルニ付報告ス
左記
蘇諜 王明春（昭一六、七、九附憲高第六七二號ノ分）
蘇諜 黄文華（昭一六、七、二附憲高第六九〇號ノ分）
蘇諜 李長義（昭一六、七、二附憲高第六九一號ノ分）
蘇諜 任殿曹（昭一六、七、五附憲高第七一〇號ノ分）
蘇諜 周景生（昭一六、七、七附憲高第七二二號ノ分）
蘇諜 徐子峯（昭一六、七、八附憲高第七二四號ノ分）
報告先 關憲司

図 5-3 6名を「特移扱」とする報告書
注：1941年7月31日，チャムス（佳木斯）憲兵隊長・宇津木孟雄が新京の関東憲兵隊司令官・原守に送ったもの．

南北の方向に一六メートル、中央の廊下を挟んで計二〇の獄房があった（図**5**-**2**）。七三一部隊の細菌製造部長を務めた川島清は、ハバロフスク裁判で、監獄の収容予定人員は「二〇〇名から三〇〇名迄ですが、四〇〇名でも収容することは出来ました」と証言している（『細菌戦用兵器ノ準備及ビ使用ノ廉デ起訴サレタ元日本軍軍人ノ事件ニ関スル公判書類』三〇三）。

「特移扱」は、関東憲兵隊にとって逮捕者を確実に「処分」すると同時に、細菌兵器・ワクチン研究にも役立たせるという「二重の利便性」を持つものであった。「二重の利便性」はナチス・ドイツの強制収容所ですら見られない。このシステムは、一方で関東憲兵隊本部が「特移扱」を組織的に遂行できるように整備し、実験対象者を七三一部隊へと送り出す。他方で平房に特殊監獄を建設し、実験対象者の受け入れ態勢をつくっていく。このマルタの需給の両面を同時併行で実行していくことは、石井四郎とその配下にある医師だけでは不可能であり、陸軍中央・関東軍などの軍事組織の強権的組織的な支えがあって初めて可能になる（図**5**-**3**参照）。二〇〇一年以降、黒龍江省と吉林省の両档案館が日中共同で刊行した史料集（二冊）[5]により、現在では約三〇〇人の犠牲になったマルタの名前、年齢、住所、「容疑」が判明している。七三一部隊で三〇〇〇人のマルタが犠牲になったとすれば、約一〇％の個人名が判明したことになる。[6]

七三一部隊に馳せ参じた医師たちの役割分担

京都帝国大学は石井四郎の一九三〇年代の師、清野謙次と木村廉の両細菌学教授を通して多くの医師を七三一部隊に送り込んだ。二木《ふたき》秀雄（金沢医大、一九三三年卒）、石川太刀雄（京大医、一九三一年卒）、岡本耕造（京大医、一九三一年卒）、田部井和（京大医、一九三一年卒）、吉村寿人（京大医、一九三〇年卒）、田中英雄（京大理、一九三一年卒）などが、一九三八年までに平房の七三一部隊に入隊している。次に多いのが高橋正彦など慶應義塾大学出身者であり、それに東京帝国大学が続いている。若い中堅の医師にとって、生きた人間を実験材料にして研究できるのは大きな魅力だったようである。

では、七三一部隊はどのように編成され、平房にやってきた日本人医師たちはどこに所属し、細菌兵器とワクチンの開発に勤しんだのだろうか。七三一部隊は一九三七年頃から四〇年にかけて拡大する。以下の編成は確立した一九四〇年頃のものである。[7]

平房の七三一部隊の中枢は四部から編成されていた。ロ号棟の中に入ったのは第一部の細菌研究部と第四部の細菌製造部だった。

第一部細菌研究部（部長は菊池斉）は、細菌別に分けられた十数班からなり、ペストの高橋正彦、チフスの田部井和、コレラの湊正男、凍傷の吉村寿人、赤痢の江島真平、病理の岡本耕造、石川太刀雄、ウイルスの笠原四郎、結核の二木秀雄、炭疽の大田澄、天然痘の貴《き》宝院《ほういん》秋雄などがそれぞれの班をリードした。

第四部細菌製造部（部長は川島清）は、第一課から第四課まであったが、第一課（培養生産）の課長は柄沢十三夫であり、ペスト菌と炭疽菌（脾脱疽菌）を培養生産したのは野口圭一だった。植村肇はガス壊疽菌と炭疽菌を製造していた。その他コレラ菌、チフス菌、パラチフス菌、発疹チフス・リケッチア、結核菌が製造された。第四課（乾燥菌・ワクチン）の課長は小滝秀雄であり、ペスト菌と炭疽菌の乾燥細菌を製造した。

ロ号棟の外におかれた第二部実戦研究部（部長は大田澄［兼任］）は、食物絶滅研究の八木沢行正、昆虫研究の田中英雄、航空班の増田美保が属していた。安達《アンダー》の野外実験場もここの管轄だった。

第三部防疫給水部（部長は江口豊潔）もロ号棟の外にあり、防疫部は防疫課、給水課、穿井課の三課から成っていた。防疫課は、「各種予防接種液、ワクチン、痘苗、血清などの研究、生産、各隊の菌の検索、消毒、予防注射、そのほか悪性伝染病の予防」が業務であり、給水課は、「野戦および宿営中の水質検査、濾水、診療水の滅菌、用水消毒および水の運搬など」の業務を担当した。穿井課は、野戦用井戸の開削および戦闘部隊の給水業務を担当するとされた。

防疫課のワクチン班は、増田知貞が最初の班長であり、増田が一九三九年に南京防疫給水部部長に就任（一九四一年まで在任）したあとは、渡辺辺がワクチン班長を継いでいる。増田は細菌兵器の野外試験で動かした人員の他に「ワクチン製造スタッフ数百人を配下にもち、自由に動かすことができた。この数は四〇〇人を最高に（一九三九年―一九四〇年）いちばん少ない一九四五年の一〇〇人までいろいろだった」と述べている(「サンダース・レポート」、常石一九八四：二七七―二七八)。一九三九年六月頃には、「〔ワクチン〕班の任務は、関東軍が必要とするワクチン、すなわちチフス、パラチフス、四種混合ワクチンおよび赤痢ワクチン、コレラ・ワクチン、流行性脳脊髄膜炎ワクチンなど、それぞれ六〇万人分を供給し、三カ月保管したのちこれを廃棄し、また新たに製造するというものだった。したがってワクチン班は非常に忙しく、とくにノモンハン事件が起こって、石井部隊が防疫給水部の名で約半数の部隊員を出動させたとき、ワクチン班からも四、五名の雇員が派遣された」(山内豊紀の自筆供述書)[8]。

給水課は石井式濾《ろ》水《すい》機の製造を担当したが、一九三八年七月一四日、防疫研究室で幾人かが研究を重ねて製造した石井式濾水機が、陸軍軍需審議会において衛生濾水機として決定された(川村二〇一一b参照)。その製造工場はハルビン市南崗《なんこう》の陸軍病院の近くにあった。細菌弾を容れる陶器製爆弾(宇治式爆弾)[9]の容器も、その工場で製造していた。いずれの工場も、宮本光一が社長の日本特殊工業が所有していた。医療器具も七三一部隊に納めた宮本は、石井四郎の信任が篤く、戦後は世田谷の自宅に石井が密かにハルビンから持ち帰った書類を預かり、その後は内藤良一、二木秀雄と三人で計画し、日本ブラッドバンク(のちにミドリ十字に改名)を設立することになる。

以上の四つの部のほかに教育部、総務部、資材部、診療部があった。診療部は部隊隊員を診断するだけでなく、第七・八棟に自由に出入りすることができ、マルタの人体実験を行っていた。破傷風ワクチン製造のための基礎実験を一四名に対して行い、全員死に至らしめた事件は、七三一部隊診療部の永山太郎部長、池田苗夫、荒木三郎が行ったものである。『破傷風毒素並芽胞接種時ニ於ケル筋「クロナキシー」ニ就テ』はその記録である(この破傷風実験は後に詳述する)。

満鉄衛生研究所のワクチン開発

ハルビンの七三一部隊本部には、一九四〇年一二月二日の軍令により四つの支部が設立された。牡丹江（海林）（六四三部隊）、林口（一六二部隊）、孫呉（六七三部隊）、ハイラル（五四三部隊）の四支部である。そして五番目の支部として、大連衛生研究所が設立された。民間用のワクチン開発を主要な業務としていた満鉄衛生研究所（満衛研）が、五番目の支部である大連衛生研究所として移管されたのである。このことは、七三一部隊のワクチン開発に大きく寄与することになった。

満衛研は、正式には南満州鉄道株式会社衛生研究所として一九二五年に設立されていたが、一九三八年満鉄附属地行政権の満州国移管に伴い、地方部に所属していた「満衛研」の行く先として、関東庁、満州国、軍部が候補に上った。真子憲治（大連衛生研究所研究員）の手稿によると、「軍としてはワクチン血清類の補給を日本からのみに依存する事の困難なる関係上、満州に於て自給する必要から衛研を是非ほしいとの希望があったらしい」ので、「製品の一部は民需要として関東州庁と満鉄にも払下げると云う約束の下に関東軍移管（七三一部隊所属）に決定する様に」なった。

「移管後の状況」について、真子憲治は次のように書いている。

製造並に研究は移管前と何等変りなかった。むしろその規模は拡大され製造量の増加を見た。研究は製造の改造に関する方面に主向された。製造はワクチン予防液及血清類、殺虫剤等が主で機構としては七科に分れていた。即ち、化学科、血清科、細菌科、衛生科、病理科、痘苗科、総務科である。化学科は主として化学方面、殊に製造に必要なる化学方面、血清科は毒素予防液及血清類の製造並研究、細菌科は一般ワクチン類の製造並に研究、衛生科は水及殺虫剤の製造研究、病理科は発疹チフスワクチンの製造並に濾過性病毒の研究、痘苗科は痘苗、狂犬病予防液の製造並に研究であった。尚、移管当時は研究員も一〇名足らずであったが、終戦年には約二〇名近くに及び製造並に研究が増大された。

石井四郎は一九四〇年以降、大連衛生研究所（大連第五支部、通称三一九部隊）に、平房の七三一部隊から春日忠善、山内豊紀、湊正男を加え、真子憲治の手稿にあるように移管当時一〇名足らずだった研究員は、敗戦時には二〇名近くになっていた。

3　移動防疫給水部——石井のワクチン戦略の要

日本軍師団に随伴する「移動防疫給水部」

日中戦争が拡大し、戦線が北はソ満国境から南は海南島まで四〇〇〇キロに延長されると、石井四郎は七三一部隊の中軸医師から成る「移動防疫給水部」を設置した。この「移動防疫給水部」は、進攻する日本軍師団に随伴させ、日本兵に水とワクチンを提供し、兵士を感染症から防護することを意図した。固定と移動の二種類の防疫給水部を設置することは、石井の防疫研主幹以来の念願だった。石井は講演九九号で、「抑々、今次事変に於ける皇軍衛生部の防疫担任地区は北は満「ソ」国境より南は海南島に亙る約四〇〇〇ｋｍに拡大し、其防疫目標は寒地伝染病より熱地伝染病の殆ど東洋に在る有ゆるものを包含するに至りました。此等多数の戦地伝染病を研究し、之が予防対策を講ずる為に移動及固定二種の野戦防疫機関が新設致されました」（石井講演九九号、一八七‐三九）と指摘している。

盧溝橋事変直後の一九三七年七月一二日、大田澄を部長とし、四二人から成る「北支那臨時野戦防疫給水部」がハルビンで編成された。大田班は石井式濾水機とワクチンを携えて七月一五日天津に到着し、天津駐屯軍に配属された。配属されたのは、大田澄の他に山内忠重、江口豊潔、早川清といった七三一部隊のワクチン研究の第一線の医師や薬剤師だった。大田班の一部が翌一六日豊台に行き、盧溝橋、郎防、南苑等の戦闘に参加した。さらに同年八月一七日、北条円了を部長とし、四二人から成る「中支那臨時防疫給水部」が東京で新設されると、北条班は戦局が厳しい上海に向かった。大田班と北条班の出動により、移動防疫給水部の基礎が確立した（石井講演九九号、一八七‐四〇）。

この移動防疫給水部の編成により、「ここに始めて軍医学校における研究を経とし、戦闘参加の要員を緯とした、師団防疫給水部の編成、装備案が樹立され、昭和一三（一九三八）年八月より第一‐一八の野戦防疫給水部の編成確立を見る結果となった」（江口一九六九：一〇五）。石井が編みだした「経と緯の戦略」、すなわち防疫研でのワクチン研究（＝経）と防疫を目的とする戦闘参加（＝緯）の統一の実現である。これが石井四郎のワクチン戦略思想の要である。

だが、交戦中の日本軍師団に随伴する防疫給水部員は、相当に危険な活動を余儀なくされた。「支那事変に於ける防疫給水部犠牲者（ノモンハン事件を含む）」（石井講演九九号、一八七‐五〇、第一〇一図）によると、一九三七年七月から三九年一〇月までの二年三カ月の間に、戦死五二人、戦傷死一九人、戦病死三二人、戦傷一〇五人、戦病四四三人、行方不明五人と、犠牲者は合計六五六人を数えている。

防疫給水部の南方への展開

一九三八年八月三〇日、ハルビンの七三一部隊で服務中の渡辺廉は、第一二防疫給水部部長に就くよう命令が下されると、急遽ハルビンを出発し、九月七日、東京に着任した。着任早々渡辺は、日本国内と満州から将校、下士官、兵員を二百余名集め、「紫部隊」を結成する。その正式名は「第一二防疫給水部」である。「紫部隊」は九月一八日品川駅を発ち、九月二〇日神戸港より上海に向かった。一〇月から広東攻略戦に参加し、広東は占拠された。この第一二防疫給水部は、アジア太平洋戦争が始まると、南部仏印進駐作戦、タイ国侵入作戦、マレー半島攻略戦、シンガポール攻略戦、スマトラ作戦に次々と参加する（渡辺［廉］一九六九：二五－二六）。

日本軍の「マレー半島攻略戦」（一九四一年一二月八日－四二年一月三一日）につづく「シンガポール攻略戦」（一九四二年二月一日－二月一五日）にも、「第一二防疫給水部」が随伴した。日本軍がシンガポール攻略戦に突入するや、第一二防疫給水部は四二年二月一一日、ジョホール水道を渡河し、シンガポール島に上陸した。同給水部が二月一五日にシンガポール島東北部に達した頃、シンガポールが陥落した（渡辺［廉］一九六九：七〇－八二）。その陥落直後に、シンガポールに「南方軍防疫給水部」の設立準備のため、北川正隆と貴宝院秋雄が偵察に潜入している（江田いづみによる貴法院秋雄のインタビュー）。

以上のように、防疫給水部はハルビン（平房）に本部をおいただけでなく、日本軍が中国大陸に侵略を拡大する過程で編成された移動防疫給水部が随伴して戦闘に加わり、目的地を占領するとその地に

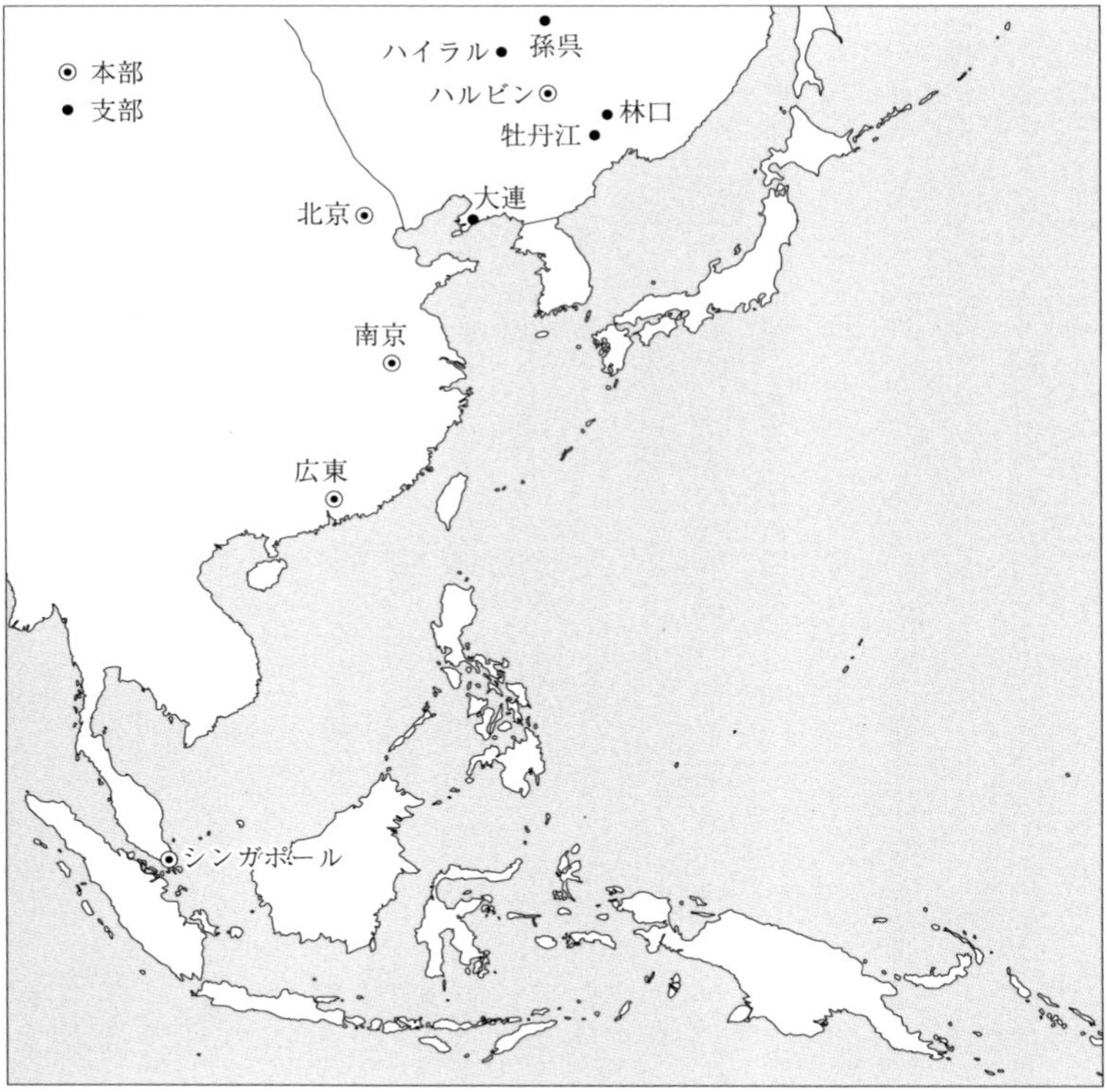

出典：「サンダース・レポート」(常石 1984) 補遺 (1-a) より筆者 (松村) 作図.

図 5-4　防疫給水部の南方展開

表 5-3　各地の固定防疫給水部

名　称	部隊長	所在地	任　務	主なる業績	設立年次
関東軍 防疫給水部	軍医中将 石井四郎 同 北野政次 同 石井四郎	本部 ハルビン 支部 ハイラル 牡丹江 林　口 虎　林[1] 大　連	1. 在満部隊全般の防疫研究指導 2. 特殊疾病の研究 3. 防疫給水に関する研究指導実施 4. その他の防疫学的諸調査	1. 新京，農安のペスト防疫 2. 流行性出血熱の究明 3. 防疫給水部の編成，装備の研究教育，資材の補給	1936.4.23
北支那 防疫給水部	軍医大佐 西村英二	北　京	1. 北支那方面部隊の防疫 2. 地方病の研究調査 3. 作戦部隊の給水	コレラ防疫	1938. 2
中支那 防疫給水部	軍医大佐 佐藤俊二[2] 同 増田知貞 同 大田澄	南　京	1. 中支那方面部隊の防疫 2. 地方病の研究調査 3. 作戦部隊の給水	1. 南京コレラ防疫 2. 寧波，衢県ペスト防疫	1939.4.18
南支那 防疫給水部	軍医大佐 田中巖 同中佐 佐々木高行 同大佐 佐藤俊二 同 亀沢鹿郎	広　東	1. 南支那方面部隊の防疫 2. コレラ防疫 3. マラリア等地方病の研究調査 4. 作戦部隊の給水	1. 広東付近のコレラ防疫 2. 海南島ペスト防疫 3. マラリアの撲滅対策	1939. 5
南方軍 防疫給水部	軍医大佐 北川正隆 同少将 羽山良雄	昭南（シンガポール）	1. 南方軍全域にわたるワクチン等生物製剤の製造補給 2. 南方軍作戦地域における特殊疾患の研究と予防治療 3. 南方諸地域の防疫 4. マラリア，デング熱等地方病の研究対策 5. 防疫給水の実施と資材の補給整備 6. 検疫業務	1. 南方特殊疾病の調査研究 2. 以上の防疫対策	1942.5.5? （実際は6月20日頃か）

注 1：正しくは孫呉.
注 2：正しくは石井四郎.
出典：江口（1969：109）に筆者（松村）加筆.

あった医学施設を接収し、固定防疫給水部としたのである。その防疫給水部本部は、侵攻してきた移動防疫給水部の部員に加え、新たにハルビンの七三一部隊から派遣された者などで編成された。こうして一九四〇年までに北京（甲一八五五部隊）、南京（栄一六四四部隊）、広東（波八六〇四部隊）が編成された。そして一九四二年にはシンガポール（岡九四二〇部隊）が編成されたのである（図**5－4**、表**5－3**）。

北京・南京・広東の防疫給水部

北京の北支那防疫給水部は、一九三八年二月に北京市天壇に本部が設置され、西村英二（陸軍軍医大佐）が部隊長となり、その後支部や出張所が、済南、天津、青島、太原、張家口など十数カ所に開設された。済南支部では腸チフス、パラチフス菌などを中国人捕虜に注射し、生体解剖したケースが供述されており、張家口支部では、一九四一年の厳冬期に大同陸軍病院などと連携しながら中国人捕虜八名をモンゴルに連行し、凍傷実験や銃弾貫通実験を行っている(10)。

南京の中支那防疫給水部は、南京攻略後一九三九年四月一八日に設立され、南京中央病院を接収して本部を開設し、初代部隊長は石井四郎が兼任した。ノモンハン事件に出動した石井に代わって責任者になっていた増田知貞が、四一年二月に二代目部隊長になり、三代目は四一年七月、七三一部隊の第二部長から転任した大田澄が就任した。このように、南京の中支那防疫給水部には七三一部隊から重要人物が派遣され、部隊長に任命されている。

南京の中支那防疫給水部は規模も大きく、機構はハルビンの七三一部隊と酷似していた。本部は七科に分かれ、第一科だけでも一四〇名ほど勤務していた。細菌ごとに培養研究が行われ、三階ではロツとよばれる檻に入れられた「マルタ」を使って人体実験も行われた。

部隊長の増田知貞をはじめ第一科の村上仁男、村田良介、山中太木《ふとき》、佐藤大雄、村上淳が、炭疽菌の研究をしていた。炭疽菌はペスト菌とともに実戦上有効であるとされていた。第二科は細菌・寄生虫検索、第三科はワクチン製造、第四科は水質検査、給水を主たる任務とした。栄一六四四部隊は本部のほかに、上海、蘇州、杭州、金華、武昌、漢江、九江、岳州など十数支部を持ち、本部と支部の合計は約一二〇〇人の大所帯であった。

一九四二年設立の南方軍防疫給水部は、この中支那防疫給水部が生みの親であり、設立当初は、「岡九四二〇」ではなく、南京の「栄一六四四部隊」の名が残った「栄九四二〇」と記された文書が残っている（林《リム》二〇二〇：一四）。

広東の南支那防疫給水部は、一九三八年一〇月の日本軍による広東攻略後、三九年五月に広州市の中山医科大学を接収して本部を設置し、部隊長には田中巖が就いた。

以上述べたように、北京、南京、広東、シンガポールの固定防疫給水部は、それぞれワクチンの研究・製造部門を持っていた。増田知貞は、戦後、第一次米調査団のサンダースの尋問に応えて、「ワクチン・プログラム」について次のように答えている。

> 対生物戦防御におけるもうひとつの武器としてワクチン生産に拍車がかけられ、増強された。より多くの種類のワクチンが従来よりはるかに大量に生産された。さらに訓練を受けた人員が四つ

の施設に派遣され、広大な土地をカヴァーできるだけのワクチン自給体制の確立に努めた。四つのセンターは満州〔七三一〕、中国の北部〔一八五五〕、中部〔一六四四〕、それに南部〔八六〇四〕に設置された。軍人に対しては三ヵ月ごとに腸チフスとコレラ・ワクチンの〔追加免疫をえるため〕「補助」接種を行なうといった改善が行なわれた(常石一九八四：二七九)。

求められていた破傷風ワクチン

四つの固定防疫給水部は、「ワクチン自給体制」確立に努めたのであった。では、これらの固定防疫給水部と日本(東京)の陸軍防疫研究室で共有されていた破傷風ワクチンの研究水準と製造の質は、どのようなものであったのかを見てみよう。

戦場においては、負傷した傷口から破傷風菌が入り発症することが多く、進軍する兵士たちは破傷風を極度に恐れていた。石井四郎は一九三八年四月にハルビン七三一部隊に入隊した石光薫(東大医卒)と防疫研究室嘱託の細谷省吾(東大伝研)に、破傷風ワクチンの開発を委ねていた。石井は一九四〇年三月の講演のなかで、次のように述べている。

破傷風予防接種液に関しましては部隊石光技師の研究に成る、精製テタヌス、トキソイド(九八式破傷風予防液)があります。製法　或る菌株を特殊の方法により強毒ならしめ液体培地に一定日数培養、フォルマリンを以てトキソイド化し後一定の操作を加へて免疫元価を高め、且つ反応を減少致します。副作用　局所反応は若干ありますが二日にて消散致します。効果　動物実験に於て抗毒素を産生する事表の如くであります〔表省略〕。人体実験に於て抗毒素産生を追及するに表の如くであります〔表省略〕。判決　軍に於ては破傷風血清による被働〔ママ〕免疫に依存するの時期ではありませぬ。速に本トキソイドによる能働〔ママ〕免疫（予防接種）を実施し破傷風患者一名たりとも発生せしめざらむ事を期さなくてはなりません（石井講演九九号、一八七－三四、三五）。

石井はここで、感染したら血清で治療する「受動免疫」ではなく、全員にワクチンを注射する「能動免疫」の必要性を強く主張している。

ここでいうトキソイドとは、細谷省吾が研究成果をあげ、東大伝研が一九三三年から発売している精製破傷風トキソイドのことである。この細谷の精製トキソイドは発売以降、「今次の支那事変には皇軍将兵及び軍馬の破傷風予防に絶大な効果をあげてゐる」（朝日新聞一九三九年一月九日、常石一九九四：二六五）とあるが、細谷の破傷風トキソイド・ワクチンには、免疫の持続期間が短く、追加接種が必要という問題があった。それを解決するために、石井と石光は七三一部隊で精製明礬《みょうばん》トキソイドをマルタに投与し比較実験をしたのである。

精製明礬トキソイドは、伝研技師の永井吉郎らが開発し、一九三九年に発表した。石光薫は戦後第四次調査団のヒルとヴィクターの尋問に、次のように答えている。「四八時間培養された破傷風菌一・〇ccを、細谷の方法で準備された破傷風明礬トキソイドを投与された二人と、投与していない二人に接種して比較した（予防接種を受けていない二人は、三〇時間後と三八時間後に死亡した）」。

破傷風のトキソイド接種による免疫の付与に関する同じ実験について、石井と石光による実験の三日前の一一月二二日付報告書は、破傷風の人間についての実験は、毎回二人ずつ一〇回ほど行なわれ、免疫を与えたグループとそうでないグループの対照実験をした。免疫は細谷博士の破傷風トキソイドを用いたが、すべてのケースについて有効だった、としている（常石一九九四：二六三―二六八）。なお、ヒル・レポートの総論には、破傷風菌については、ハルビンまたは日本で研究した石井四郎、細谷省吾、石光薫の三人を尋問したと記されている（「ヒル・レポート［総論］」、表M、W、X、松村一九九四b：二七六）。

その頃、一九四二年八月以降一年間のどこかの時点で、七三一部隊の診療部で破傷風ワクチン改良のための破傷風菌の毒素と芽胞の実験が行われている。この実験は破傷風毒素と芽胞を人間の足背部に接種し、発症時の筋肉の電位変化（クロナキシー）を測定したもので、報告書の表紙には、七三一部隊診療部の永山太郎中佐（診療部長）、池田苗夫少佐[11]、荒木三郎技師三名の名前が記されている。実験対象とされたマルタは一四名で、全員死に至らしめている。破傷風芽胞三ccを皮下注射された「九九一号」は一〇日余で死亡した。経過観察によると、毒素接種の場合は、体内に入って毒素を産生した芽胞よりも「経過極メテ電撃性ニシテ」、死に至ったことは確実であろう。

これは破傷風ワクチン毒素弱毒化の最適範囲を見出すためになされた基礎実験である。毒素の弱毒化の程度によって、接種された者に破傷風予防効果が全くなかった点と、その対極の毒素が強すぎて死亡する点とが決まるが、その間の最適範囲を見つけるのは実際にはなかなか困難であった。

ハルビンの七三一部隊では、破傷風ワクチンの専門家・石光薫が、石井四郎と細谷省吾の三人で、接種後死者を出さずかつ有効なワクチンの開発を試みたが、改良されたワクチンは製造できなかったようである。そこで南方軍防疫給水部をつくったとき、バンドゥンのワクチンのメッカ「パスツール研究所」を接収して、その所長に大連衛生研究所の倉内喜久雄[12]を就任させる。倉内はペスト・ワクチンの研究者として知られていたが、破傷風菌の研究者でもあり、脾脱疽予防ワクチンで特許１２２８５８を取っていた（南方軍防疫部の破傷風ワクチン研究については、後に第６章で詳しく分析・叙述される）。

石井は能動免疫を求め、部隊で石光薫を中心に様々試行したが、有効な改良された破傷風ワクチンはできなかったようである。第二次大戦中、米軍は全兵士に破傷風ワクチンの予防接種をする能動免疫を実施していたので、破傷風患者の発生は一〇万人につきわずか〇・五人以下であった。これに対し日本軍は、破傷風になったら血清を打つ受動免疫を原則にしていたため、破傷風患者は一〇万人につき五〇〇〇人近くも出たのだった（常石一九九四：二六二）。

４　細菌戦の展開とワクチン開発

ペスト感染ノミ（ＰＸ）という細菌兵器の「発明」

では、七三一部隊において、細菌兵器開発はどのようになされたのだろうか。ここでは、細菌兵器開発経過の検討を通じて、この部隊の本質を浮き彫りにしたい。

七三一部隊の第一部細菌研究部では、細菌兵器として有効であるかどうかをすべての細菌を対象として研究・実験を行う方式を採った。前述したような十数種類の細菌（ウイルスも含む）について研究・実験した結果、人間に対してはペスト菌が、軍馬など動物に対しては炭疽菌が最も有効であるとの結論に達した。

だが、ペスト菌の場合、日本軍機からペストの生菌を散布しても、地上に着くまでに死滅してしまうので、兵器として役に立たない。そこで多くの研究がなされ、その障壁を乗り越え、ペスト菌に感染したノミを散布する方法を考えついた。ペスト感染ノミＰＸ（Ｐ＝ペスト菌、Ｘ＝ケオプスネズミノミ）は、七三一部隊が独自に「発明」した方法であった。

そして後述するように、一九四〇―四二年の間に、中国の十数地域にＰＸを中心に飛行機から空中投下したり、地上で散布したりして細菌戦を実行するのである。筆者（松村）は、一九九一年三月、英国ケンブリッジ大学の通称「ニーダム研究所」にジョセフ・ニーダムを訪問したことがある。ニーダムは一九四二―四六年、英中学術交流で中国に滞在しており、その間に日本の中国にたいする細菌戦と化学戦の資料を収集していた。筆者はニーダム文書の中に細菌戦の被害者数（死者数）の都市ごとのメモがあり、その合計は六九九名と記されたのを見ていた。

ニーダムは、米国の朝鮮戦争時における細菌戦の「国際科学委員会（ＩＳＣ）」の事実上の団長として中国と朝鮮を訪問し、いわゆる『ニーダム報告書』を書いた。ニーダム文書のなかのその『報告書』の草稿を調べると、速筆のニーダムが一人で短期間に書き上げたことが判る。筆者が訪問した当時九〇歳であったニーダムは、日曜日だったが、数人の助手とともにライフワークの『中国の科学と文明』の最後の仕上げにとりくんでいた。

ニーダムはこう言った。「日本軍が細菌戦をやって被害者が出たというのは初め嘘だと思いました。

というのは、当時ペスト菌を空から投下したら地上に着くまでに死んでしまうというのが世界の細菌学界の常識だったんです。まさかノミをペストに感染させたものを落とすとは考えてもみませんでした」。

ニーダムは四年後の一九九五年に亡くなった。タイムズ紙は「二〇世紀のエラスムス死す」の見出しのもとに、「二〇世紀の最大の頭脳が失われた」との追悼文を載せた。そのようなニーダムをも驚かせたPXは、石井部隊の独自の発明であり、それにより、不名誉なことに、世界のなかで日本は細菌戦を実行した最初の国になったのである。

表 5-4　既往作戦効果概見表

攻　撃	目　標	PX (kg)	効　果	
			1 次	2 次
1940. 6. 4	農安	0.005	8	607
1940. 6. 4〜7	農安，大賚	0.010	12	2424
1940. 10. 4	衢県	8.0	219	9060
1940. 10. 27	寧波	2.0	104	1450
1941. 11. 4	常徳	1.6	310	2500
1942. 8. 19〜21	広信，広豊，玉山	0.131	42	9210

出典：金子(1943).

自ら放火し、自ら消火？——七三一部隊の本質

七三一部隊は一九四〇―四二年、中国の十数地域で主にPXを地上で散布したり、空中から散布したりして、多数のペスト菌犠牲者を生み出した(13)。

まず、金子順一作成の「既往作戦効果概見表」を見ていただきたい(**表5-4**)。この表には、日本軍が中国に対して実行した細菌戦の日付、散布した都市、散布したPXの重さ、第一次感染による感染死者数と第二次感染による感染死者数が記されている。表の一番上の欄は、農安へのPXの散布を記録しており、一九四〇年六月四

日、〇・〇〇五キログラム＝五グラムを地上で散布し、一次感染死者数八人、二次感染死者数六〇七人を出している。

これは同年秋から本格的に始める細菌作戦（「ホ号作戦」）の前に、ＰＸの効果を調べるための実験的散布であり、それは「満州国」内でしかできなかった。農安で発生したペストが新京に伝播し、市の防疫隊の手に負えなくなると、今度はハルビンから七三一部隊が「臨時ペスト防疫隊」として新京に行き、ワクチンを打つなど防疫活動を行った。これではまるで、消防隊が放火し、火が拡がったら消火に駆けつけるのと同じではないか。七三一部隊はなぜそのようなことをするのか？　そこに七三一部隊の本質がある。

農安と新京のペスト流行

農安は新京（長春）から北西約六〇キロにある人口約三万一〇〇〇人の農産物の集散市場町である。ＰＸ投下の直前、七三一のペスト菌担当者・高橋正彦が農安に派遣された。ＰＸがペスト患者を生み出すメカニズムを解明するためである。事実、高橋は驚くほど詳細な調査報告を残している[14]。

わずか五グラムの地上散布であったが、ＰＸの感染力は強く、農安の西大外にある農安医院の裏に住む陳満弟が六月一七日に死亡したのを皮切りに、ペストの流行が始まった。以後、ペストは農安医院から西門外、東街、南街へと次第に疫勢を強めながら農安県城全域に拡がった。ペスト患者は一九四〇年六月に四人、七月に五四人、八月に一六七人、九月に九八人、一〇月に八六人、一一月に一〇人と推移し、一二月一三日に終息するまでの農安のペスト患者は、合計四一九人を数えた。農安県城の人口に対して一・四％の罹患率を示す「相当に激烈な流行」であった（高橋一九四三：五一四号、二一五）。

農安のペストは、六〇キロほど離れた人口五五万五〇〇〇人、うち日本人一二万七〇〇〇人を数える「満州国」の首都・新京（現在の長春）に、一九四〇年九月下旬に伝播した（解・松村ほか一九九七：七三一一四五参照）。三〇年ぶりのペスト発生である。最初に発病したのは九月二三日、東三条通の田島犬猫病院の院長次女とその子守り・王合であった。後に明らかになるのだが、農安の富裕な者が感染した犬を田島病院に連れてきたところ、犬のノミを通して田島家で感染する者が出た(15)。次々に感染が広がったが、患者はいわゆる三角地域に隣接する南広場、東三条通、曙町、日本橋通に限られ、他の地域での患者発生は比較的少なかった。以後、同年一一月一三日に収束するまで二八人のペスト患者を出した。

首都新京でペストが蔓延することをおそれた満州国警務機関、衛生機関、軍関係、満鉄、赤十字は、急遽一九四〇年一〇月一日に防疫会議を開き、市防疫本部を設置した。患者二八人のうち二〇人が三角地域内の東三条通とそこに隣接する地区で発生していたので、まず三角地域の交通遮断を実施し、同地域の消毒、ネズミとノミの駆逐を試みた。だが、ネズミのペスト感染が予想以上に浸潤していたため駆除は不成功に終わり、その後も一〇人ほどの患者が三角地域内とその近辺で発生した（高橋一九四三：五一五号、二一四）。

出典：中国吉林省档案館・日本日中近現代史研究会・日本 ABC 企画委員会（2003: 446）.

図 **5-5**

忽然と姿を現した「臨時ペスト防疫隊」

市の防疫隊ではペスト感染の拡大を阻止できなくなると、一九四〇年一〇月五日、関東軍司令官・梅津美治郎が石井四郎宛にペスト防疫隊の動員命令（関作命第六九九号）を出した。「関東軍防疫給水部長は速かに所用の人材及材料を以て之が防疫に任ずべし」である。

それにもとづき、一〇月七日に七三一部隊が「関東軍臨時ペスト防疫隊」の名称で新京に忽然と姿を現した。新京駅近くの国防会館を防疫隊本部とし、その建物の三階から「関東軍臨時ペスト防疫隊本部」の長い垂れ幕をおろし（図**5**-**5**）、ペストの「爆発的流行」を阻止し、「ペスト流行を絶滅させる」と宣言した。こうして一〇月一〇日以降は、それまでの新京市の防疫本部に代わって、軍の「ペスト防疫隊」が新京の、さらには農安のペスト防疫を仕切ることになる。新京市民にとっては、石井四郎率いる「関東軍臨時ペスト防疫隊」は救世主の出現と映ったのは想像にかたくない。

「臨時ペスト防疫隊」は、感染症防疫の基礎対策である、感染者及び関係者の隔離、交通遮断、検疫などを行ったが、防疫隊は驚くほど大規模かつ組織的だった。防疫隊はハルビンの七三一部隊員を主体とし、それに満州の二、三の陸軍病院より派遣された軍医、衛生将校、衛生下士官、衛生兵など、合計二七七人から成っていた。別働隊を含めると総計七二九人を数える大部隊だった。

一〇月一一日には、新京駅での「望診」が開始された。防疫隊本部の命令により、八人の医師と助手が望診班を組み、眼力に頼って乗降客を診断し、疑わしい者は駅内に設置した臨時隔離所に収容した。また、新京駅の乗降客に予防接種が強行され、一〇月から一二月にかけて、新京駅で強制的に予防接種を受けた乗降客は二〇万七四七一人を数えた。一日平均三三〇〇人である(解一九九七：九四)。

だが、七三一部隊は一〇月下旬に、まだペスト流行が終息していないにもかかわらず、撤退準備を宣言し、一一月七日には撤退を決定する。それまでに満鉄が派遣した医者は一四五人、他に満州医科大学専門部の学生一四七人が防疫のために派遣された[16]。

この時使ったペスト・ワクチンは満衛研で春日忠善、倉内喜久雄が開発した「ペスト・インムノーゲン」であった。このワクチンの予防接種に効力があまりないことは、部隊の医師たちはよく知っていた。実は石井はこのとき七三一部隊製の超音波ペスト・ワクチンを使うことに過大な期待を寄せていた。もし超音波ワクチンを新京ペストの防疫に使うことができたら、石井の満州国政界や軍における地位はさらに数段高くなっていただろう。ところで超音波ワクチンとは何だろうか。

七三一部隊が誇る超音波ワクチン

石井四郎は、神奈川県立衛生試験所で超音波発生装置を応用して細菌学を研究し、高い評価を得ていた渡辺辺と助手の山内豊紀を、超音波をとおして作製したコレラ・ワクチンの効力を、マルタを使って比較実験させるために、ハルビンの七三一部隊に強引に転勤させた。一九三九年六月に渡辺と山内の二人はハルビンに着いた。一九四〇年二月下旬に久保田製作所製の超音波装置の設置が完了すると、「石井部隊長は渡辺博士に、超音波コレラ・ワクチンの人体実験をおこなうよう命令した。正式命令は、たしか三月中旬に下されたと思う。〔…〕正式にはじまったのは五月中旬である」（山内豊紀自筆供述書、中央档案館ほか一九九一：九六）。

マルタ二〇人を使って、コレラ・ワクチンの七三一部隊製と軍医学校製の両者の効果を比較する人体実験は、特殊監獄第七・八棟で行われた。「超音波ワクチンを予防接種したのは計八人、陸軍軍医学校でつくったコレラ・ワクチンを注射したのは計八人、未処理者（対照用）が四人で、いずれも二、三十歳の中国人であった。この人たちはみな、石井部隊特別班が管理する第七、八棟の監房に収容されていた。〔…〕七、八棟は左右に並んで建ち、なかに約三平方メートルの広さの小部屋が細い廊下の両側にたくさん並んでいて、各部屋に三、四人の中国人がいた。この七、八棟こそ、石井部隊の人体実験室だった。人体実験における感染方法は、〔…〕接種した一六人と予防接種をしていない四人に、生菌を混ぜた牛乳を飲ませるというものだった。感染用の細菌は石井部隊が保管していたいわゆる「細菌兵器」で、一〇〇〇分の一グラムで致死量に達する毒力を有していた。このときの感染量は五〇〇分の一グラムで、目的は猛毒のコレラ菌を予防しうる効果的なコレラ・ワクチンをつくること、敵側に猛毒のコレラ菌を散布して細菌戦をおこなうことであった」（山内供述書、中央档案館ほか一九九一：九六―九七）。

「人体実験の結果は、超音波ワクチンの効力がとくに優れていることを証明するものだった。超音波ワクチンを接種した人はみな元気で、一人だけ軽い頭痛と腹痛を覚えたが、三日めには回復した。しかし軍医学校製のワクチンを注射した人は、その多くが下痢をし、うち三名は重症、一名が死亡した。〔ワクチンを打たなかった〕対照用の四人はいずれも発病し、三日めに全員死亡した」（山内供述書、中央档案館ほか一九九一：九七）。この実験は大成功だった。石井は講演のコレラの箇所で、この実験を図示して高く評価している。(17)

また、フェル・レポート（総論）のコレラの免疫実験の項で、「加熱およびホルマリンで死菌にして作ったワクチンは役に立たなかった。しかし六五〇〇キロサイクルの超音波を三〇分間当てて作ったワクチンは三人という小グループに対してだが完全に防御した。このときＭＬＤ量（最少致死量）の約一万倍の菌を投与していた」（「フェル・レポート〔総論〕」４-(4)-ｂ、松村一九九四ｂ：二九五）と記している。

石井四郎は超音波コレラ・ワクチンに効果があると知って、超音波ペスト・ワクチンでも同様の実験をさせた。同じ効果があると判り、ワクチン班にそれを大量生産するよう命令した。

その超音波ペスト・ワクチンの大量生産が命じられたのは、一九四〇年九月下旬、新京（長春）でペストが流行したときである。山内はつづける。

〔一九四〇年〕九月下旬、長春（新京）でペストが発生すると、石井四郎はいわゆる防疫、ワクチン班を組織し、昼も夜もペスト菌（イムノゲン）（ペスト・インムノーゲン）を製造させた。その結果、菌体中に雑菌が多くなり、生産単位が低く、製品の生産時期が遅れてしまった。渡辺博士は石井四郎から電話で厳しく叱責された。博士は辞職を決意し、その日の夜長春に向けて出発したが、翌日〔一〇月二五日〕の朝、長春のヤマトホテルの前で交通事故に遭って死亡した。渡辺博士の死について、私〔山内〕は多くの疑問を抱いており、石井四郎に殺されたのではないかと思っている。石井四郎の性格からすれば、部下にたいしどんな残酷な手段をとっても不思議ではない（山内供述書、中央档案館ほか一九九一：九七―九八）。

前述したように、石井四郎が先導する「関東軍臨時ペスト防疫隊」がハルビンから新京に現れたのが一〇月七日。新京駅近くの国防会館を本部として防疫の指揮を執りはじめてから渡辺辺が死亡するまで、一八日が経っている。石井は駅前のヤマトホテルに泊まっていたが、そのホテルの前で、サイドカーの座席から放り出された渡辺辺は頭を道路に打ちつけ、即死だったという（常石一九九四：一七八）。それが超音波ワクチンの共同研究者、貴宝院秋雄の眼前で起こったというから、奇々怪々である(18)。

撫順の戦犯管理所の山内供述書から石井が渡辺辺を殺したと速断はできないが、一九九一年三月一二日、篠塚（旧姓田村）良雄の千葉県八日市場の自宅での聞き取りで（江田憲治、江田いづみ、児嶋俊郎、松村高夫による）、篠塚の「渡辺はサイドカーから放り出されて殺されたと聞いている」という証言がテープに残っている。篠塚は四〇年九月下旬、長春の「ペスト防疫隊」に他の一二〇人とともに加わっている（松村高夫「解説」、中央档案館ほか一九九一：一二五四）。

ハルビンから農安へ防疫隊を派遣

防疫隊はハルビンに戻る前に、一〇月二〇日から一一月六日まで新京の防疫隊を補強した「関東軍臨時防疫隊農安派遣隊(「雁部隊」)」を農安に送った。この農安防疫隊の派遣も、関東軍司令官・梅津美治郎が下達した「関作命甲第三八〇号」(一九四〇年一〇月一六日)によるものである。こうして四〇年一〇月一九日から二〇日にかけて、新京から農安へ三本の専用列車が千数百人の防疫隊を運ぶことになった。このほか満州鉄道総局は関東軍参謀長の命令により、トラック一五台と大型乗用車一〇台を防疫隊が使用するために提供した。大規模な防疫隊である。

一〇月二〇日、「雁部隊」が農安に着いたときには、すでに農安県城の人口三万三〇〇〇人(一九四〇年)のうち三分の一が逃亡していた(解一九九七：一〇六)。大多数のペスト患者の死亡は、防疫隊の到着以前に発生していた。じじつ、全期間の農安のペスト患者二九四人のうち、七三一防疫隊が乗り込んできたときには、すでに二六五人が発病していた。なぜ「雁部隊」を農安に送ることになったのか。また、まだペストが終息していない一一月三〇日、なぜ防疫隊は農安から撤退したのか。それは農安に出動したのは、患者を治療する防疫のためではなく、ペスト感染に関するあらゆるデータを患者や死者から得るためだったからである。

高橋正彦の報告書によると、七三一部隊は新京で七八体、農安で四八体のペストによると思われた死亡者を解剖し、ペスト菌検索を行っている。死体から取り出した各臓器はプレパラートにして平房に持ち帰った。一二四体のうち、検鏡試験、培養試験、動物試験、臓器熱沈降反応試験の結果、五八体がペストによる死亡と判明したとしている。また、病型別に臓器ごとに菌の検出率を観察している。さらに隔離病舎に収容された患者（新京七人、農安九人）からもペスト菌検出を行っている（高橋一九四三：五二六号、三）。

この一九四〇年「新京・農安ペスト」に対する防疫活動は、同年秋からはじまる浙江省への本格的「ホ号作戦」の陽動作戦という意味を持つ。また、治療という仮面をつけてデータをとり、ハルビンに標本を持ち帰り、一年間研究して、一九四一年一一月四日、より「効果的」な細菌戦・ＰＸ投下を湖南省常徳で実行するのである。まさに「軍の、軍による、軍のためのワクチン」であり、こうした姿勢が、第Ⅰ部で述べた破傷風ワクチン「謀略事件」の底流にあったのである。

第6章　南方軍防疫給水部は何をしたのか
——そしてパスツール研究所は——

1　日本軍によるパスツール研究所接収

南方軍防疫給水部の誕生

南方地域においては、シンガポールに南方軍防疫給水部（岡九四二〇部隊）の本部が設置された。その正確な編成時期については様々な情報がある。まず侵攻軍に同行してやってきた移動防疫給水部の第一二部隊が、一九四二年二月一五日の陥落とともにシンガポールに入城している。この時は部隊のコード名が「栄一六四四部隊（中支那防疫給水部）」であった。それとは別に、陥落直後にすでに、七三一部隊の貴宝院秋雄が石井四郎の命令で平房から偵察のために派遣されて、上海、台湾、サイゴンを経由してシンガポールに到着している。その後、シンガポールで固定の南方軍防疫給水部設立のための準備がなされた。畑俊六が一九四二年四月二二日東条英機に提出した「南方軍防疫給水部編成地並編成予定完結日ノ件報告」と題する報告書によれば、防疫給水部を五月五日に南京で編成予定となっている（林《リム》二〇二〇：一二三）。この部隊の部員（一三一名）が実際に上海を出発したのは六月になってからで、シンガポールには六月二〇日に到着した。シンガポールで編成されたこの部隊は「岡九四二〇部隊」というコード名を使用している。[1] このようないくつかの動きがあるが、いずれの場合もこれらの要員は中国各地の防疫給水部員のなかから派遣された。[2]

南方軍防疫給水部の本部は、シンガポールのエドワード七世大学病院（一九二六年設立）本部ビルにおかれた。この場所は、現在はシンガポール保健省の建物になっている。南方軍防疫給水部の旧実験棟は一階に庶務科と資材科があり、二階と三階が細菌培養室であった。本部責任者は羽山良雄大佐、第一研究科はペスト菌、第二研究科は破傷風菌（班長は竹本進一郎）、第三研究科は天然痘（班長は貴宝院秋雄）、第四研究科は不明、第五研究科はマラリア担当であった（林《リム》二〇二〇：一六、Tan 2001: 31）。

次いで、フィリピン、ビルマ、マラヤ、ジャワに支所が置かれた。ジャワでは、バンドゥンに支部（責任者は川内太郎中佐）[3]が、またジャカルタとスラバヤに出張所がおかれた（林《リム》二〇二〇：一八）[4]。支所や出張所の所在地を含めて、詳細は明らかではないが、細菌研究の拠点としては、これまでワクチン開発の中心であったバンドゥンの旧パスツール研究所を接収して陸軍防疫研究所とし、南方軍防疫給水部の配下においた。初代所長には、七三一部隊大連第五支部（旧満鉄衛生研究所）から部下を引き連れて転任してきたワクチンの専門家倉内喜久雄（慶應大医卒、一九二五年）が就任した（一九四二―四三年）。二代目所長（一九四三―四五年）にはジャワ軍政監部で保健衛生の責任者だった松浦光清《みつきよ》が就任した。[5] 研究部長には松井蔚《しげる》が四四年六月一三日に着任している。松井は戦後、復員したのち厚生技官となり、帝銀事件に登場することになる（終章で詳述）。

パスツール研究所とは

パスツール研究所は、ワクチン、血清、痘苗類を製造するほか、伝染病の研究を行う機関として、一八九〇年にパルク・ヴァシノゲーネ(Parc Vaccinogene)という名称でジャカルタのウェルトフレーデン(Wertfreden)の軍病院の一角に設立され(Staatsblad van NI No. 163 Oprchiting te Weltvreden van een parc-vacinogene)、最初は天然痘ワクチンの製造に専念していた。その後一八九五年に名称がパスツール研究所(Instituut Pasteur)となり、狂犬病の研究も行うようになった。一九二三年にバンドゥンに移され、そのときから細菌と血清についての研究所(Laboratorium Diagnostic Bakteriologi dan Srologi)としての機能も兼ね備えることになる。パスツール研究所はアジアにおかれた病理学研究所としては最高の水準を誇り、一九二八年から日本軍の侵攻まではオランダ人のオッテン博士(一九一〇年生まれ)が所長を務めていた(Bio Farma 1990)。

これを日本軍がオランダから接収し、陸軍防疫研究所と改名して完全に自分たちの管理下においた。バンドゥン市の中心部に建つ、広い庭園に囲まれた白亜の美しい建物である。

日本軍による接収間もないころのパスツール研究所所員の集合写真が、オランダの公文書館に残っている(図**6-1**)。これはオランダ軍の諜報機関(Nefis)が保存していたもので、パスツール研究所の正面玄関で一九四二年九月頃写されたものである(オランダ国立公文書館所蔵 Ministerie van Buitenlandsche Zaken Nefis 1942-1949 文書 Inv. No. 03036)。日本軍関係者と並んで前所長のオッテン博士(前列の蝶ネクタイの人物)や、後述する破傷風菌ワクチン開発担当のヘネマン(Hennemann)医師(前列左から二人目)を含む多くのオランダ系の所員が写っており、いっぽう日本占領下での初代所長であった倉内喜久雄は写っておらず、山田大尉がオッテンの左隣に映っていることから、倉内の着任は、接収後かな

図 **6-1**　パスツール研究所所員の集合写真

りたってからのことであったようだ。そしてそれまでは山田大尉が主任を務めていたようである。この写真では、正面玄関に掲げられた看板に「岡第九四二〇部隊山田隊」という部隊名が書かれているが、これは前述のように、南方軍防疫給水部のコード名に他ならない。

日本軍占領下ではオランダ人らの敵性国人は、基本的に、抑留所に身柄を拘束するという方針であったが、オッテン前所長をはじめとする所員は、占領開始後一年三カ月経った一九四三年六月まで、身柄を拘束されずに研究所内で業務を補佐していた。研究所運営、農園・鉱山・油田経営など専門的技術を必要とする分野における技術者や専門家は、日本側の都合によって特別な認可を与えられ、「利用蘭人」として当面そのまま活用されることがしばしばあったのである。しかし彼ら

図 **6-2**

図 **6-3**

はその後、同年一〇月までにバンドゥン近郊のチマヒ敵性国人抑留所に徐々に収容された（オッテンが一九四六年三月に海外領土相宛に送った報告書）。この頃までにはパスツール研究所の日本人研究員の配置も完了し、さらに技術的・学問的な引き継ぎも完了したということであろう。言い換えれば、これ以降は、日本人研究者だけで機密性の高い研究活動が可能になったということである。

当時この研究所で検査師をしていたインドネシア人のモミ女史によれば、当時二人の女性を含む一一人の日本人スタッフがいたという。そのうち四人は事務官で、残りが研究員であった。男性のスタッフは全員軍服を着ていたというから、おそらく軍医および軍属だったのであろう（モミとのインタビュー）。その他のいくつかの証言も、研究員はすべて日本人で、インドネシア人は関与しなかったと述べている。

実は一九四三年八月以降、「防疫研究所」というパスツール研究所の日本名が頻繁にインドネシアのメディアに登場するようになった。軍政当局が隔週で刊行していたインドネシア語と日本語のバイリンガルのグラビア誌『ジャワ・バル（*Djawa Baroe*）』（一九四三年八月一五日号：一六－一七）には、数枚の写真付き（図**6**－**2**・

3)でパスツール研究所を次のように紹介している。

バンドンにある「パストウル」研究所も今は世界に誇る日本の人たちによって新しい研究が進められ、たくさんのインドネシア人を指導して南方各地へ送り出すいろいろな薬〔インドネシア語でワクチンや血清など〕が作られています(6)〔原本はカタカナ書きの日本語。筆者(倉沢)が漢字まじりに書きかえた〕。

また二〇一五年七月の『テンポ(*Tempo*)』誌の特集号では、二三人の日本人スタッフと三三五人のインドネシア人スタッフが働いていたと紹介されている。さらにバンドゥンで刊行されていたインドネシア語の日刊紙『チャハヤ(*Tjahaja*)』(一九四三年八月二五日付)には、研究所のマントリ(補助研究員)を募集する広告と、ウサギなどの実験動物を買い付けたいという広告も掲載されていた(*Tempo*. 5 Juli 2015: 63)。

パスツール研究所の破傷風ワクチン研究

当時、兵士が負傷して汚い土にまみれ、破傷風の感染・発症が疑われる場合には、破傷風の免疫を獲得した馬の血清を急遽打って発症を防ぐというやり方をとっていた。この血清は、ドイツに留学していた北里柴三郎が一八八九年、破傷風菌抗毒素の純粋培養に成功し、その後菌体を少量ずつ動物に注射しながら血清中に抗体を生み出す画期的な手法を開発し、製造されたものである。破傷風に対する対策は、このような感染後の血清投与という受動免疫から、感染前のワクチン接種という能動免疫に移行する必要があるという認識が強く持たれ、防疫給水部でもその開発に大きな力を入れていたことはすでに第5章で述べた。

破傷風ワクチンは、実はすでに一九二六年、パリのパスツール研究所で獣医学者ガストン・ラモン(Gaston Ramon)が、北里が発見した血清を製造する過程で用いる毒素液の腐敗防止のためにフォルマリンを混入すると毒素が不活性化することを発見し、その開発につなげていた。そして当時連合国の一部では、すでにワクチン接種による予防的方法が主流だったが、日本を含む枢軸国では添加すべきフォルマリンの正確な量などが分からないため、いまだにそのような血清による治療が中心であったという。しかし血清療法は時間もコストもかかり、パスツール研究所では、馬一〇〇〇頭を集めて連日血清の製造に努めたが、とても需要に追いつけなかったという。

日本軍による接収後、最初のパスツール研究所所長として赴任してきた倉内喜久雄は、大連の旧満鉄衛生研究所時代(一九二六―四二年)に破傷風ワクチンの研究に力を入れていたことが知られている。上述のようにフランスのパスツール研究所のラモンが、一九二六年血清を製造する過程で用いる毒素液の腐敗防止のためにフォルマリンを導入すると毒素が不活性化するということを発見すると、倉内は直ちに衛生研究所でその追試を始めた。そして一九二八年一月二七日に第一五回南満州獣医畜産学会で、それを基に「破傷風「アナトキシン」の抗原性に就て――破傷風予防注射」と題する講演を行っている(倉内一九二八)。この倉内がバンドゥンのパスツール研究所に赴任した時、破傷風ワクチンの開発に全力をそそいだであろうことは想像に難くない。

破傷風は、一般住民の間ではそれほど発生件数が多いわけではなく、緊急性も相対的に低かった。あくまでも戦場で負傷して、土壌に潜む破傷風菌と接する危険性の強い兵士たちの救済を想定していたのであった。

南方軍防疫給水部の本部でも破傷風研究科科長竹本進一郎の下でワクチンの開発が進められていた(7)。必要とされていたワクチンは、住民への接種のためではなく、あくまで日本軍の将兵用である。竹本は、日ごろはシンガポールを拠点として研究に従事していた。シンガポールで竹本の下で助手として働いていた当時一六歳のジェフリー・タン(Geofrey Tan)は、破傷風ワクチンの製造現場を次のように語っている(8)。

我々は仕事の目的を知らされてはいなかった。彼らが何をやろうとしているのかわかるまでにしばらくかかった。〔…〕彼らは破傷風ワクチンを製造しようとしていたのだ。

〔…〕我々の仕事の最初のステージはブイヨンを作ることだった。そのためにまず朝公設屠殺場へ行って、屠殺したばかりの豚をもらい受け、持ち帰って豚の胃や汚い部分をすべて洗浄した。その後、内臓を切ってブイヨンと呼ばれるスープを作り、酸を加えた。実験室にあった酸には豚消毒用の酸と硫酸の二種類があった。そのブイヨンを一日ほど置いてからバクテリアを入れ、それを一週間ほど置いておく。その間、しょっちゅう検査する。ブイヨンをスライドにつけて顕微鏡で見て、細菌が生きているかどうかを検査する。ときどきそれをネズミに注射し、時にはモルモットに注射して、しばらく状況を見守り、死んだかどうかをチェックし、その時間を記録する。〔…〕作成したブイヨンに対して上司がＯＫを出せば最後のステージは、製造したトキシンを馬に注射することだった。この目的のために一群の馬がインドネシアから輸入された。〔…〕薬一〇〇キューービックセンチのトキシンが、馬の両脇に注射された。彼らが毒に打ち勝ち死なないですんだ場合、その血が抜き取られ、血清が作られた。〔…〕馬がフラフラになるくらいまで馬から大量の血を採った。採った血液を血漿と血清に分け、血清を採取した。血清は抗破傷風で、それを予防注射に使う（Tan 2001：32, 34 の要約）。

タンは、竹本との関係について、彼は目覚まし時計を持っていないということを理由に、毎朝八時に起こしにこさせたが、非常に短気な性格だったので、誰もがその時間に遅れないようにしていた、と述べている（Tan 2001：32）。

オランダによる破傷風ワクチン開発

ワクチン開発には、優れた医療技術者とともに、設備の完備した研究機関が必要である。バンドゥンのパスツール研究所は、オランダ時代からワクチン開発の最前線にあった機関でもあったので、竹本もこれに目を付けたようである。

実は開戦前、確かにオランダはパスツール研究所において、破傷風ワクチンの開発を必死に試みていたことが確認されている。それは、ハナーフィア医師やジュハナ医師ら何人かが、憲兵隊に勾留中、そこで別件で取り調べを受けていたオランダ人の元バタヴィア医科大学教授のディンヘル教授から耳にしていたことであった。日本軍の侵攻直前、パスツール研究所のオランダ人研究者たちは、オランダ軍の衛生部の依頼を受けて、ＴＣＤ（チフス・コレラ・赤痢混合ワクチン）と同時に接種できる破傷風トキソイドの開発に努めていたというのである。しかし、それは成功には至らず、動物実験の段階で、投与された動物はすべて破傷風を発症して死んでしまったということであった（Hanafiah 1976: 21）。

筆者（倉沢）はそれを確認するために、戦前からの貴重な医学書がいまなお蓄積されたパスツール研究所二階の図書室で文献を探してみた。ほとんど半日古い研究雑誌等の山の中にうずくまってページを繰り、いい加減いやになってきた頃、オランダ領東インド時代の医学雑誌の中に、パスツール研究所で、一九三八年から三九年にかけてオッテン博士（同研究所所長）とへネマン博士という二人のオランダ人研究者を中心に、破傷風ワクチンを他のワクチンに混ぜて接種する実験が進められていたことを記した研究論文が掲載されているのを見つけた。それは『蘭領東インド医学雑誌』と題する月刊誌で、医師界の動向や研究発表が克明に紹介されている。その一九四〇年号の一九四－二三七ページに「破傷風の混合予防接種について（"De gecombineerde immunisatietegen tetanus"）」と題する、オッテンとへネマンの共同論文が掲載されている。

おそらく竹本進一郎はそういった事実を把握して注目し、それまでのパスツールでの研究成果を活用しようとしたと考えられる。

一九四三年四月（印刷は同年一〇月）に竹本進一郎が『南方軍防疫給水部業報』（丙第五五号）という内部

資料に掲載した「バンドン、パストール研究所ニ於ケル予防接種用破傷風アナトキシンノ製法」という論文にその具体的な内容が記されている。竹本進一郎のこの論文は、オランダ人研究員がパスツール研究所から排除され、抑留所に収容される以前に書かれているから、竹本はヘネマンによる破傷風アナトキシンの無毒化の実験結果を活用したものと思われる。ヘネマンは破傷風ワクチン開発の中心にいた。彼はオランダ人で当時四四歳。パスツール研究所に一九三二年から四三年に日本軍によって拘束されるまで勤務し、一一年間にわたり破傷風培養に従事してきたのだった。

竹本論文によると、パスツール研究所は、戦前、各種細菌製品とともに破傷風アナトキシンを製造し供給しており、その製出量は一九三九年に六七〇人分、一九四〇年に一万四五七八人分、一九四一年に一八万一九三七人分であった。そして「一九四〇－一九四一年東亜を風雲急を告げ、蘭印軍動員に至るや、著しく製造量を増加せり」という状況だった(竹本一九四三：一)。

つづく「アナトキシン調整」では、ＭＬＤ合格の毒素にフォルマリンを加え、無毒化する実験を行っている。検定し合格したものを「予防用破傷風アナトキシン」として使用に供するとし、冷蔵庫に貯蔵し、保存期間は製造後一年とした。この「予防用破傷風アナトキシン」は、結局オランダ時代のパスツール研究所では動物実験の段階で失敗し、実用化につなげることができなかったものである。

本書第I部のロームシャ大量死亡事件は、オランダ人研究員たちが身柄を拘束され、日本人研究者だけが引き続き開発にたずさわっていた一九四四年段階で発生した。そこで治験のために他の三種混合ワクチンと混合して使われたのは、まだ安全性が確認されていなかったが、ある程度完成した段階でのアナトキシンであろう。ところが、そのアナトキシンは、フォルマリン処理する段階で、その添加量が正しくなくて毒性が残っていたと思われ、それを接種されたロームシャたちは発病し、多くが死んでしまった。日本人研究員たちがその安全性を動物実験で確認することなしに、直接人体実験をしたためである。七三一部隊が常々ワクチンの実験を、マルタだけでなく一般市民にも行っていたことは、いくつかの事例から明らかである(9)。南方軍防疫給水部ではマルタを確保していないので、代わりにロームシャに接種することにさほど抵抗感がなかったのは容易に推測できることである。

日本軍のために徴発され、世間から隔離された収容所でその管理下におかれていたロームシャの身柄は、あたかも日本軍が自由に殺傷与奪の権利をもつ所有物であるかのように考えていたためかもしれない。ロームシャには、大陸において七三一部隊による人体実験の犠牲となった「マルタ」と同様、人権などというものは考慮されなかったのである。

2　破傷風事件の〝真相〟

ジャカルタの破傷風事件捜査に際して、これにまつわる病理的検査は、エイクマン研究所ではなく、防疫給水部が独自に行った。防疫給水部はまた、七月に死んだ労務処理班の看護人カンタの、すでに腐敗し悪臭を放つ遺体を、一〇月になってから墓から掘り起こしてまで検査を行っている。それらの検査結果は、数値も出して非常に精密に報告されている。一方ある段階から、発病したロームシャの患者は医科大学病院に送られなくなったようである。少なくともインドネシア人医師たちの目には触れていない。しかしパスツール研究所の監督機関である防疫給水部では発病者と、死者の数を正確に押さえている。これらは、治験結果のフォローアップのために必要だったのだろう。

従ってこの事件の経緯は次のように推定される。彼らはジャカルタでロームシャに対し、開発したアナトキシンをおそらく一回だけ注射した。後述するスラバヤでの海軍軍医中村博郷大佐の実験において実施したように、その後二回、三回と打って抗体を高め、抗体ができた頃をみはからって、毒素(トキシン)を接種することまでは予定していなかったのではないだろうか。ロームシャたちはいつ何時、船の便が用意されて出発するようになるかもしれない。その場合、任地に同行する労務処理班の日本人医師や衛生兵らを抱き込んで、ロームシャが任地へ赴いてからも長期的にフォローアップして、患者の発生状況を見る必要があっただろう。しかしそのようなことができない中で何段階にもわたる実験を完全にやり遂げることは難しかったのである。はっきりしているのは、注射に混入したアナトキシンが不完全なものだった、つまり、フォルマリン処理する段階で、その量が正しくなく、毒性が残っていたために、それを一回接種しただけでロームシャたちは発病し、死んでしまったということである。

憲兵隊でオランダ人のディンヘル博士と言葉を交わす機会のあったジュハナ・ウィラディクスマ医師は、同博士から「多分日本は、毒性を弱めた破傷風のアナトキシンの治験をやっていたのだと思う。フォルマリンを添加して毒性が弱まったトキシンでも動物や人間に投与すると抗体(antibodies)を生み出す力はある。だが、その時日本は、破傷風の毒素(toxin tetanus)にフォルマリンを添加するのを忘れるなど何らかの不注意(kelalaian)が発生した可能性がある」という主旨の話を聞いたという(Hanafiah 1976: 55)。

パスツール研究所の関係者は恐らく、自分たちの開発したワクチンの完全性を信じて、他の予防接種液と混合し接種したのであって、惨事に至る可能性はあまり考えていなかったのであろうか。ハナーフィアも、取り調べに際してそのような可能性を憲兵隊員に指摘したが、「パスツールは日本人だけが働いている。そこでそのようなことが起こるはずはない」と一蹴されたという(Hanafiah 1976: 22)。

「行為」は単なる技術的ミスとしては済まされない。単なる「過失」ではなく犯罪である。つまりこのような「人体実験」はもしかすると死を招くかもしれないとわかりつつ実施した「未必の故意」であったと考える。ワクチンの人体実験が、日本軍の占領下では北は七三一部隊から南は岡九四二〇部隊に至るまで常態化していたなかで、ロームシャの悲劇が起こったということを忘れてはならない。

冤罪への道——日本軍のもう一つの罪

そして日本軍のもう一つの罪は、この失敗の責任をインドネシア人に押し付けたこと、つまり冤罪を作り出したことである。誇り高い大日本帝国としては、天皇陛下の赤子が過失を犯したという可能性を認めるわけにはいかなかったし、ましてや、ワクチンの効果を試す実験をしていて死に至らしめたなどと発表するわけにはいかなかった。何としても闇に葬らねばならなかった。そのためにはどうしてもロームシャの発病に対する責任をインドネシア人に転嫁する必要があった。つまり、この冤罪事件は、それは単なる捜査ミスなどでは決してなく、憲兵隊は当初から誰かをスケープ・ゴートに仕立てよう、仕立てなければならない、という確信をもって「捜査」にあたっていたように思われるのである。

今回の事件の元凶となったロームシャ用のワクチンも、バンドゥンから直接労務処理班へ送られ、基本的には途中エイクマン研究所を経由することはないはずであった(10)。それは、七月二七日、つまりクレンデル収容所にいたペカロンガン州出身ロームシャに対する最初の注射の前日に、雨倉伍長が労務処理班の本部医務室から受領した。

当初軍医部は「接種液調製機関内〔バンドゥンの陸軍防疫研究所〕の不備あるいは謀略」という可能性も一応考察していた。しかし前述したように、防疫給水部の中村元軍医中尉は、同じ製造番号のワクチンを使用した他の場所では事故が起こっていないので、製造元であるパスツール研究所から出荷された段階では、ワクチンに異常はなかったと主張した(中村一九四四：一九)。

ロームシャ以外に対して使用されたワクチンに異常がなかったとすれば、どこかの段階でロームシャ用のワクチンだけに異物が混入されたことになる。日本軍は、だからモホタルがロームシャに焦点を当てたテロを実施したのだというのであるが、すでに何度も述べているように、その「動機」はあまりにも説得力がない。何かが意図的に隠されているように思われる。

この事件にはいくつか不可解な点がある。第一に、四次にわたる第一六軍陸軍軍医部の報告書に記載された憲兵隊の説明を詳しく検討してみると、そのたびごとに「筋書き」が突然大幅に変わっていて不自然さが見られるということである。最初は、予防接種担当医スレマン・シレガルの責任だとされ、次いでスレマンとモホタル教授の陰謀だとされ、それがさらに、市衛生局のマルズキ医師、アリフ医師、ジャカルタ医科大学のジュハナ助教授、ハナーフィア講師も巻き込んだ陰謀だったと拡大した。しかし最後は、モホタル教授とスレマン・シレガル医師の二名だけが軍律会議にかけられ、他の者は釈放された。

捜査が進むにつれ共謀者の数が増えてくるというならごく自然だが、反対に減っているのである。いったん共謀者とみなされた医師たちの容疑はどうして晴れたのだろう。そのことに関する説明は報告書のなかにはいっさい出てこない。まるで小説家が推敲を進めるうえで、「こっちの方がおもしろいや」と心変わりして、前のストーリーを廃棄して書き換えるかのようである。容疑者たちが供述をクルクル変えた、ということもあり得ないわけではないが、多数の容疑者がもしそれぞれに勝手な供述をしたとすれば、報告書の内容はもっと混乱したものになっていたであろう。ところが、軍医部の毎次の報告書は、その都度かなり筋道立った明快な表現で語られている。つまり細部にわたるまで、あまりにも理路整然としすぎているのである。

第二に、モホタル教授とスレマン・シレガル医師を起訴して、軍律会議へ送ったのち、マルズキ医師を処分保留のまま拘束し続けたことも不可解である。一九四五年二月一五日付の軍医部の報告書では、「起訴された二名を除き他の容疑者十八名は逐次釈放された」となっているのに、それ以降もマルズキ医師は拘束され続けた。

第三に、このような謀略事件では、軍律会議で死刑が確定すると直ちに執行されることが多かったが、モホタル教授の場合は、半年間も執行されなかった。その裏には、日本側に何らかのためらいがあったのではないかとも考えられる。日本が自ら作り出したこの結論に対し、日本の司法当局が確固たる確信をもてなかったからではないだろうか。

そもそもモホタル博士に罪を擦り付けるというストーリーを作り上げたのは、軍医部ないしは防疫給水部なのであろうか、それとも憲兵隊だったのであろうか？　それは確実には分からない。しかし軍医部長の報告書はおそらく憲兵隊の報告に基づいたものであると思われる。憲兵隊が、軍医部や防疫給水部の意図を忖度して、そしてまた自分たちの捜査能力を証明するために必死で冤罪劇を作り上げ、その筋書きに沿うように「自白」させ、それに基づいて起訴して軍律会議に送ったものなのであろう。そして防疫給水部はこれにより「免責」された。

オッテン元所長の黄熱病ワクチン謀略事件

実際、日本軍当局は、インドネシア人たちの様々な「謀略」の可能性におびえていたのも確かであろう。細菌や医療関連の「謀略」疑惑も数多くあった。モホタルらの取り調べが進んでいた真っ最中にパスツール研究所で発生した一つの事件を紹介しよう。パスツール研究所の所長であったオッテン博士の関与が疑われた黄熱病ワクチン「謀略」事件である。

この事件に関しては治集団軍医部長から大本営野戦衛生長官に宛ての報告書（治医疫第七八号「黄熱「ワクチン」発見ニ関スル件報告」昭和一九年一二月二四日付）が残っており、その中で次のように述べられている。

報告は「昭和一九年七月中旬バンドゥン防疫研究所（旧パスツール研究所）付永井技師は研究材料調査の目的を以て同研究所鉄材倉庫を点検せるに木箱入黄熱病ワクチン一梱を発見、同研究所製造部長倉内技師に之が存在を報告せり」の一文から始まる。発見された黄熱病ワクチンは凍結乾燥した粉末状のもので、四三七本が木箱一梱に入っており、それに貼られた名票紙によって、一九四二年一月三一日米国ロックフェラー研究所製であり、一本が一〇〇人分であることが分かった。パスツール研究所がワクチン開発の進んでいる米国から一九四二年一月三一日製造の黄熱病ワクチンを、日本軍のジャワに進駐(同年三月一日)以前に入手していたということである。そして日本軍侵攻後も廃棄されず同研究所の鉄材倉庫内に「隠匿格納」されており、「日本人職員には全く報告せざりしこと」であったこと、つまり秘匿していたことが問題とされた。

倉内技師は松浦研究所所長に報告し[11]、所長は七月下旬治集団軍医部に報告し、軍医部長の判断でジャワ憲兵隊に隠密裏に実相調査を依頼した。当時破傷風謀略事件の捜査が進行中であったため、この事件との関連性の有無を考慮したものであったという。憲兵隊が内査した時点ではオランダ人技術員は全て軍抑留所に抑留されていたので、「実相把握困難」という状態だった。オッテン博士は一九四四年一〇月六日に上記の事件に関連して「隠密検挙」され、憲兵隊の取り調べを受けた。オッテンからオランダ人研究所員の氏名、研究歴、現在の研究内容を聞き出した。それによると、オッテンがペスト、痘瘡、キルシネルがコレラ、チフス、赤痢、淋菌、連鎖状球菌、先述の論文の執筆者へネマンが破傷風菌を扱っていたことなどが判明した。なお、戦前パスツール研究所は見学を一切禁止していたこと、別室の「ペスト研究所」は所長が直接監視していたこと、所長が不在の間は厳重に施錠したことも記されている。

上記の黄熱病に関する軍医部長の報告書の表紙には、毛筆で「謀略ノ有無ニ関シ、尚調査続行中」

と書かれている。しかし、この事件が謀略であったかどうかは結局結論が出なかったようで、オッテンには特にお咎めはなかった。オッテンがもうこのワクチンは有効期限が過ぎていることや、一九四二年七月に、防疫研究の主任であった山田軍医大尉が冷蔵室を各種ワクチンの保管に利用するよう命じたために、そこにあった資材は倉庫に移したことなどを説明した結果、謀略の可能性は薄いと判断されたようである。ただ、問題の発生が破傷風事件と時期が重なっていたために、日本側はかなり注目していたようであった。

3　スラバヤ海軍軍医部の人体実験
――オーストラリアの戦犯裁判記録から――

海軍による破傷風ワクチン開発

ところで、ロームシャの破傷風事件がワクチンの効果に関する人体実験であったという可能性の傍証となるような事件が、同じくジャワ島のスラバヤで起きていた。スラバヤに根拠地を持っていた海軍が[12]、健康なインドネシア人を使って、破傷風の予防ワクチンの成果を試す人体実験を行っていたという事実である。そしてそれを読み解くと、パスツール研究所周辺の病理学者たちによって破傷風ワクチン開発が行われ、その過程で人体実験が行われたのではないかという憶測も決して突飛な空想ではないことが分かる。

以下スラバヤでのその事件について掘り下げる。この事件は、戦後オーストラリアのマヌス戦犯法廷で明るみに出されているので、その裁判記録を引用し紹介しよう(13)。

それによれば、破傷風は、感染後に直ちに血清を投与すれば発症を抑えることがある程度可能であるが、第二南遣艦隊には破傷風の血清がほとんどなかったので、同艦隊軍医部の責任者であった中村博郷大佐は、戦闘で負傷者が多数出た場合に、破傷風で死亡する者が多発することを案じていた。当時、スラバヤだけでなく、日本国内および日本のすべての占領地において、破傷風の血清は不足していた。ジャワ島では、バンドゥンのパスツール研究所だけがそれを製造していたが、海軍には入手するすべがなかった。現に、中村大佐も何度か、パスツール研究所を管轄していた治部隊軍医部に連絡をとったが、欠乏の折りに、まわしてはもらえなかった。

そこで、海軍軍医部で独自に開発せざるを得なくなったわけであるが、何頭もの馬を必要とする血清の大量生産は不可能であるため、代わりに、予防ワクチンを開発することになった。それが破傷風の毒素(トキシン)をフォルマリン処理して無毒化したアナトキシンである。

死刑囚を使って行われた人体実験

中村はかねてから、製造した破傷風アナトキシンの効果を試したいと考えていた。たまたまその頃、ロンボック島出身の犯罪者が軍律会議で死刑を宣告されたのを知った彼は、軍律会議首席法務官の立崎英に、アナトキシンの効力を実験するための被験者としてその死刑囚を使いたいと要請した。彼らは、一九四四年年九月頃ロンボック島の日本人綿業指導員を襲い、斬殺した事件の犯人たちで、被疑者が一九四五年初めにスラバヤに送られ、軍律会議にかけられたものである。裁判の結果全員に死刑が言い渡され、執行を待っているところだった。

中村大佐の要求は受け入れられ、死刑囚のうち一七人が、一九四五年二月一〇日に破傷風のアナトキシンを接種された。ジャカルタのクレンデル収容所での事件が起こった半年後のことである。その後、二週間くらいあけて第二回目、さらに三月二〇日頃第三回目の接種が行われた。破傷風の抗体は一回の注射だけでは形成されないからである。この段階までは特になにも起こらなかった。

そのあとで囚人たちはさらに、ワクチンの効力を試すために破傷風の毒素（トキシン）を注射された。先の三回のワクチン接種で見事に抗体が出来上がっていれば、ここで毒素を注射しても抵抗力があるはずだとの判断に立っていた。しかし、その結果一七人のうち一五人が発病して病院に収容され、死亡した。アナトキシンの無毒化には成功していたが、肝心の免疫能力ができていなかったというわけだ。中村大佐は、平時であれば数カ月をかけて治験すべきところ、連合軍の再上陸が迫っていたので、十分な時間をおかないでトキシンを打ったためであると述べた。とはいえ、彼はワクチンの接種が害を及ぼすことはないと確信していた、とも述べている（Proceedings of a Military Court held at Manus Island. 20 March 1951 [Australian Archives, A471-81968]）。

死刑囚たちは、その注射が何であるかを知らされていなかった。生き残った者はのちに死刑（斬首）を執行された。

この事件の裁判は、終戦後かなり月日が経った一九五一年三月二〇日から四月二日にかけて、オーストラリア領ニューギニアのマヌス島で開かれた。このマヌス裁判は、一九四九年三月に極東委員会が出した「本年九月三〇日までにBC級戦犯裁判を完了するように」という勧告を無視したかたちで、一九五〇年初めから開廷されたものである。そして、当時巣鴨刑務所に収監されていたオーストラリア関係の戦犯容疑者九二名をマヌスに送り、あらためてオーストラリアの管轄下で裁判を行った。この人体実験事件に関しては、実験を実施した海軍軍医中村博郷大佐の他に、第二南遣艦隊司令長官柴田弥一郎海軍中将と海軍軍律会議首席法務官立崎英が被告として告発された。

中村博郷は、海軍軍医学校を卒業し、長く呉《くれ》の海軍病院に勤務していたが、一九四四年に軍医大佐としてスラバヤへ赴任し、艦隊の首席軍医将校を務めていた。専門は耳鼻咽喉科であった。同じ中村姓であるが、南方軍防疫給水部の中村元軍医中尉とは別人である。彼は法廷で死刑囚を使って人体実験を行った事実を認めたが、しかし「殺意」も「未必の故意」もともに否定した。つまり彼は、そのアナトキシンの効力を信じていたので、まさか死亡事故が起こるとは思っていなかった、という点を強く訴えていた。裁判ではまさしくその点、つまり、このワクチン投与による「死」の可能性を予期していたかどうかがひとつの争点になったのである。

また中村大佐は「これらの死刑囚は早晩死すべきもの」であり、「多数の幸福のために少数を犠牲にするのはやむを得ないこと」であるから、自分たちのやっていることが罪悪であるという発想はまったくなかったと主張した。

この裁判は一九五一年四月二日に結審し、その結果、柴田司令長官は無罪になったが、中村博郷大佐は「不純な注射によって不法な殺害(unlawful killing)を行った罪」に問われて禁錮四年、立崎英法務官も同じく禁錮三年の判決を受け、オーストラリアで服役した(14)(Proceedings of a Military Court held at Manus Island, 20 March 1951［Australian Archives, A471-81968］)。

なお裁判についてオーストラリアのシドニーで発行されている『デーリー・テレグラフ（*The Daily Telegraph*）』紙は、一九五一年三月二一日、「死のラボラトリー――日本人による破傷風実験」と題して次のような記事を掲載している（Hanafiah 1976：57–58）。

本日オーストラリアの戦争犯罪法廷で、日本人被告が、日本の医師団は戦争中ジャワで原住民を使って実験した結果、破傷風予防のための「センセーショナルな」医学的発見をした、と述べた。それによればこの実験で中心的な役割を果たした、元海軍軍医中村博郷大佐は、蘭領東インドの日本海軍は、連合軍の封鎖により新たな補給が途絶えたため、一九四二年には破傷風を予防するための血清もワクチンも持っていなかった。そこで彼は海軍の研究所が、アナトキシン開発のための研究を行うよう指令したのである。

動物実験の結果が素晴らしいものであったため、これを軍律会議で死刑が宣告されていた一七人の「原住民」に実験すべく準備した。その実験の結果、その大部分が死亡した。本来アナトキシンは毒性がないものであるから、まさか死ぬとは思いもよらなかったと被告は弁明している。しかしこの実験の結果、アナトキシン製造の際に添加するフォルマリンの適切な分量が分かるようになり、のちには、成功裏に広く使用することができるようになった。

「血清からアナトキシンに切り換えたのはセンセーショナルな変化である。なぜなら世界中どこにおいても、破傷風を予防するためにアナトキシンが使われたことはなかったからである」と彼は法廷で述べた。

被告の中村大佐は、多くの命を奪っておきながら、法廷で「破傷風予防のための医学的発見をした」などとポジティブな表現の発言をし、それが新聞で報道されていることに、この人体実験の本質が表れているように思われる。

この事件から、我々は少なくとも、海軍の支配地域では、破傷風ワクチン（アナトキシン）の効力に関する人体実験が行われていたことを知ることができる。これは細菌兵器開発のための人体実験と、人命軽視という点では根本的に姿勢を同じくするものである。これも、死の危険性のある、恐ろしい実験であったことには違いないし、また被験者の同意を得ていないという点でも、大きな問題がある。ただこのような根本姿勢は、実は現代医療における薬品の実験などでも見られることではないだろうか。

終章　医師たちの戦後

第Ⅰ部、第Ⅱ部では、破傷風事件が冤罪事件であったことを、防疫給水部のワクチン戦略を詳細に分析することを通じて明らかにした。最後に終章では、インドネシア、日本双方において事件の関係者や関係組織がその後どのような運命をたどったかを考察したい。

1　インドネシアの医師たちと研究所の戦後

まずインドネシアで、ワクチン開発の舞台となったパスツール研究所や、事件に巻き込まれたエイクマン研究所、そして周辺の医師たちが戦後どのような運命をたどったかを概観しよう。

戦後のパスツール研究所

日本軍の降伏後、インドネシアの民族主義者たちは連合軍が再上陸してくる前の好機を狙って八月一七日に独立を宣言した。求められるままに日本人は、行政組織や事業所などの運営権を、ほぼ抵抗なくインドネシアに委譲した。パスツール研究所は、「マツウラ・カッカ」から、防衛義勇軍バンドゥン大団のサレー軍医らが中心になってこれを接収し、連合軍の手に落ちないように防衛した。

新政府の保健大臣ブンタランは、やがて中ジャワ、スマランのサルジト医師に書簡を送り、バンドゥンのパスツール研究所の指揮を執るように依頼した。サルジトは、一九三二年から日本軍政期を通じて、中ジャワのスマランにあるパスツール研究所分室(日本名はスマラン衛生研究所)の所長を務めており、スマランの国立病院で要職にあったブンタランとは旧知の中だった(Gunseikanbu 1943：328, 348)。サルジトはこれに応え、バンドゥンへ来て任務に就いた。この時代、正式名称は天然痘館兼パスツール研究所(Gedung Cacar dan Lembaga Pasteur)というインドネシア語に変更された。

日本軍の降伏受け入れや武装解除のために連合軍が再上陸したのは九月になってからであったので、それまでにインドネシア側はある程度国家としての体制を整えることができた。しかしバンドゥンでは、他の地域に先駆けて連合軍が進駐し、インドネシアの軍や民族主義勢力との間に大きな衝突が発生した。そして一九四六年三月、インドネシア側がもう守り切れないと悟り、バンドゥンに火を放って総撤退(いわゆる「バンドゥン火の海事件」)したため、西ジャワ一帯は連合軍(イギリス軍)の支配下に落ちた。その頃インドネシア共和国政府はジャカルタを追われて、首都を中ジャワのジョクジャカルタへ移しており、官庁、事業所も中ジャワへと移動していた。パスツール研究所もすべての機器、原材料を汽車に積み込んで中ジャワのクラテンへ移動を余儀なくされた(Kusdinar 1989：22)。

サルジトらが退避したクラテンは、糖業の中心地であり、ここには大きな糖業試験場があったため、パスツール研究所はその建物や設備を使い、薬の開発・製造などの業務を続けた。やがて、一九四八年には、臨時首都になっていたジョクジャカルタに移った。その後一九四九年一二月に、オランダがインドネシアに主権を委譲して完全に撤退すると、パスツール研究所も翌年バンドゥンに戻った。

一九四六年にインドネシア人研究員たちが去ったのち、バンドゥンのパスツール研究所は、オランダによって接収されていた。抑留所から出てきたオッテン元所長は体調を崩し、病気休暇をとって療養のため前年一二月にオランダに帰国していた。そのため、次席のヘネマンが戦前の職員たちを集め、牛痘情報センター兼パスツール研究所(Landskoepok Inrichiting en Institute Pasteur)と名称を変えて活動を再開した。ヘネマンは破傷風ワクチンの研究者だった。研究所は衛生状態も悪く、また資材や機器は持ち去られ、動力も切られて稼働していなかったという。もし、南方軍防疫給水部関係者による破傷風ワクチン研究の痕跡が残っていれば当然回収したものと思われるが、そのような報告はない。オランダ帰国後も所長の地位を保持したままであったオッテンは、ヘネマンからそのような悲惨な状況についての報告を受け、海外領土相に、米国から備品を買い付けてインドネシアへ送ってほしいと請願書を提出している(一九四六年三月付、海外領土相宛てのオッテンの書簡)。しかし彼が再びバンドゥンへ戻ることはなかった。パスツール研究所の壁に掲げられている歴代所長の写真によれば、一九四八年までヘネマンが所長を務め、その後メイヤーというオランダ人に代わったことになっている。

一九五〇年にインドネシアの研究員たちが再びバンドゥンへ戻った時、サルジトはジョクジャカルタに残り、インドネシア最初の総合大学ガジャマダの設立を手掛けてここの初代学長(一九四九－六〇年)になったため、パスツール研究所の新所長には、ジュハナ・ウィラディカルタ医師が就任した。彼は、破傷風事件の際、モホタルとともに憲兵隊に逮捕されたエイクマン研究所副所長であり、釈放後は後述するようにモホタルに代わってエイクマン研究所の管理をしていた。

パスツール研究所は、その後一九五五年以降は、国営の製薬会社になり、現在(現在の名称はビオ・ファルマ社)に至っている。同社は国内のワクチン製造をほとんど一手に引き受けており、近年は、中国で開発された新型コロナ・ワクチンの現地製造を手掛けている。

戦後のエイクマン研究所

一方エイクマン研究所は、その後どうなったのであろうか？　バードとサンコットは、あの事件を契機として研究所は衰退の一路をたどり、ついに一九六五年には閉鎖に至ったとして、破傷風菌事件のネガティブな影響を強調している。事件に連座して逮捕された研究員たちで、釈放されたのちに研究所に戻ったのは、コ・キアップ・ニオと副所長のジュハナ・ウィラディカルタ、そして看護人のモホタルだけであった。事件のあと研究所は正常な研究活動がほぼできなくなり、病理研究という業務も少なくなった。看護人のモホタルによれば、「ミツビシ」という名の日本人が来て牛耳り、インドネシア人研究員には「今までのような検査はもうしてはならない。二階の図書室でじっとしていろ」と命じたという(同氏とのインタビュー)。

エイクマン研究所はジャカルタにとどまっていたが、一九四六年にオランダ人たちが戻ってきた時、ジュハナは退かされ、オランダ人ポストマス(S. Postmas)が所長に据えられた。エイクマン研究所の戦前のオランダ人研究員の多くは、抑留所から釈放されたのち帰国の道を選んだため、新しい研究者が送り込まれた(Baird & Sangkot 2015: 221)。しかし、その後一九四九年末にオランダが主権をインドネシアに委譲した際に、研究所の行政的な運営権もインドネシアに移管された。前述のようにジュハナはこの時、バンドゥンのパスツール研究所所長として迎えられて移っていき、エイクマンの人材はますます先細ってきた。当時のインドネシア共和国の教育大臣であったアブ・ハニファ博士は大学や研究機関でオランダ人が引き続き働くよう招聘したが、民族意識の強いスカルノはこの方針を好まなかった。やがてアブ・ハニファは教育大臣の職を解かれ、ブラジル大使として転出していった（Baird & Sangkot 2015：224）。

その後一九五〇年代末になると、インドネシアとオランダの関係は徹底的に悪くなった。オランダの資産接収、オランダ人の追放が始まり、エイクマン研究所でもオランダ人研究者との協力関係はほぼ完全になくなってしまった。研究所はますます衰退してゆき、共産党によるといわれる一九六五年九月三〇日のクーデター未遂事件の少し前に、遂に閉鎖された。バードとサンコットは、この一連の衰退の過程を、日本軍政期の破傷風事件と、戦後のスカルノの反オランダ色の強い民族主義のせいであったと批判的に見ている（Baird & Sangkot 2015：225–226）。

ところが、この研究所はその三〇年後の一九九五年に、スハルト政権下で復活した。九・三〇事件後政権を取ったスハルトのもとで科学技術庁長官として手腕を振るっていたハビビが、ある日シンガポールの細胞生物研究所を訪れて感銘を受け、インドネシアもこのような近代的なバイオテクノロジーの機関を持つべきだと痛感したのがきっかけであった。オーストラリアで活躍中であったサンコット・マルズキ博士を呼び戻し、放置されていたエイクマン研究所をリノベーションして復活させたのである（サンコットとのインタビュー）。そのサンコットこそが、破傷風事件を再び世に出すべきだとして、二〇一五年にアメリカ人バードとともに*War crimes in Japan-Occupied Indonesia* を刊行した著者の一人である。

医師たちのその後

この事件が、逮捕された医師たちやその家族に与えた影響は小さくない。モホタルは長男をすでに失っていたが、次男は事件当時オランダ滞在中で、父の身に起きた惨事はその時は知らなかった。戦争が終わってそれを知らされた時、さぞかし驚いたものと思う。彼は一九四七年にオランダ女性を伴って母が残るインドネシアへ帰国した。母の許しを得てから結婚するつもりであった。当初反対した母も同意し、二人は結婚した。博士号取得のためにその後一時期オランダへ渡ったものの、再びインドネシアへ戻ってきて生活していた。しかし結局、一九五八年にスカルノの民族主義的な政策でオランダ人は退去を余儀なくされ、二人は再びオランダへ戻り、その地で一生を終えたという。そのようなわけで息子は父の汚名をそそぐために声をあげることはなかった。そしてモホタル夫人は姪たちと一緒に静かに余生を過ごすことになった（Baird & Sangkot 2015：238, Hasril Chaniago et al. 2021：261–263）。

終戦後にようやく釈放されたマルズキは、元の職場に戻り、日本が去った後は一九四九年までジャカルタ特別市衛生課長を勤めた。彼は、憲兵隊で床の上に寝ることを強制されて以来、釈放後も柔らかいベッドで眠ることができなくなり、床の上でマットレスも敷かずに眠る毎日が続いた。一九五七年に最後の息を引き取った時にも、固い床の上であったという。終戦後息子のヤジールは、「日本軍に復讐してやる」と息巻いていたが、父は「そんなことでお前の手を汚すな」と引き留めたという（ヤジールとのインタビュー）。

オランダ人だったスレマン・シレガル医師の妻は、一九四五年五月二五日に夫が死んだことを知らされた。夫の死後、三人の子供といっしょに敵性国人抑留所に入れられ、戦後子供たちは母親とともにオランダへ引き揚げ、かの地で暮らしている。

さて、以下では戦後日本において、防疫給水部の医師たちが医学界に復権するなかで、破傷風事件が放置されたままとなってきたことの意味を問い、そして、この部隊が戦後日本の医療と医学研究にもたらした闇に光を当てる。

2　七三一部隊の医師たちはなぜ戦争犯罪の追及を免れたのか

満州からの逃亡

一九四五年八月一〇日午前零時、ソ連軍がソ満国境を越えて南下すると、陸軍中央は石井四郎に対し、七三一部隊の建物を破壊し、人体実験関連の標本や書類を焼却するよう証拠隠滅を命じた。平房のロ号棟は堅固にできていたので、東側飛行場から砲弾を打っても壊れず、工兵隊が棟内に入ってダイナマイトで爆破した。ロ号棟の中庭にある特殊監獄第七・八棟に収容されていた「マルタ」約四〇〇人はガスで殺されたうえ、中庭で焼かれ、残った灰と骨はズダ袋に入れられトラックでハルビン市に運ばれ、市内を流れる松花江に投棄された。平房とハルビン市の間二〇キロを何往復もしてトラックで運んだ部隊員・越定男の『日の丸は紅い泪に――第七三一部隊員告白記』が残されている。

七三一部隊員とその家族は、部隊の引込み線で軍用列車四〇輛に乗って退避しはじめた。そのとき出張などで平房にいなかった川島清、柄沢十三夫ら数人を除いて、また、二十数名の行方不明者を除いて、八月一四日の最後の列車までには部隊員全員が乗ることができた。川島、柄沢らはソ連軍に捕まり、厳しい取り調べを受け、一九四六年秋には七三一部隊で三〇〇〇人のマルタを人体実験したことなどを自白した。

七三一部隊は秘密特殊部隊だったため、日本に向けては満鉄の列車が特別に用意され、朝鮮との国境を越え、さらに朝鮮半島を南下し釜山に着いた。釜山では石井四郎が現れ、彼らに向かって、「七三一部隊の秘密は墓場まで持って行け。公職に就いてはならない。隊員間で相互に連絡をしてはならない」との訓示を厳しく言い渡し、部隊は解散した。隊員たちは釜山港からそれぞれ日本の仙崎などの港に着き、各々郷里などに散っていった。幹部の医師たちは、一九四三年七三一部隊を辞め、金沢医大教授になっていた石川太刀雄のいる金沢に向かい、駅からほど遠からぬ野間神社の土地にプレハブ小屋を建て、一カ月ほど仮本部をつくり滞在した。この設営は、金沢医大出身で七三一では結核・梅毒班だった二木秀雄(後にミドリ十字を創設)が行った。そこで七三一部隊の幹部医師たちは、戦後社会のなかで、当面戦争犯罪の追及からどのようにして免れるのか、七三一部隊の医師として部隊の秘密をどう護っていくのか、そして医師としてどう結束して医学界で復権し活動していくのか、金沢駅近くのホテルに泊まっていた石井を含めて、作戦を練ったにちがいない。

米国への情報提供

一九四〇年の新京・農安ペストで七三一部隊がハルビンに持ち帰った標本は、一九四三年に石川太刀雄がハルビンから帰国したとき金沢に持って帰り、山中に隠された。そして日本は敗戦を迎えた。戦後米国は、一九四五年から四七年にかけて七三一部隊員を調査するため四次にわたる調査団を日本に送り込んだが、石井たち七三一部隊の幹部は、細菌兵器の製造と細菌戦のノウハウをすべて米国に提供するのと引き換えに戦犯免責をえた。日本の「寺や日本南部の山中に秘匿されていた」標本は船積みされ、フェル・レポートが米国務省に提出された一九四七年六月下旬には、米国の港に無事到着した。米国はその標本作製に当たった日本人病理学者たちを呼んで、英文で報告書を作成させた。一九四七年一二月のヒル・レポート総論には、「ペスト〔plague〕一八〇例（内適切な標本四二例）、流行性ペスト〔plague epidemic〕六六例（内適切な標本六四例）」とある（フェル・レポート、ヒル・レポートについては後述）。この「流行性ペスト」六六例こそ、第5章で述べた新京・農安のペストで七三一部隊が確保した標本である。

ヒル・レポートは、「現在その標本の復元、標本の顕微鏡撮影、そして各標本の内容、実験場の説明、個別の病歴を示す、英文の完全なレポートを準備している」と書いている。この「英文の完全なレポート」は、一九九〇年米国ユタ州ダグウェイ実験場でＮＨＫ取材班によって発見され、九二年四月に二日間にわたりドキュメンタリー番組として放送された。

「ダグウェイ文書」は、三種類の細菌の頭文字をとった報告書から構成される。Ｇ報告（馬鼻疽 glanders）、A報告（炭疽 anthrax）、Q報告（流行性ペスト plague epidemic）が、それである。

それぞれ数百ページからなる英文報告書が作成された。七〇〇ページ以上の分厚いQ報告には前記のうち五七例が詳細に記されている。この三種以外の細菌については分厚い英文報告書は作成されなかったものと推定される。というのも、馬鼻疽、炭疽、ペストが最も有効性を発揮する細菌兵器であるとの結論は、米国も熟知していたからである。

Q報告の書き出しは、次の通りである。「一九四三年〔一九四〇年の誤り〕九月五日から一一月七日まで、私は二つの地域（満州の新京市と農安県）において流行するペストを調査した。一九四三年〔一九四〇年の誤り。高橋報告書が印刷されたのが一九四三年であるのを取り違えたものと思われる〕六月に突然、農安地方に何らかの理由により流行性ペストが発生した。この流行病は次第に近隣地区へと広がり、ついに九月半ば頃交易手段を通して新京市へ侵入し、ペストに十分な免疫のなかった都市の人々の間に爆発的な流行病を生み出し、一八人の患者全員が感染数日後に死亡した。高橋博士などが疫学的および細菌学的研究を行った。それらの日本語で印刷された報告書は、一九四八年七月にすでに米国陸軍に提供された。私と他の人々は、九月九日と一一月五日の間の二つの地域において死亡したすべてのケースの病理解剖学的研究を行った」（[2] Dugway, The Report of "Q", Forward）。

このQ報告にある「私」が誰であるかは記されていないが、石川太刀雄に間違いないと思われる。この石川は新京・農安ペスト患者五七体を解剖しており、標本をハルビンから金沢に持ち帰った。この石川以外の人間ではありえない。「日本語で印刷された報告書」とは、高橋報告書であることも間違いない。

Q報告は高橋報告書にもとづいて書かれているが、プレパラートによる人体臓器別図(各人の臓器ごとの標本の顕微鏡写真)を加え、データもより詳しいものになっている。これは戦後、高橋が渡米して大幅に書き足すなど、全面的に協力した可能性を否定できない。

Q報告は、新京は一八名、農安は三九名、合計五七名の一人ひとりの詳しい解剖報告である。この五七名は、新京・農安で七三一部隊が解剖した一二四体のうちペストで死亡したと認定した五八体に(一名の誤差があるが)対応しており、英文の個人名イニシャルは、七三一部隊が報告した患者のフルネームの個人名と一致する(表12「Q報告「解剖例概要」・「一九四〇年新京市ペスト患者表」対照表」解一九九七:一四五)。

ペスト感染犠牲者の臓器標本が満州から日本へ、そしてさらに米国フォート・デトリックを経てダグウェイへと数奇な運命をたどった背後で、石井四郎も高橋正彦も、そして関連した医師全員が、犠牲者のデータを米国に提供するのとひきかえに戦犯免責され、医学界で復権する過程が進行していた。このことは七三一部隊のワクチン戦略が、日本やその他のアジアの国々の民衆のためではない、「軍の、軍による、軍のためのワクチン」であったことからくる必然的帰結であった。

米国による四次にわたる戦争犯罪調査

戦後、米国政府は一九四五—四七年に四度細菌戦の専門家を日本に派遣し、それぞれ調査報告書が国防総省に提出されている。サンダース(一九四五年一一月一日)、トンプソン(四六年五月三一日)、フェル(四七年六月二〇日、総論のみ)、ヒル(一九四七年一二月一二日)の調査報告書である。だがサンダースとトンプソンの第一次と二次の調査では、尋問される部隊員たちは口裏をあわせ、PXの散布やマルタの人体実験は徹底的に隠した。人体実験のことが出てくるのはフェルとヒルの第三次・四次レポートであり、戦犯免責が最終的に石井らに告げられるのは、三次報告が提出された一九四七年六月頃である（詳しくは、松村一九九一b、松村・金平一九九一、太田一九九九、青木二〇〇八、加藤二〇一七を参照）。

この四次にわたる米国の七三一部隊の調査は、GHQのウィロビーがトップにいる諜報機関が主導したので、七三一部隊員は全員戦犯免責される代わりに、細菌兵器とワクチンに関するデータは根こそぎ米国が確保した。

ここで、第三次、第四次報告が出された経過について簡単に触れておきたい。前述したように、川島清、柄沢十三夫は一九四六年秋になってソ連の厳しい取り調べに対し、遂に七三一部隊で人体実験を行ったこと、細菌兵器をつくり細菌戦を行ったことを自白した。驚いたソ連が専門家を平房に派遣し、部隊跡を調査した結果、川島、柄沢らの自白は事実であったことを確認し、ソ連は翌年一月初め、米国に対し旧部隊員三人（石井四郎、菊池斉、大田澄）の尋問を要求した。一九四七年一月一五日に東京陸軍省で米ソ合計七人からなる会合が持たれ、ソ連のスミルノフはこう言った。「平房で、人間は監獄に収容され、研究所で製造される種々の培養菌の効力についてのデータを提供するため、様々な方法で感染させられた。人間はまた、封鎖された車で安達《アンダー》に護送され、杭に縛られ、主に飛行機からの爆弾と噴霧によって、屋外で拡散された細菌に様々な方法でさらされた。犠牲者は観察するために平房に戻された」。

米国側のマッカイルが、「〔平房の〕施設は戦闘の結果爆撃され、破壊されたのか？」と訊くと、スミルノフは「すべての証拠を隠蔽しようとした日本人によって、平房は完全に破壊された」と答えた。「すべての資料も破壊された。廃墟の写真を撮るのは専門家には容易だった。破壊は極めて完璧だったからだ」。スミルノフは続けた。「日本人は二〇〇〇人の満州人と中国人を殺すという恐ろしい罪を犯し、それに石井将軍、菊池大佐、大田大佐が深く関わっている」(Williams & Wallace 1989a: 186–187)。

スミルノフの報告により、米国は、サンダースとトンプソンによる第一次・二次調査では、人体実験について完全に騙されていたことを悟らざるを得なかった。その後、ソ連の石井四郎、菊池斉、大田澄の三人の尋問要求にどう対処するか、米国防総省と東京のマッカーサーの間で秘密電報が行き交う。ペンタゴンは最終的に、石井に戦犯免責を文書でなく口頭で匂わすように指示した。その間、ノバート・フェルが一九四七年四月一六日に到着し、約二カ月間徹底的に調査した。今度は石井たちは観念し、戦犯免責を得るために、実験を含む全ての事実を詳しく供述し、医療標本も提出することに同意した。同年六月二〇日にフェル・レポートが提出された。その直後、七三一部隊に関する人体実験データ、感染者を解剖した標本など貴重な資料が「ひじょうに良い状態でアメリカに到着した」(六月二二日フェルからマッカイル大佐宛書簡)、このフェル・レポートを補充するために、エドヴィン・ヒルが一〇月二八日に来日し、石井四郎、大田澄、増田知貞など合計二二人の医師が尋問された。そこには、エアゾール噴霧(高橋正彦、金子順一)、ペスト(石井四郎、石川太刀雄、高橋正彦、岡本耕造)、破傷風(石井四郎、細谷省吾、石光薫)など二五種類の細菌について詳しく報告されている。ヒルは、これらの疾病に対する人間の罹病性にかんするデータは、人体実験ができなかった米国の研究者には極めて価値があり、「これらのデータは今日まで総額二五万円で確保されたのであり、研究にかかった実際の費用に比べれば微々たる額である」と調査書の結論で書いている。

松井蔚と「帝銀事件」

さて、ここで第Ｉ部のパスツール研究所と防疫給水部の人体実験を結びつけるショッキングな情報を紹介しよう。この研究所には、松井蔚という人物が、一九四四年六月一三日に総務部長兼研究部長として着任した。第Ｉ部で論じた破傷風事件の少し前のことである。「しげる」と読むこの難しい名は、実は、終戦後まもない一時期、日本の新聞紙面を盛んに賑わせた。一九四八年一月二六日、閉店直後の帝国銀行椎名町支店で、行員が騙されて青酸毒物を飲まされて一二人が死亡し、その間に現金・小切手一八万円余が盗まれるという事件が発生した。いわゆる「帝銀事件」である。その経緯は次のとおりである。

その日、初老の坊主刈りの男が東京都の防疫班のマークの入った腕章をつけてやってきて、「近くで四名の赤痢患者が発生した。その家に同居していた者が本日この銀行に立ち寄ったことが分かったので、ＧＨＱのホーネット中尉があとから消毒班を連れてやってきます。ついてはその前に予防薬を飲んで貰いたい」と、ニッケルメッキの小型ケースに入れてきた瓶から、二種類の液体を軍医の野戦携帯用のゴム付きピペットで茶碗に注ぎ分けた。これらを予防薬と称して順次一六人の行員全員に飲ませたところ、ただちに苦しみ始め、そのすきに犯人は金を奪って逃げたのである。四人が運良く命をとりとめ、事件の一部始終が明らかにされた。

警察は、ＧＨＱの実在の防疫官の名を知っていたこと、青酸毒物が内容を特定できない特殊なものであったこと、その巧みな配合の仕方や飲ませ方などから、犯人は毒物に非常に詳しい人物であるとして、防疫給水部関係者が最も怪しいと睨み、捜査を開始した。現にその毒物は、かつて中支那防疫給水部（栄一六四四部隊）が上海で人体実験を行ったのと同じものであることが関係者の証言で分かった。

この頃ちょうど他の銀行でも同様の手口で未遂事件があり、同一犯による犯行と思われたが、そこでは犯人は厚生省厚生部員で医学博士の肩書を持った「松井」という人物の名を名乗り、その名刺を差し出した。このマツイこそ、バンドゥンのパスツール研究所で総務部長を務めていた人物であった。松井は一九四六年五月にジャワから復員したのち、厚生省予防局の技官を務めていたのであった。

帝銀事件の捜査において最初に焦点になったのは、「松井名刺」の調査であった。帝銀事件そのもので使われた名刺を警察は確保できなかったが、それ以前に未遂に終わった類似の、おそらく同一犯によると思われる事件で使われた松井蔚の名刺が問題になった。そして松井自身ならびに彼の名刺を受け取ったことのある人物の捜査に重点が置かれた。その中で浮上してきたのは、厚生技官松井蔚は、犯人に名刺を利用された単なる被害者ではなく、松井自身、銀行員の毒殺事件と何らかの関係があるのではないかという疑惑だった。

この点に最初に踏み込んだのは、特捜本部直轄の捜査班ではなく、投書や密告の処理にあたっていた捜査二課の成智《なるち》英雄主任だった。彼は、捜査当時のメモをもとに「帝銀事件　死刑囚　平沢貞道の〝無実〟の確証」と題する手記を雑誌『新評』一九六九年九月号に掲載している。遠藤誠の著作（二〇〇〇年）中に資料として掲載されているその手記によると、松井蔚が犯人だという投書が多数寄せられ、その中にはこの厚生省の技官が、戦争中司政官としてインドネシアの第二五軍（スマトラ）軍政監部衛生課長在任当時、「土人」を注射で二百数十名殺害したという聞き捨てならない訴えまであった。そこで成智捜査官は直ちに松井に対して行動をとった。彼は次のように記している。

〔…〕松井博士は帝銀事件当時仙台にいて、アリバイが認められたが、犯人を知っていて故意に黙秘しているものと思われた。

一月二九日、松井博士は特捜本部の要請で、上京した。私はその日、藤田刑事部長の特命を受けて、世田谷区下北沢の実弟宅に泊っている博士を訪れ、夜八時ごろから取調べを始めた。

〔…〕土人の殺害の件は、チブス《ママ》予防薬と破傷風菌を間違えて注射した過失であると、弁解した

（遠藤二〇〇〇：三六二）。

これは大変な事実である。ここで彼が言う「土人二百数十名の殺害」という事実をどう解釈したらよいのだろうか。パスツール研究所へ赴任する前のスマトラでの勤務時代ということであるが、そこにおいて、破傷風ワクチンの開発が行われていて、その治験過程で事故が起こったということであろうか。とすれば、似たようなことをジャワでもやっていた可能性は極めて大きい。あるいは、そのような大量の死亡事故がスマトラで発生したというようなことを、筆者（倉沢）は噂ですらこれまでインドネシアにおいて耳にしたことはないので、ひょっとすると「スマトラ」というのは間違いで、実はそれはジャワでの勤務時代のことであったという可能性もゼロではない[1]。いずれにしても本書第Ⅰ部

で詳細に明らかにされた、ロームシャに対する予防接種による大量死事件(いわゆる破傷風事件)が日本人の過失によるのではないか、という推測の強い傍証にはなるだろう。捜査二課の成智は、インドネシアでの事件の詳細は承知しないままに、実は我々が追ってきた破傷風事件の犯人が松井蔚であることを摑んだのかもしれない。

その報告を受けた藤田刑事部長は、これを契機として次の捜査に進むのではなく、一切の捜査報告を極秘にすることにした。松井蔚の取り調べの直後、二月一日、成智は藤田刑事部長に呼ばれた。成智の回想によると、次のようであった。

部長は声を落として、戦時中、大陸で生きた人間を、細菌や毒物の実験材料にしていた秘密部隊があったという、意外な情報を語った。

「米軍はその事実を知っていて、元隊員を戦犯にしないという条件と交換に、彼らに詳細なデータを書かせている。ソ連軍は、関係者の身柄引き渡しを強く要求しているらしい。もし、元隊員が犯人として浮かび上がり、秘密部隊の事実がわかると、恐るべき影響がおこる。従ってこの捜査は極秘を要するので、君はこの一線に捜査を結集し、一切の捜査報告は極秘として、直接、私に知らせてもらいたい」(遠藤二〇〇〇:三六五)。

藤田刑事部長と成智英雄は、米国と七三一部隊関係者との「取引き」が露呈しないように松井の関与した予防接種による大量死事件をこれ以上追跡しない方針をたてた。さらに帝銀事件の捜査も、七三一部隊関係者から目をそらして行くのである。こうして特捜本部とは別に、捜査二課の成智英雄を中心とする五人の捜査員から成る「秘密捜査班」が結成された。

一方、特捜本部の方も松井を洗う過程で、事件関係者とパスツール研究所との関係について重要な発見に行きつく。特捜本部の甲斐捜査官が残したメモによれば、彼は「二月一二日、松井蔚とジャワのバンドゥンでともに働いていた倉内菊雄(喜久雄のこと)という人物を洗い出し、ハルビン七三一部隊を連れて倉内はバンドゥンに行き」と報告したという(山田二〇二〇：一一〇に掲載された甲斐捜査手記第二巻六八頁)。これは倉内喜久雄が、一九四二年秋、七三一部隊の大連第五支部からバンドゥンのパスツール研究所所長として赴任したときに、大連支部のワクチン研究者を複数連れて行ったことを示しているのであるが、この報告で特捜本部は初めて「七三一部隊」の名前を聞くことになった。二月一五日の特捜本部の刑事による調査では、「松井博士がバンドゥンにいたから石井を知っているだろう」(山田二〇二〇：一一〇)とあるが、これも「石井四郎」という名前が、特捜本部の報告にでてくる最初である。

特捜本部による石井部隊関係者への本格的捜査は四月第二週から始まった。大田澄、北野政次、八木沢行正、二木秀雄、増田美保、増田知貞など七三一部隊の中軸の医師たちを次々に聴取し、ついに石井四郎部隊長に行きついた。四月二四日、石井は第一回の聴取に応じた。その後、石井から九回にわたり事情聴取をすることになる。

石井は積極的に捜査に協力する姿勢を示し、青酸ニトリールの効果などについても語り、帝銀事件の犯人は「俺の部下にいるような気がする」と、個別の人名をあげている。山田朗は、「石井は、捜査陣から逃れるよりも、積極的に接近することで、捜査に一定の影響力を行使した方が得策だと考えたのではないだろうか」と述べている（山田二〇二〇：一二四）。こうして特捜本部は七月には七三一部隊だけでなく、南京一六四四部隊や一〇〇部隊のやったことまでかなり詳しく把握した。

ところが八月になると、特捜本部は防疫給水部関係者の捜査を途中で止めてしまった。なぜ止めてしまったのだろうか。中国での防疫給水部のすべての行為は、連合軍によって戦犯として裁かれることがなかったという事実は前述したとおりである。防疫給水部関連機関（石井ネットワーク）の研究成果を米国に引き渡すことと引き換えに、彼らを戦犯免責し、彼らの行為は不問に付された。つまり、米国は取引をしたのであった。日本の警察による七三一部隊についての予想外の捜査の進展に、米国の取引が露呈するのではないかという警戒感をもったのは、米国のペンタゴンであり、ＧＨＱ参謀第二部のウィロビーであった。こうして八月にはウィロビーの意を受けた服部卓四郎、有末精三といった旧軍関係者が捜査に介入し、七三一部隊ルートの捜査は突然中止を余儀なくされたのであった。

七三一部隊ルートの捜査が中止された一方で、特捜本部は松井が現場に残したのと同種の名刺を配った約五〇〇〇人の相手を一人ひとり取り調べていた。松井に青函連絡船の中で会って意気投合したという画家の平沢貞通が最も怪しい人物として逮捕され、最終的に彼の犯行と断定されてしまったのである。平沢は、名刺を交換していながら、捜査段階で松井の名刺を持っていなかったことによって疑われたのであった。平沢は取り調べで犯行を〝自白〟し、その後法廷で自白を翻したが、結局認められず、死刑判決を受けた。しかし、生涯執行されぬままに一九八七年五月一〇日に九五歳で獄死した。

3　戦後日本の医療の闇

七三一部隊医師たちの医学界復権

戦後日本の衛生改革を実行したのはＧＨＱ公衆衛生福祉局（ＰＨＷ）のサムス准将で、戦後、日本の大学の医学部をドイツ型から米国型医学に改革した。医科大学の改革も行われ、戦前の医学大学などは、六年制新制大学の医学部、獣医学部、薬学部に編成替えされた。七三一部隊とその関連機関に従事していた日本人医師たちは、戦犯免責が次第に明らかになるにつれ、軍医はすぐには大学に復帰できなかったものの、軍属の技師であった医師たちは、ほとんどが大学に戻っていった。なかには七三一時代に人体実験をした成果である研究論文を新制大学医学部に提出し、博士号を取得する者もいた(2)。

表終－1が示すように、七三一部隊の医師たちは、大学以外にも様々な医療関係機関に就業し、医学界に復権していく。公立・私立病院の勤務医になる者も多数出たし、開業医になる者もいた。厚生省などに就職し、公務員になる者、個人名を付した微生物研究所のような研究所をつくる者、製薬会社に就職する者（ワクチン製造に関わる者がかなり多い）、自衛隊ができると自衛隊に入隊する者（自衛隊衛生学校校長は七三一部隊出身者が多数）など、これらの職をとおして、日本の医学界の重鎮として復権した者も多い。

問題が深刻なのは、帰国した医師のなかで、元七三一部隊員で、自らが行った「医療行為」について自己批判し、医師を辞めたのは秋元寿恵夫《すえお》ただ一人だった点である。復権した医師たちは、個人と

表終-1　731 部隊関連医師の戦後の復権

1. 大学

東大	浅沼靖→北大・日本衛生動物学会，安東洪次〈満鉄衛生研→大連衛生研〉→武田薬品，緒方富雄→国立東京第一病院→予研→日本医薬，北野政次→〈満州医大〉→〈第二代 731 部隊長〉→日本ブラッドバンク→京都府立医大(学長)，小島三郎〈1644〉→予研，田宮猛雄→日本医学会会長，所安夫→帝京大，早川清→早川予防衛生研究所，福見秀雄→予研，細谷省吾，宮川正→埼玉医大，宮川米次→デンカ生研(ワクチン)，柳沢謙→予研
京大	内野仙治→名古屋市大(学長)，大月明，岡本耕造→近畿医大，木村廉→名古屋市大(学長)・日本医学会副会長，小林六造→予研，正路倫之助→兵庫県立医大(学長)，田部井和《かのう》〈大連衛生研〉→兵庫県立医大，戸田正三→金沢大(学長)，萩生規矩夫，浜田稔(農学部)→菌類学会，浜田良雄，湊正男〈大連衛生研〉
慶應大	安東清→予研(検定部長)，家田達之，倉内喜久雄→〈満鉄衛生研→大連衛生研→9420(バンドゥン陸軍防疫研究所所長)〉→永寿病院，黒川正身〈1644〉→予研(検定部長)，児玉鴻，三井恒夫〈1644〉
大阪大	岩田茂〈満州医大〉，木下良順→大阪市立医大(学長)，谷口腆二，藤野恒三郎〈9420〉→神戸学院大，渡辺栄
金沢大	戸田正三(学長)，石川太刀雄，斎藤幸一郎→長崎医大，谷友次
兵庫県立医大	正路倫之助(学長)，岡本耕造→東北大→京大→近畿医大，田部井和，田中英雄
名古屋市大	内野仙治(学長)，小川透〈1644〉，木村廉(学長)
長崎医大	青木義勇，斎藤幸一郎，林一郎
熊本大	久保久雄，園口忠男，山田秀一〈満州伝研〉
信州大	田崎忠勝〈1644〉，野田金次郎〈1644〉
順天堂大	小坂井望，土屋毅
京都府立医大	北野政次(学長)，吉村寿人(学長)
北大	浅沼靖→日本衛生動物学会
東北大	岡本耕造→京大→近畿医大
埼玉医大	宮川正
防衛医大	増田美保

1. 大学

昭和薬科大	草味正夫
帝京大	所安夫
東京水産大	関根(旧姓安川)隆(学長)
東京工業大	河島千尋
日本歯科大	広木彦吉〈満州医大〉
山梨医専	貴宝院秋雄〈1644→9420〉→京都微生物研究所
大阪医科大	山中太木〈1644〉→大阪医科大(学長)・日本細菌学会総会長
大阪学芸大	篠田統→三重県立医専
大阪市立医大	木下良順(学長)
大阪府立医大	田中英雄→兵庫県立医大
近畿医大	岡本耕造
三重大	瀬尾末雄
神戸学院大	藤野恒三郎
岡山大	妹尾左知丸
九州大	山田泰
久留米大	裨田憲太郎〈満州医大〉
熊本医大	波多野輔久

2. 公務員

厚生省	長友浪男(厚生省薬務局審査課)→北海道庁衛生部長→北海道副知事，松井蔚《しげる》〈9420(バンドゥン陸軍防疫研究所)〉→厚生省予防局→宮城県衛生部
文部省	浅沼靖〈資源科学研究所〉，植村肇(後に教科書検定委員)
防衛庁	木村直正〈1644〉
岩手県	松田達雄(繭検定所長)
千葉県八街市	川島清(八街市少年院医師)
神奈川県横浜市	山田秀一(衛生局長)
京都府	大田黒猪一郎(衛生部)→日本ブラッドバンク，勝矢俊一(衛生部)
大阪府	田中英雄(衛生部)→大阪府立医大→兵庫県立医大

2. 公務員

宮城県	松井蔚(衛生部)
国立予防衛生研究所(予研)(現・国立感染症研究所)	小林六造(初代所長)，小島三郎〈1644〉→東大→予研(第二代所長)，中村敬三(第三代所長)，小宮義孝〈1644 関連〉→(第四代所長)(ウイルス・リケッチア部長)，北岡正見〈1644〉→(第四代副所長)，柳沢謙(第五代所長)，福見秀雄(第六代所長)，村田良介〈1644〉→(第七代所長)，宍戸亮(第八代所長)，朝比奈正二郎(昆虫部長)，安東清(検定部長)，江島真平(血清部)，緒方富雄→日本医薬，金子順一，黒川正身〈1644〉→(検定部長)，堀口鉄夫，八木沢行正(抗生物質協会)，若松有次郎〈満鉄衛生研→100 部隊長〉→予研→日本医薬

3. 国公立病院

国立都城病院	阿部徳光《のりみつ》，篠原岩助，宮原光則
国立東京第一病院	緒方富雄→予研→日本医薬
東京都立母子保健院	平山辰夫
銚子市立病院	鈴木壌
大阪日赤病院	工藤忠男
国立貝塚療養所	坂口弘員
国立岡山療養所	小坂愿《げん》

4. 病院勤務医・開業医

石井四郎〈第一，第三代 731 部隊長〉，池田苗夫，伊藤文夫，江口豊潔(江口医院)，大石一朗，大田澄〈1644〉(山口県で開業)，景山杏祐，可知栄，加藤真一(加藤病院)，川上清一(永寿病院)，川上益(永寿病院)，菊池斉，貴宝院秋雄，隅元国夫〈九江支部〉(隅元病院)，倉内喜久雄〈大連衛生研→9420(バンドゥン陸軍防疫研究所所長)〉→(永寿病院)，栗原義雄〈背陰河〉→第一電気(医師)，児玉鴻，小林勝三，榊原秀夫〈林口支部長〉(南陽病院→榊原心臓外科)，園田太郎，高橋僧，高橋伝〈北支那防疫給水部〉→(高橋医院)，高橋正彦(千葉で開業)，竹広登，巽庄司(巽病院)，田中淳雄(日通京都診療所)，内藤良一〈9420〉，中田秋市，中野新，中野信雄(加茂病院)，夏目亦三郎，西俊英(西病院)，野口圭一(野口産婦人科)，野呂文彦(野呂病院)，早川清，羽山良雄〈9420〉(羽山医院)，肥野藤信三(日野藤医院)，樋渡喜一(樋渡病院)，平山忠行，二木《ふたき》秀雄，北条円了(香貫医院)，細矢博，増田知貞〈1644〉(千葉で開業)，松下元，三木良英，三留光男(三留歯科)，渡辺栄，渡辺康

5. 医療ビジネス・医薬産業

日本ブラッドバンク(のちのミドリ十字)	大田黒猪一郎〈9420〉，北野政次〈満州医大，第二代 731 部隊長〉→京都府立医大(学長)，園口忠男，内藤良一〈9420→防疫研(新潟疎開)〉→東芝生物理化学研究所，野口圭一，二木秀雄，宮本光一〈日本特殊工業〉
武田薬品	安東洪次〈満鉄衛生研→大連衛生研〉→東大伝研→日本実験動物学会，金沢謙一〈大連衛生研〉→武田薬品(ワクチン)，金子順一〈九研〉→東芝生物理化学研究所→予防接種リサーチセンター→武田薬品(ワクチン)
日本医薬	緒方富雄，若松有次郎
興和	山内忠重〈1644 薬剤〉
日本製薬	国行昌頼(乾燥血漿)

6. 研究所等

北里研究所	笠原四郎，春日忠善〈大連衛生研〉
目黒研究所	目黒庸雄《つねお》，目黒正彦〈大連衛生研〉
岩手県菌検定所	松田達雄
国立衛生試験所	山口一季
東京衛生材料研究所	鈴木重夫
東京顕微鏡院	市川利一〈9420〉
東京都立衛生研究所	根津尚光
早川予防衛生研究所	早川清〈9420〉
新潟検疫所	山下喜明〈1644〉
名古屋公衆衛生研究所	加藤勝也
京都微生物研究所	貴宝院秋雄
香川県衛生研究所	浜田豊博
ABCC 放射線影響研究所	貞政昭二郎

7. 陸上自衛隊
木村直生〈1644〉→防衛庁，園口忠男（自衛隊衛生学校長），近喰秀大〈1644〉→防衛大教官，中黒秀外之〈大連衛生研〉→（自衛隊衛生学校長），増田美保

注 1：1〜7 の大分類内は，所属する人数の順に，人数が同じ場合は北から南に配列した．

注 2：人名は原則として五十音順に配列した．

注 3：〈　〉は 1945 年 8 月の日本敗戦以前の所属を示し，〈1644〉は中支那防疫給水部，〈9420〉は南方軍防疫給水部，〈　〉の無い者は，原則として 731 部隊（平房）に所属していたことを意味する．

注 4：大学名は所属大学であり，必ずしも出身大学ではない．なお，短期大学は省略した．

出典：以下の名簿を参照して筆者（松村）が作成した．『精魂会々員名簿』（1956），同（1973），日本学術会議（1952），『日本医学博士録』（中央医学社，1954 年），科学文化新聞社（1948）．

しても医師会としても、七三一部隊について全く沈黙を続けてきた。ドイツ医学会がアウシュヴィッツなどの強制収容所における人体実験などの「医療行為」について自己批判の声明を出しているのと対照的である。

一般（ヒラ）の七三一部隊員は部隊解散時の石井部隊長の訓令を守って公職にもつかず、社会の下層で苦難の生活を歩む者が多かったのに対し、医師は復権した者が圧倒的に多く、戦後、七三一部隊員は医師と一般隊員との間に極端な二層分解が生じた。一九九三年から始まった七三一部隊展は全国六十数カ所で開かれ、三〇万人以上が参観し、その部隊展により七三一部隊の実態は多数の国民の知るところとなった。参観したヒラの旧七三一部隊員のなかには、医師たちが復権を果たしたのを展示で知り、それと対照的な苦難な道を歩いてきた自分たちの人生は何だったのかとの思いから、展示会場で旧部隊員だったことを告げる人たちが何人かいた。彼らの証言を集めて、七三一研究会編『細菌戦部隊』が刊行されもした。

GHQによる感染症対策

GHQ公衆衛生福祉局長サムスは、「恐ろしく貧しく不衛生な国」の占領期において、米兵四〇万人を護るために、DDTを日本人に散布した「DDT革命」の実行者として知られている。事実、敗戦直後の数年間は日本脳炎、赤痢、疫痢などの伝染病が広がっており、ワクチンをつくり予防接種することが緊急の課題だった。

サムスの日本の厚生省や東京大学などにたいする命令は、強圧的であった。『魔の七三一部隊』(一九八五年八月放送)を制作したTBSの吉永春子は次のように書いている。

一九八二年(昭和五十七年)二月五日の毎日新聞の記事によると、終戦間もない一九四六年(昭和二十一年)十一月頃、GHQの公衆保健福祉局のC・F・サムス大佐は、厚生省の予防局長や東京大学の医学部長らを呼び、当時爆発的に流行していた発疹チフスと、日本の風土病といわれている発疹熱の関係を調査すべく医学生の人体実験を命令した。

しかし日本側が断わると、「それでは死刑囚を使え」と再度命令、それも断わると、「日本は敗戦国である。それを忘れるな」と、声を荒らげ席を立ったという。

結局日本側は法務省と相談し、受刑者本人の承諾書を得て、一九四七年(昭和二十二年)の春と秋との二回実験が行われた(吉永一九九六：二二四−二二五)。

同じ頃サムスは、全国民に予防接種をするため、一九四六年一〇月、小川朝吉厚生省技官に細菌製剤協会をつくらせた。ここでいう細菌製剤とは、痘苗、ジフテリア・破傷風の抗血清や各種ワクチン類のことである。発足当時の会員数は二四であったが、一九四七年には三五、四八年には四〇に増加した（美馬二〇一三：一二〇―一二一）。

だがサムスは、戦争後の数年間の占領期だけでなく、より長い期間を射程に入れて、七三一部隊のワクチン戦略を戦後に継承させていくことを考えていた。その継承の機関として国立予防衛生研究所を新設することを企図したのである。

当初米国は、東大付属の伝染病研究所（伝研）をそのまま国・厚生省に移管することを企図した。一九四七年二月五日、サムスは、田宮猛雄（伝研所長）、小島三郎（伝研教授）、浜野規矩夫（予防局長）、小川朝吉（予防局検定課長）と薬剤検定機関について会議を開き、その席でサムスは東大付属の伝研を東大から厚生省に移管することを求めた。米国にとって、東大よりも厚生省のほうがコントロールしやすいからである。

東大伝研側は厚生省への移管に強行に反対し、三月一三日、サムスや厚生省に建白書を出すまでになった。翌一四日、南原繁・東大総長はサムスと面会して会談し、最終的に東大伝研は東大と厚生省の間で真っ二つに分割された。五月二一日、厚生省管轄下の予防衛生研究所（予研）に半分が移管され、東大伝研に残った機関は、後に医科学研究所（医科研）になる。

だが、予研は厚生省とサムスとの間で覚書が交換されるに至る間に、当初は薬剤の検定だけの機関だったのが、同じく五月二一日、正式に開設されたときには、管轄範囲は拡大されていた（四七年六月、国立予防衛生研究所、九七年国立感染症研究所となる）。予研開設の日の政令五八号には、「第一条　予防衛生研究所は、厚生大臣の管理に属し、伝染病その他の特定疾病に関し、左の事務を掌る」として、病原の検索、予防治療方法の研究、生物学的製剤などの検定製造、ワクチン・血清の製造、予防衛生に関する調査研究、予防衛生に関する試験研究の総合調整などを行うとされている。つまりワクチン・血清の研究も製造も検定も、すべて予研が行うことを可能にしているのである。東大伝研を厚生省に移管するというGHQの当初の案は東大の反対により撤回されたが、結果的にはそれ以上の成果を米国は手にしたのである。その新しい予研の要職を七三一部隊の医師で固めるのは、GHQの最初からの方針だった。それは、米国は四次にわたる七三一部隊員に対する調査を通じて貴重なワクチン関連資料を入手したが、戦後日本のワクチン関連資料も引き続き入手したかったからである。治療するためではなく、データを確保したかったのである。

政令五八号が出たのと同じ五月二一日、予研開所式が行われ、サムス、日高第四郎（文部大臣・高橋誠一郎代理）、東大総長・南原繁、田宮猛雄、東龍太郎（厚生省医務局長）など五〇〇名が出席した。マッカーサーのメッセージ「予防研究所を設立したことは新憲法下、日本国民の健康水準向上に日本政府が積極的関心を示すものである」をサムスが代読した、盛大な開所式であった。

その開所式の二日後、サムスは原爆傷害調査委員会（ABCC）のニール中尉と会談した。ニールは一九四七年一月に提出された『ABCC総合報告書』にもとづいて、広島、長崎などにおける被爆者の遺伝調査のために日本人調査員一五名が必要だと説明した。サムスは「予防衛生研究所をこの遺伝計画で利用する可能性を提起」したのである（笹本一九九五：一四九―一五〇）。六月三日には、ABCCの遺伝計画と予研の関係についての会議が東京で開かれた。出席者は、米国側からシールド・ウォーレン海軍大佐（ＡＢＣＣ）、カール・テスマー海軍中佐（ＡＢＣＣ）ら、日本側から小林六造（予研所長）、小島三郎（予研副所長）、浜野規矩夫（予防局長）、小川朝吉（予防局検定課長）、都築正男（学術研究会議）である。

ウォーレンは広島・長崎におけるすべての妊娠例を調査するという遺伝計画を説明し、さらに遺伝計画を予研の下におくことにより、日米が協力できると提案した。次いで日本側は「遺伝計画」を予研の下におき、ＡＢＣＣと協力してやっていくとの「遺伝計画概要」を提出した。笹本征男は、「ここにも広島、長崎の原爆被爆者への救護治療方針はない。現実に苦しむ被爆者を切り捨て、将来予想される原子力利用と遺伝の影響に研究目的を設定していることは、日本側の原爆調査協力の目的が原爆の初期急性障害の調査から変化したことをうかがわせる」（笹本一九九五：一五二）と指摘している。予研もＡＢＣＣも、その任務は並行しており、予研の任務が敗戦初期のＤＤＴ革命から将来予想されるワクチン研究・製造・検定へと変化したことが見えてくるだろう。予研はＧＨＱが監督していくことになる。その後、ＡＢＣＣは「原子力村《むら》」、予研は「感染症村《むら》」の形成に連なっていくことになる。

戦後日本のワクチン政策と七三一部隊の影

予研では、多数の七三一部隊・中支那防疫給水部の関係者が幹部になった。所長は、初代から名前をあげると、小林六造、小島三郎、中村敬三、小宮義孝、柳沢謙、福見秀雄、村田良介、宍戸亮である。予研の研究者にも七三一部隊関係者がかなりいる。例えば、朝比奈正二郎（昆虫学者、七三一部隊で発疹チフス・ワクチン班長、予研で昆虫部長）、江島真平（七三一部隊で赤痢班長だったが、予研で血清部）、八木沢行正（七三一部隊では植物班長だったが、抗生物質研究者）、安東清（七三一部隊→慶大→予研で検定部長）である。

敗戦とともに、日本のワクチン開発は、解散に追い込まれた七三一部隊に代わって急遽つくられた米軍四〇六部隊が担っていくことになる。その四〇六部隊のプッシュで内藤良一の「日本ブラッドバンク」ができたが（後述）、朝鮮戦争勃発とともに戦中の一九四三年に内藤の発明した乾燥人血漿が大量に購入され、戦線の米兵の治療に使われるということも起こる。ということからして、予研も、ワクチン検査が目的で設置されたというような単純なものではないだろう。ＡＢＣＣが被爆者の治療を掲げて来日したものの、実際には治療はせずに、原爆の威力を被爆者を対象にして調査して帰国したことは今や誰もが知っている。予研の設置により日本人の健康を護るというマッカーサーのメッセージの裏には、ワクチンのデータをさらに長期にわたり確保するということ、さらには予研の所長に七三一部隊の医師を送り込むこと、これらが当初から折り込み済みだった。戦後日本のワクチン政策が、七三一部隊のワクチン戦略の特質――すなわち「民の、民による、民のため」ではなく、「軍の、軍による、軍のため」のワクチンという特質を刻印されてしまったことは間違いない。

敗戦で防疫研究室はどうなったのか

以上見てきたように、七三一部隊は日本敗戦とともに解体されたものの、医師たちは戦犯免責され、戦後日本の医療の中枢に入り込んでいった。ここで、同部隊とともに石井四郎のネットワークの重要な拠点であった陸軍軍医学校防疫研究室のその後を辿ってみよう。

七三一部隊の内藤良一は一年間シンガポールの南方軍防疫給水部に滞在した後、古巣である東京の陸軍軍医学校防疫研究室に戻った。だが空襲を避けるため、一九四四年四月、防疫研究室は新潟市関屋地区の旧新潟競馬場を接収し、ワクチン・血清を製造しつづけた。旧競馬場には農耕馬や軍馬が多数おり、細菌培養に必要な動物飼育の条件が揃っていた。軍医学校新潟出張所の本部は東大畑《ひがしおおはた》の新潟カソリック教会におかれ、初代所長には大科達夫が、第二代所長には天野美実が任命された。新潟出張所の所員には福見秀雄、村国茂、小坂井望がおり、軍医・軍属・徴用者等総員は六〇〇名近くにのぼった。一九四五年に入ると、内藤良一が金子順一など防疫研の所員を連れてしばしば来るようになり、第三代所長は内藤良一が務め敗戦を迎える（「新潟県と七三一部隊」足跡調査委員会一九九四：一五一―一八）。

一九四五年の日本の敗戦とともに、同新潟出張所は存続が危うくなったが、内藤が奔走し、陸軍の土地、建物、研究施設は、東芝生物理化学研究所新潟支所にそのまま横滑りした。東芝は、現在は総合電気メーカーであるが、戦中と戦後の一時期は、ワクチンと電子顕微鏡のメーカーだった。約六〇〇人の隊員のうち一八〇人ほどがそのまま東芝に移行し、内藤自身が東芝の新潟支所長になった。そして技師長に金子順一を迎えている。金子はのちに「予防接種リサーチセンター」の中軸になる（田井中二〇一五：三二三）。

ミドリ十字・予研・厚生省の三位一体が薬害エイズ事件を起こす

内藤良一は東芝の支所長を務めたあと、郷里の大阪府茨木市で内藤医院を開業し、その後宮本光一と二木秀雄の訪問をきっかけに日本ブラッドバンクを設立する。宮本は日本特殊工業の社長で、石井四郎の信頼が厚く、七三一部隊への医療器具の納入、石井式濾水機や宇治式爆弾の製造で利益をあげていた。宮本は戦後世田谷の私宅に石井が密かにハルビンから持ち帰った部隊の重要書類を預かっている。

日本ブラッドバンクの設立には、米軍四〇六部隊の指示があった。一九五〇年一一月二〇日には日本ブラッドバンクの設立総会が開催され、内藤良一は代表取締役、二木秀雄と宮本光一は常務取締役になった。資本金は三〇〇〇万円、発行株式六〇万株であり、石川太刀雄一〇〇株、大田澄三〇〇株、野口圭一四〇〇株というように、七三一部隊医師が大株主になっている。まもなく大阪、神戸で採血業務を開始し、血液製剤の製品化もすすめ、販売ルートも開拓していった。朝鮮戦争が勃発すると、内藤良一が一九四三年に開発した乾燥人血漿を米軍に売りこみ、莫大な利益を得た。七三一部隊医師たちの結束は固く、後年、東京プラント所長に北野政次、名古屋プラント所長に野口圭一、京都プラント所長に大田黒猪一郎が迎えられた。南方軍防疫給水部関係者が多くを占めている。

血友病患者のなかからエイズ感染者約二〇〇〇人を生み出した薬害エイズ事件には、予研、ミドリ十字、厚生省の三者が関わっている。日本ブラッドバンクは一九六四年にミドリ十字と名前を変え、翌年以降、米国から大量の血漿を輸入するが、その中にエイズ・ウイルスが混入していた。ミドリ十字はすでに一九八二年一二月に傘下の米国アルファー社より、米国の血液のエイズ感染の事実を知らされていたにもかかわらず輸入を続け、加熱処理を加えず、凝固因子製剤を八五年まで製造し続けた。その結果、血友病患者のなかから約二〇〇〇人のエイズ患者を生みだしたのである。しかも厚生省のエイズ研究班（代表は安倍英）は、エイズ感染の危険性の情報を入手していたにもかかわらず認可し、予研も一九八二年七月頃、米国の国立防疫センターからその危険性の情報を得ていたが、その後二年間以上もミドリ十字のエイズ汚染血液製剤に「国家検定之証」のラベルを貼っていた。

　薬害エイズ事件はまさに、七三一部隊の影をひきずる製薬会社、研究機関、国が三位一体となって行った共謀医療犯罪であった。ミドリ十字は、現在は田辺三菱製薬と名前を変え、予研は国立感染症研究所（現在の所長は脇田隆字《たかじ》）と名前を変え、厚生省は厚生労働省と名前を変えている。

4　コロナ禍とワクチン開発

コロナ・パンデミック

二〇一九年末から始まったCOVID–19によるパンデミックは、日本をも巻き込んで二〇二三年二月の時点でも、第八波の渦中にある。本書の最後に、現在進行中のコロナ感染とワクチンの問題について触れよう。

　SARSやMARSが起こった時、アジア各国は感染症対策に苦慮したのに対し、日本は被害が少なかったこともあって、パンデミックに対する備えを全くしてこなかった。二〇一三年二月安倍政権は、発足直後内閣官房に「健康・医療戦略推進会議」を、八月には同戦略推進本部を設置し、安倍首相自らが座長になった。そして感染症対策の柱に、公衆衛生ではなくワクチンや抗ウイルス剤開発をおいた。それ以降、公衆衛生の要である地域の保健所を半減させ、国立病院の統合・廃止や病床数の減少を強いてきた。そのなかで起こった二〇二〇年からのコロナ感染である。日本政府の打ち出す政策はちぐはぐ、後手後手であり、これまで無策だったとしか言いようがない。そのなかで、福島の原発爆発が「原子力村」の存在を浮かび上がらせたように、コロナ感染の拡大は「感染症村」の存在を浮かび上がらせた。ムラの村長はときの政権中枢・首相であり、ムラのボスはワクチンの研究・製造・検定の権限を有する国立感染症研究所所長に他ならない。感染研は所轄機関である厚労省の決定、政府の決定をも左右する。

感染者を乗せたクルーズ船ダイヤモンド・プリンセス号が二〇年二月三日から横浜港沖に停泊した間、厚労省は乗客・乗務員合わせて三七一一人全員を下船させなかった。下船させて全員にＰＣＲ検査をして、その後医療処置を施すという初歩的な防疫措置を行うということをしなかった。船上でのＰＣＲ検査は全数検査ではなく、感染は船内に拡大していき、クルーズ船は「海に浮かぶ監獄」と言われた。防疫作業は厚労省では手に負えず、自衛隊の「対特殊武器衛生隊」(二〇〇七年創設)が東京世田谷区の三宿自衛隊駐屯地から出動したが、感染者七一二名、死者一三名を出してしまった。同衛生隊のクルーズ戦への出動は延べ数千日と言われるが、詳しい数値は公表されていない。

自衛隊はその後もさまざまな形でコロナ対策に出動した。二一年五月二四日に開設された大阪・東京でのワクチンの大規模接種会場においても、運営は自衛隊に丸投げされたのである。「軍の、軍による、軍のためのワクチン戦略」は、七三一部隊の特質ではなかったか。

全数ＰＣＲ検査を行わない方針は、ダイヤモンド・プリンセス号以降、日本の地上のどこでも貫かれた。主要国は全数ＰＣＲ検査が基本であり、いつでも何回でも無料で受けられるのが常識となっている。日本の検査数は外国のそれに比べて一桁も二桁も少ない。これでは、無症状のコロナ感染者が街にたくさんいることになり、コロナ政策は後手後手となり、無策と言ってよい状態が続くことになった。

七三一部隊から情報の独占という体質を引き継いだ感染研は、PCR検査をできるだけ制限する方針を貫いてきた。したがって安倍・菅首相、現在の岸田首相も一貫してPCR検査をやるやると言いながら実際には制限してきた。

感染研のPCR検査の抑制とデータの独占は、民間臨調アジア・パシフィック・イニシアティブ（API。理事長・船橋洋一）の『新型コロナ対応・民間臨時調査会 調査・検証報告書』でも指摘されている。このAPI報告書は二〇二〇年一月一五日から半年間の政府のコロナ感染対応について当事者からヒアリングを重ね、同年一〇月八日に首相に提出したものである。この報告書には、政府閣僚がPCR検査拡大の必要性を主張したのにたいし、厚労省がPCR検査拡大に否定的な内部資料を作成し、厚労省役人が政権与党の議員に説明して歩いたことが記されている。この内部資料は「不安解消のために、希望者に広く検査を受けられるようにすべきとの主張について」と題する三ページの文書で、検査を無秩序に増やせば病院や保健所がパンクし医療崩壊を招くと説明している。同様なことは感染研所長も発言している。

二〇一三年以降、日本政府は感染症対策の柱に公衆衛生ではなく、ワクチンや抗ウイルス剤開発をおいた、と書いたが、国内のワクチン開発はひどく遅れた。API報告書は、外国のワクチン開発に対し「日本国内でのワクチン開発の状況は芳しくない。〔…〕日本はワクチン開発において三周半遅れぐらいになってしまっている」と書いている。ワクチン開発の技術水準は高いと言われてきた日本は、なぜ自前でコロナワクチンの製造に成功できず、米英など六カ国から大きく遅れてしまったのか。また、輸入したワクチンを接種することに問題はなかったのだろうか。

拙速なワクチン開発と接種の強制

コロナワクチンは、これまでの生ワクチン（麻疹、結核など）、弱毒化ワクチン（ジフテリア、破傷風など）、不活性化ワクチン（インフルエンザ、日本脳炎など）とは全く異なり、ウイルスの遺伝子を人間の体内に入れ、細胞内で抗原を作らせ、抗体を誘発することで効果を発揮しようとする「遺伝子ワクチン」である。

最初にコロナの遺伝子ワクチンを開発したのは、ドイツのビオンテック社の経営責任者で免疫学者ウール・シャヒンである。彼は二〇二〇年一月中旬、中国が新型コロナウイルスの遺伝子情報を発表すると、直ちにmRNA（メッセンジャーRNA）の作成に取りかかり、二週間後には米国ファイザー社に共同開発を持ちかけ、三月半ばに最大八二五億円の仮契約を結ぶと、ワクチン製造工場を建設した。その結果、誰も予想しなかった一年足らずの短期間でワクチンを完成させ、製造・販売している。

従来のワクチン薬剤は、基礎研究→動物を使った実験→人を対象とした治験というプロセスを経て安全性と有効性を確認してから薬事申請を行い、承認を得てから製造工場を建設する。そのため一〇年くらいかかるのに対し、「遺伝子ワクチン」は一年未満という驚異的スピードで製品化された。「遺伝子ワクチン」は、安全性の点で問題点をクリアにせず承認されたので、実際に接種がはじまると、

「人体実験」ではないかとの批判の声が上がった。

コロナワクチンの有効性についても疑問なしとしない。二〇二〇年一〇月、ビオンテックのファイザー、モデルナ、オックスフォードのアストラゼネカの治験が発表される二、三週間前に、ドイツの第一線に立つウイルス学者クリスティアン・ドロステンは、コロナウイルスは、鼻、喉、肺に感染するが、筋肉注射で接種されるワクチンは鼻、喉、肺の粘膜免疫にうまく届かず、コロナ感染拡大を防ぐうえで「限定された効果しかない」だろうと警告していた(*The Japan Times*, 2 May 2022)。

だが、日本の感染症専門医もマスメディアも、大多数がとにかく「ワクチンを打ちなさい」の一本槍だった。ワクチン接種は強制ではないといいつつ、有効性や副作用に不安があるので打たない決心をした者は、反ワクチン主義者のレッテルが貼られ、「非国民」扱いされる風潮さえ生まれていた。予防接種以降の経過の分析が継続的になされ、発表された形跡はなく、ただ一回目接種は何%、二回目接種は何%という数値だけが発表されて、一〇〇%に近づくよう督促しているようだった。接種の副作用は副反応と言い換えられ、死亡した人数の累積数のみが発表され、ワクチン接種との因果関係は調査中や不明などにされてきた。

厚生労働省の発表(二〇二二年四月一三日)では、予防接種後死亡した者は予防接種開始(二一年二月一七日)から二二年三月二〇日まで、三九七日間で一六三五件、としている。だが、「ワクチンを接種した後に亡くなった」としても、「ワクチンが原因で亡くなった」ということではないとされ、死亡とワクチンの因果関係が判明している例はない、としていた。コロナワクチン接種による死亡の補償は四四二〇万円とする法が決められたが、その時点では補償を受けた者はゼロだった。その後、被害者が補償を受けられないことが社会問題化し、抗議集会が開かれたこともあって、二三年一月一二日までに一五人のケースで補償金が出されることになった。さらに同日には、急性心不全、出血性ショック、突然死などの五人に支払われ、計二〇人になった。どの会社のワクチンによるのかは、公開されなくなった。

ここにはいくつかの問題点がある。

まず、ワクチン接種後の死亡例の数字自体が実態を表していない。死亡を確認した医師は、直前にワクチンを接種したかどうかはチェックしないことが多いからである。遺族がワクチンを接種していると申し出ても、医師は診断書に記入できないという。また、これは二〇二一年九月、実際に筆者(松村)の親族に起こったケースだが、後日遺族が何日前にコロナワクチンを接種したと申し出ても、病院の医師からは診断書には死因は心筋梗塞としか書けないと言われた。このようなケースが普通であるとすると、コロナワクチン接種後の実際の死亡者は、現在発表されている数倍以上になるのではないか。

死亡と接種の因果関係については、死亡診断書に死因としてワクチン接種と記入することは、現在は難しいだろう。ただ、ある男性の司法解剖を担当した大阪医科薬科大学法医学教室の鈴木廣一名誉教授は、「死体検案書」に、「(ア)直接死因　急性肺動脈血栓塞栓症　短時間、(イ)(ア)の原因　下肢深部静脈血栓　五日(推定)、(ウ)(イ)の原因　Pfeizer《ママ》社製コロナワクチン接種(二回目)　同上(五日(推定))」と記入したという(『週刊新潮』二〇二二年三月一七日号)。このようなケースでないと死亡診断書に「死因　ファイザー製コロナワクチン接種」と書かれることはないので、因果関係は不明とか調査中とかということが続くのだろうか。死亡者を診て、司法解剖するこのようなケースは、きわめて稀である。多くの場合は、予防接種したかどうかは無視されて処理されていると思われる。コロナワクチン禍はきわめて重要な問題として残されていると思う。

ワクチン開発に失敗し、アベノマスクを配布

実は二〇一八年、日本でもｍＲＮＡワクチン生成の大きな可能性があった。二〇一六―一八年にかけてｍＲＮＡワクチンのプロトタイプが生成され、動物実験で免疫原性が確認されていたのだ。この先駆的研究は、元東大医科学研究所の免疫学者・石井健が製薬会社の第一三共と共同で主導しており、その水準は前述のビオンテック社のシャヒンとほぼ同等であった。シャヒンはファイザーと組んでコロナワクチンの製品化に成功し、今や全世界にワクチンを供給している。それが安全性と有効性の点で種々問題を持っていることも述べてきた通りである。両者に差がついたのは、石井健が人間の治験に必要な資金を政府に要請したのに対し、厚労省が億単位のコストがかかる治験に対し予算を出し渋ったからである。もし日本政府が、ファイザーがスキップした治験を入念に行うべく石井と第一三共に十分な予算をつけたならば、ファイザーよりも有効で安全なワクチンを製品化することができた可能性さえあった。そうすれば高価なファイザー製ワクチンを輸入する必要もなく、逆に第一三共製ワクチンを世界に輸出することさえあり得たのである。二〇一三年に公衆衛生からワクチン製造へと政策転換したはずの安倍首相の約束は守られなかったのだ。

安倍首相がやったことは、アベノマスクの興和への発注であった。二〇二〇年四月一日、小さな布

ガーゼ製アベノマスクの全戸二枚ずつの配布がニュースとして流れた時、米フォックス・ニュースはエイプリル・フールと揶揄《やゆ》した。七三一部隊の薬剤中尉・山内忠重は石井四郎の信頼厚い側近で、ハルビンで結成された移動防疫給水部の一員として他の医師たちと戦闘に加わったことは第5章で述べた。敗戦後、繊維会社の興和から招かれ、重役として専門の製薬部門を開発し、山内家は今日感染症村の有力メンバーの大製薬資本家になっている。

同社は戦前から繊維の会社であったことから、マスクも大量に生産し販売していた。非布製の「三次元マスク」を考案し、日本で最初に製造・販売していたが、二〇二〇年コロナの感染が広がると、布マスクは売れなくなっていた。そこで感染症村の村長たる安倍首相が、興和、伊藤忠商事、マツオカコーポレーション等に合計四四二億六三三八万円の随意契約で発注した（会計検査院二〇二一・二五五）。残ったアベノマスクの在庫を捨てると二〇〇億−三〇〇億円かかるが、再度配布すると一〇〇〇億円かかるというので非難の投書が各紙に殺到したのは、比較的最近のことである。

事は利権で動く感染症村で起こった。七三一部隊の戦後の亡霊は、こんなところにも生き残っていた。

医療倫理と反戦思想の原点へ

今世紀に入ってSARSやエボラ出血熱などのパンデミックが発生し、今後も一〇年に一回くらいは起こるといわれている。今回のコロナも終息までまだ時間がかかりそうである。変異があっても効き、免疫が長く続いて副反応の少ないワクチンを作れないものか。

「軍の、軍による、軍のための七三一部隊のワクチン戦略」を戦後引き継いできた日本の医学界は、とくに感染症学界は、その歴史的事実を厳しく見つめなおし、医療倫理と反戦思想の原点に立ち戻らなくてはならない、ということになるだろう。将来予想されるパンデミックに対処しうる、真に国民のための方策の確立を期待したい。その方策は、現在利権で動いている感染症村の解体をもたらすものでなければならない。

そして、医師だけでなく市民一人ひとりが、戦前日本の植民地下にあった中国や東南アジアの国々で、人体実験の対象とされ、生きたまま治療台や解剖台の上で露と消えた「マルタ」や「ロームシャ」のことを想像していただきたい。なぜ私たちが長い間彼ら・彼女らを視界の外に置き、忘れていたのかも考えていただければと願う。

注

はじめに

（1）「Mochtar」の日本語表記は、後述する一六軍軍医部長の報告書では「モフタル」とされているが、他の多くの文献では「モホタル」と記されているため、本書ではそれを使用する。またスレマン・シレガルは、戦後のオランダの戦犯裁判関係の文書ではSuleiman（スレイマン）と記されているが、他の多くの文書ではSulemanとされているため、本書ではそれを使用する。なお、この事件はしばしば「モホタル事件」とも呼ばれるが、被害者はモホタルだけでなく多くのロームシャであることなどに鑑みて本書では「破傷風事件」と呼ぶことにする。

（2）なお、日本軍政下ではこのように「衛生試験場」「防疫研究所」などと日本名に改称されたが、一般には、オランダ時代に使われた「エイクマン研究所」や「パスツール研究所」という名称の方が通用しているので、本書では、以下この従来の名称で呼ぶことにする。

（3）「ロームシャ」に関しては、後藤（一九八四）、同（一九八九：第一章）、ならびに倉沢（一九九二：第四章）、同（二〇一二：第一章）を参照されたい。

（4）クレンデル収容所関係では、八月八日から八月一五日までに計六七名が破傷風を発病し、うち五八名が死亡した。しかしいまだに伏せられているそれ以前の犠牲者を含めると、合計四七四名が発症し、うち三六四名が死亡したことが、日本軍によって確認されている（第2章参照）。

（5）サンコットは一九九二年、新たに再開したエイクマン研究所所長として着任した時、筆者（倉沢）の質問に答えて、「インドネシア人が同じ国の人間を殺すわけがありません。ましてワクチンに破傷風菌を混ぜるだなんてありえません。ワクチンを製造していたのはバンドゥンのパスツール研究所です。ジャカルタのエイクマン研究所では破傷風菌を培養したり、ワクチンを作り出したりするための設備すらなかったのです」と語っていた。この時の信念を、その後同じく関心を持ったイギリスのエイクマン＝オックスフォード研究所のバードと協力して単行本にまとめたものである。

(6) 同書の第一章は、「慶應のある大学院生」が一九八三年秋に神田の古本屋で段ボールに入った七三一部隊の人体実験の報告書を発見したことを中心に書かれている。この「ある大学院生」とは、故児島俊郎・長岡大学教授であり、発見された資料の一つである破傷風実験報告書は『破傷風毒素並芽胞接種時ニ於ケル筋「クロナキシー」ニ就テ』と題されたものである。この本では、マルタを使った破傷風実験の内容をかいつまんで記している。なお、神田で発見されたこの資料群は、筆者(松村)によって慶應義塾大学三田図書館に『大東亜戦争陸軍衛生史編纂資料』として収蔵された。中村元中尉による報告書と一六軍軍医部長が大本営に送った四回にわたる報告書もこれに含まれている。資料発見の経緯および、このなかから人体実験の資料を毎日新聞一九八四年八月一五・一六日に発表した経緯については、松村(二〇二二)を参照されたい。

(7) なお、このバードとサンコットの著作は二〇二〇年にインドネシア語に翻訳され、*Eksperimen Keji Kedokteran Penjajahan Jepang: Tragedi Lembaga Eijkman & Vaksin Maut Rōmusha 1944–1945* と題して刊行された。

(8) 日本軍政期を通じて親オランダ派分子によるスパイ活動や抵抗が絶えず、日本軍は常に警戒を解いていなかった。そして多くの運動が計画段階でキャッチされ、容疑者が逮捕されている。それらの計画が本当に存在したものなのか、あるいは根も葉もない噂や、恐怖に基づいて日本側が過剰反応しただけなのかは分からないが、今回の事件も基本的にそれらと性格を同じくするものだという解釈も可能である。例えば、ジャワ島ではないが、同じく旧オランダ領東インドのボルネオ島ポンチアナ市では、多数のインドネシア人知識人が、証拠もないまま逮捕・処刑されている。

(9) 松村と倉沢が本共著書の出版を決意したのは、上述のバードとサンコットの著作のインドネシア語版に、倉沢が前書きを寄稿し、そのなかで日本軍の秘密資料の存在に言及したところ、インドネシアの歴史界から、ぜひ早急に紹介してほしいと求められたことが直接のきっかけである。

第１章

(1) 日本軍占領と同時に閉鎖されていた医科大学が一九四三年四月に再開されてからこの名称になったが、それまでは

「中央市民病院」と呼ばれていた。当初はインドネシア人医師のアシキン・ウィジャヤクスマ（Asikin Widjajakoesoema）が実質的に病院長的な存在であったようであるが（Hasril Chaniago et al. 2021：136）、医科大学開設後は日本人の田宮医師が院長として着任した。これは最も高度な医療設備を備えた国立病院で、同レベルの病院があったのは、他に、スマラン、スラバヤの二カ所だけであった。

（2）「大東亜」戦争の開戦とともに日本軍はインドネシアを攻略し、オランダ植民地勢力を倒して一九四二年三月から軍政を敷いた。軍政は全インドネシアを三地域に分けて行われたが、そのうち、ジャワ島は陸軍第一六軍（コード名は治《おさむ》）の、スマトラは陸軍第二五軍の、その他の地域は海軍の統治下におかれた。

（3）この役所は組織的には軍政監部内務部労務局に所属していたが、軍医部長報告④では「治第一六〇二部隊楠瀬隊」という表現も使われている。

（4）脊髄液が防疫給水部へ送られたことを、この段階ではインドネシアの医者たちは関知していなかった。

（5）エイクマン研究所は医科大学病院と同じ敷地内にあり、日常的に病院からの依頼を受けてこの種の臨床検査をするのが主たる業務であった。

（6）防疫給水部とは別に、一六軍軍医部長はこの事件発生とともに克明な記録をつけ、その最初の報告書を九月八日に大本営野戦衛生長官（ならびに第七方面軍軍医部長、南方総軍軍医部長）に送っている。事件発生後一カ月を経てまとめられたものなので、政治的判断による歪曲や隠蔽もあるかもしれないが、極秘の報告でもあり、発生した事件の事実関係や数字等に関しては一応信憑性があるのではないかと思われる。

（7）情報源は不明であるが、エイクマン研究所の医師たちは、収容所から送られてきた anti-tetanus serum（抗破傷風血清）に欠陥があることを発見したとフリーンドは述べている。彼によれば、モホタルは、バンドゥンのパスツール研究所の作業方法を注意深く調べる必要があるという報告書をまとめ、サインしたという（Friend 1988：195）。この段階でモホタルが関与したという情報はほかにはないので、この情報の信憑性は分からない。

（8）防疫給水部の中村中尉は次のように記している。「ジャカルタ医大附属病院に於ては田中教授が患者を詳細に診査するに何れも数日前予防接種（予防接種液の種類は不詳）を実施されたる腕の筋肉に痙攣を起し次で項部強直〔…〕」（中村一九四四：六）。

（９） 詳細は不明であるが、おそらく他所へ移動させられたことを言っているのではないかと思われる。

（10） 「旧ジャカルタ医科大学職員名簿」では確認できなかった。黒沢という医師の名が見受けられたが、精神科の専門医であった。

（11） ロームシャ収容所担当の医師として最後まで嫌疑が晴れず、のちにモホタル教授とともに軍律会議で有罪を宣告されたスレマン・シレガル（Soeleman Siregar）が、その頃いっしょに治療にあたっていた義理の兄弟パメナン・ハラハップ（Pamenan Harahap）医師に語ったところによれば、日本人医師がやってきてワクチン接種を中止するよう命ずるとともに、彼の手元にあった注射器を回収し、残りのワクチンを棄てて行ったと言い（Hanafiah 1976：48）、話が食い違っている。日本軍が早い段階で注射の中止を命令したという証言はこれしかなく、しかも人づての情報なのでその信憑性は分からない。

（12） これらに加えて八月三日にシンガポール沖のビンタン（Bintan）島へ出発したロームシャのグループ（接種日は七月二九日）のなかから患者四五名が発生していたことも、ジャカルタではずっとあと（九月二五日）になって確認された。

（13） ワクチン接種を実施したカンタもまた、注射を受けた者たちと同じように死亡したという不可思議な状況を説明するのに、防疫給水部関係者は、ひょっとすると、本謀略の早期発覚を恐れて犯人間の制裁行為に倒れたのではないかという根拠のない推理をしている。

（14） 彼は一九四三年九月、看護人養成のための三年間の教育を終えて、最初は大学病院に内務部三等技術員として勤務したのち、一九四四年二月に総務部ジャワ島外供出労務者処理班ジャカルタ本部付となった。本人が所持している辞令は五月一一日付になっているが、実際にはそれ以前から勤務していたという（同氏とのインタビュー）。

（15） スマトラで患者が発生したことは、今日に至るまでインドネシアの関係者の間ではまったく知られていないことなので、彼のこの証言は本当にその当時スレマン・シレガル医師から聞いたものであると考えられる。

（16） 少なくともクレンデルでの破傷風事件発生まで日本人は送り込まれておらず、それは珍しいことである。日本はあまりこの研究所には関心を持たなかったのかもしれない。

(17) 遠く離れたインドネシアでこの悲しい知らせを受けたとき、モホタル夫妻はオランダの新聞(*Algemeen Handelsblad*)に息子の死を告げる追悼広告を出している(Hasril Chaniago et al. 2021：171)。

(18) インドネシア側の証言に基づくこの数は、一六軍軍医部長報告④に述べられている数字とも一致する。

第2章

(1) この発言によりスワルトノが逮捕されたという(Hanafiah 1976：38)。

(2) 実は追及に耐えかねて、日本軍の言い分を認めたという可能性も考えられる。

(3) 防疫給水部の中村元の報告によれば、昭和一九(一九四四)年二月頃ジャカルタ医科大学が切開用腸線に付着している破傷風菌の、傷に対する抵抗試験を依頼し、モホタルはヤットマンにこの試験を命じた。この実験のため、同研究所では破傷風菌を培養させていたのだ、という。

(4) マルズキは軍医部の報告書では「ジャカルタ特別市衛生課長」とされているが、本人の申告に基づいて記された一九四三年発行の軍政監督部発行の人名録では単に「幹部」となっている。また一二月分のマルズキの給料支払い委任状(第３章図３－４参照)のなかで、日本人渡邊守道が、「衛生課長」という肩書でサインをしており、別途「衛生課長」がいたことになっている。その事実関係ははっきりしないが、とりあえず本書ではマルズキに「衛生課長」という肩書を使うことにする。

(5) Gunseikanbu 1943. *Kanpo* No. 28 の三二頁では内務部衛生局付きの四等技術官として任官されている。

(6) その内容は以下のとおりである。「「ジャカルタ特別市衛生局勤務アリフより受領せる薬なり」とて予防注射液の如きものを所持しありたることありて同注射液が七月二〇日、七月二五日頃労務者に使用せられたるに非ずやと思料せらる」。

(7) 彼については、一九四五年二月の軍医部長報告④では名前は出てこない。取り調べについても何の記録も見当たらない。

(8) インドネシア語で毎月二回軍政監部から刊行されていたインドネシア語の *Kanpo* は、毎回政府の四等行政官以上の人事異動を掲載している。これらの人事異動発表がすべてを正確に網羅していたかどうかは不明であるが、*Kampo*の記載を見る限り、破傷風ワクチン事件関連で逮捕された人々は、決して正式にその職から罷免されたり、休職になったりした様子がない。他のスパイ容疑事件などの場合は、容疑が浮上した段階などで、特に詳細は付さずに「懲戒免職」などの発表がなされているのと対照的である。軍律会議が結審して以降の*Kampo*にも、ジャカルタ医科大学や、内務部衛生局関係の異動もしばしば報告されているが、モホタルやスレマン・シレガルの名前はまったく見当たらない。極めて不可解である。

第3章

(1) このようなケースはほかにもあったようで、一部の被疑者は憲兵隊からこっそり家族に手紙を書き送っていた。モホタル教授も一度だけメモを家族のもとに届けたが、そこには「激しい下痢に悩んでいる」と書かれていたという。

(2) Friend(1988)やBaird & Sangkot(2015)は、スカルノは日本側の言い分を信じてモホタルらのためにはほとんど動いてくれなかったように書いているが、マルズキ夫人はスカルノも努力をしてくれたと書いているのが注目に値する。

(3) ラティファによれば、のちにジャカルタ市長になったダーラン・アブドゥラ(Dahlan Abdullah)を指すという。

第4章

(1) 仮釈放審議会での森本の発言は、モホタルやスレマン・シレガルの名前も正確には覚えていなかったなど、記憶があいまいな部分もある。

(2) この本の内容はこの二年後の一九七八年にインドネシア政府の保健省が編纂した*Sejarah Kesehatan Nasional Indoneisa*(インドネシア保健衛生史)、つまり政府の公的な歴史記録の中でも一部が紹介されており(七四―七五頁)、事件はおそらくパスツール研究所の日本人医師たちの「よろしくない行為(kecerobohan)」によるものだと記されている。

(3) マンドル事件とは、一九四三年一〇月から翌一九四四年八月にかけて、西カリマンタンのポンティアナ周辺で、オランダと通じているという疑いをかけられて、インドネシア人知識人や伝統的有力者、華僑など多数(一説では一四八六名)が日本軍に虐殺された事件である。そのなかには多数の医師も含まれていた。殺害の多くがマンドルで行われたため、事件はこのように呼ばれ、同地には事件の慰霊碑が建設されている。

第5章

(1) 「背陰河守備隊名簿」(手稿)は、一九四八年四月二四日、石井四郎を最初に聴取したとき、白滝・松原捜査員が記したもので、「警察署」と印刷された一枚の用紙に書かれており、警視庁捜査一課甲斐文助係長『捜査手記』のなかの甲斐係長欠席のときに使われたノートに挟まれていた。山田(二〇二〇:一二〇)に同じ氏名(七名の誤字が含まれる)が載っている。

(2) 一九八〇年代中頃、山邊悠喜子は、韓暁(七三一部隊罪証陳列館初代館長)とともに背陰河を訪れ、村民たちから「中馬城」の設立と脱獄の聞き取りを行った(山邊二〇一八:一一二)。

(3) 劉海濤の同報告は、一九八五年三月、太平洋戦争史研究会の訪中調査のさい、金宇鐘・黒龍江省党史研究所所長より筆者(松村)に提供されたものである。

(4) 関東軍防疫部は一九四〇年八月一日に関東軍防疫給水部になり、四一年七月二五日に七三一部隊と呼ばれるようになるが、本書ではいずれも七三一部隊と呼ぶことにする。

(5) 中国黒龍江省档案館・中国黒龍江省人民対外友好協会・日本ABC企画委員会編『「七三一」部隊罪行鉄証——関東憲兵隊「特殊扱」文書』中国黒龍江人民出版社、二〇〇一年(解説は、近藤昭二・松村高夫「満州の憲兵体制と特移扱」。中国語版と日本語版あり)および、中国吉林省档案館・日本日中近現代史研究会・日本ABC企画委員会編『「七三一部隊」罪行鉄証——特移扱・防疫文書編集』中国吉林人民出版社、二〇〇三年(解説は、松村高夫・江田いづみ「新京・農安ペスト流行」。中国語版と日本語版あり)。

(6) 関東憲兵隊の「特移扱」の詳細な史料は、黒龍江省と吉林省が公開した。日本軍が敗戦直前に憲兵隊本部前に大きな穴を掘り、憲兵隊の持つ史料をその穴に放り込み、ガソリンをかけて燃やし、証拠隠滅を図ったのだが、完全には燃えきらなかった。七、八年後、偶然建築工事のときに燃え残った史料が地中から見つかり、丁寧に処置して黒龍江省と吉林省の档案館に収められた。これらを日中共同で刊行したのが、前注に示した中国黒龍江省档案館・中国黒龍江省人民対外友好協会・日本ABC企画委員会（二〇〇一）と中国吉林省档案館・日本日中近現代史研究会・日本ABC企画委員会（二〇〇三）である。

（7） 七三一部隊員数は、一九八二年に厚生省が発表した軍人恩給支給対象によると三五五九人、二〇一八年に西山勝夫の尽力により情報開示された留守名簿によると三六〇七人。部隊員数の変遷については、松野（二〇一八）を参照されたい。

（8） 山内豊紀の自筆供述書は、撫順戦犯管理所における一九五一年一一月四日の供述書である。撫順戦犯管理所における供述書は約一〇〇〇人中約九〇〇人分が復刻されているが、山内豊紀の供述書は未復刻であるので、中央档案館ほか（一九九一：九三―九九）所収の山内豊紀自筆供述書（一九五一年一一月四日）を使用する。

（9） 細菌弾を陶器で覆った爆弾。「サンダース・レポート」には宇治式爆弾の設計図が載っているが、実際の細菌戦で使用された形跡はない。

（10） 冬季衛生研究班（一九九五）による。これは、張家口支部が行った人体実験の記録である。

（11） 池田の自筆「履歴書」によれば、池田が七三一部隊にいたのは一年間（一九四二年八月一日―一九四三年七月三一日）なので、破傷風実験はこの一年間になされたものである。

（12） 倉内喜久雄は一九二六年、慶大医学部をワクチン研究で卒業し、満鉄衛生研究所でワクチン研究に従事した。倉内は、同研究所が七三一部隊の大連第五支部に吸収される以前に、つぎのような破傷風菌の研究をしていた。①「破傷風「アナトキシン」の抗元性に就て――破傷風予防注射」『中央獣医会雑誌』四一巻七号、一九二八年、②「破傷風「アナトキシン」の抗元性に就て」『日本細菌学雑誌』四一四号、一九三〇年。倉内が破傷風ワクチンの研究に従事していたことは、彼がバンドゥンのパスツール研究所所長になった意味を知るために重要である。

（13） 七三一部隊の細菌戦に関しては、解・松村ほか（一九九七）を、また細菌戦をめぐる裁判（第三次家永教科書裁判［一九八四年―］、七三一部隊の人体実験の犠牲者遺族［敬蘭芝など］が提起した裁判［一九九五年―］、細菌戦の被害者一八

○名が提起した裁判［一九九七年―］）については、松村・矢野（二〇〇七）を参照されたい。

(14) 「昭和一五年農安及ビ新京ニ発生セルペスト流行ニ就テ」第一―五編、『陸軍軍医学校防疫研究報告』一九四三年、第二部、第五一四、五一五、五二五、五二六、五三七、五三八号の六本の論文を含めて、高橋正彦のペスト菌に関する論文は合計一九本ある。その中にはジャワにおけるペスト感染を観察したものもある。高橋はこのうち六本を合本して医学博士号請求論文とし、一九四四年四月に慶應義塾大学より博士号を取得している（松村二〇〇三参照）。筆者（松村）は、背表紙に「高橋正彦ペスト菌論文集」の文字が入っている合本を、慶應義塾大学医学部の図書館ではなく、倉庫の棚に並んでいるのを発見し、図書館で借用手続きをとった。そして、それを検討した結果を公表した。これについて朝日新聞は、「ペスト菌調査報告書あった　七三一部隊の細菌戦解明に光」との見出しをつけて報道した（二〇〇〇年九月九日夕刊）。『陸軍軍医学校防疫研究報告』第二部の約八〇〇点が不二出版から復刻刊行される数年前のことである。

(15) 犬ノミにペスト感染力があることは、七三一部隊医師の平沢正欣《まさよし》の医学博士論文「イヌノミのペスト媒介能力に就いての実験的研究」により明らかにされた。だが一九四五年九月二六日、京都大学が同論文に医学博士の学位を授与したことに関し、「Ⅶ　特殊実験」の項で用いられた実験動物のサルは、実は人間ではなかったかという疑念に基づき、それが事実だと判明した場合には学位授与を取り消すよう求めた要望書が二〇一八年七月二六日付で山極壽一京都大学総長および上本伸二京都大学医学研究科長に提出された。提出したのは「満洲第七三一部隊軍医将校の学位授与の検証を京大に求める会」である。要請に対して、野田亮副学長は当初前向きな姿勢であったが、翌年二月八日には、サルも人間と同様に苦痛を感じることは認められているとして要請を拒否した。

筆者（松村）は検証を求める会の要請により、二〇一九年六月一日、平沢医学博士論文をめぐる問題について京大で講演し、平沢論文は陸軍の用紙に和文タイプで書かれているが、タイプの「さる」の字体が不自然である点、「動物の感染実験により［…］更に進んで特殊実験を行ひ」とある点、「猿」が「頭痛、高熱、食欲不振を訴え」ている点など、極めて不自然な記述があることを指摘した（松村二〇一九）。要請の拒否は、要請書の受理から半年の間に、京大医学部関係者から強い圧力がかかったからとしか考えられない。石井四郎の出身大学であり、多数の医師を七三一部隊に送り込んだ京都大学は、自らの歴史を洗い出し、反省する絶好の機会を失ったのである。

(16) ハルビンのペスト防疫に動員された満州医大の学生たちの一人に元日本平和遺族会会長・小川武満がいた。一九三七年に満州医大に入学し、北野政次（第二代七三一部隊長）の講義も聴いた小川は、一九九五年七月三一日、七三一部隊に関する第二回国際会議において、解学詩、吉見義明、松村高夫の聞き取りに対し、「軍の命令により石井部隊長の指揮下に置かれていることがすぐわかった。鼠が逃げないように動物病院の周囲を鉄板で囲う作業を学生は手伝わされた」など、新京での防疫活動の経験を語った（中国吉林省档案館・日本日中近現代史研究会・日本ＡＢＣ企画委員会二〇〇三：四六六―四六七）。

(17) 石井四郎は石井講演九九号、一八七―二三二で、第七〇図「超音波これらわくちん〔ママ〕及医校これらわくちん〔ママ〕人体接種ニ於ケル臨床症状並ニ抗体検索（検査人員各八名）」を示して、渡辺辺を高く評価している。

(18) 「超音波コレラ予防接種液ノ人体接種後ニ於ケル各種症状及血清学的反応ニ就テ」は『陸軍軍医学校防疫研究報告』第二部第三六号として発表されている。発表論文にはKeyedと書き込まれ、これは戦後米軍が米国公文書館に移管する前にチェックした資料であることを示している。表紙には陸軍軍医学校防疫室（主幹石井大佐）の四名の名前（渡辺辺、貴宝院秋雄、更井恒雄、山内豊起）がある。

第6章

(1) 一九四四年五月に南方軍がマニラに移駐してからは第七方面軍の隷下に入り、威九四二〇部隊と称した。

(2) シンガポールの本部における終戦時の人員数（レンバン島に集結して抑留された数）は英軍の記録によれば三六〇人であった（渡辺［洋］二〇二〇：一六）。終戦時の人員に関しては西山（二〇二〇）参照。

(3) ジャワ支部がバンドゥンに置かれたのは、一九四四年五月のことであったという（渡辺［洋］二〇二〇：一五）。バンドゥンがジャワでの中心になった理由について林《リム》は、当時南方において最も日本軍を悩ませていたマラリアの特効薬を製造するキナ工場とキニーネ工場があったからではないかと推測している（林《リム》二〇二〇：一八）。

(4) 林《リム》は同じくタンを情報源にしているが、著作の他にインタビュー（二〇一八年）にも依拠している。そしてジャカルタを第一班（配属人員は四一名）、スラバヤを第二班（同二五名）、バンドゥンを第三班（同一六名）としている（林《リム》二〇二〇：二二）。

（5）現在はビオ・ファルマ社となったパスツール研究所の正面を入ってすぐの階段の踊り場には、歴代の所長の大きな写真が一人ずつ額に入れられて飾られていた。初期の頃のオランダ人と独立後のインドネシア人所長たちの間に二人の日本人所長の写真も飾られている。倉内は松浦就任後も次席として留まったと言われる。その後最終的にはマラヤ大学へ移ったと、自分で書いた履歴書の中で述べている。さらに戦後は東京都台東区に永寿総合病院を設立して院長となった。

（6）パスツール研究所は開発したワクチンなどの各方面への供給を主たる任務としていたので、ただちに東京やその他の地域へ運搬する設備を備えていた。南方軍防疫給水部員の大快によれば、防疫給水部は自由に使用できる専用機をもっており、東京の立川飛行場との間を直接行き来していたという。細菌戦用のペスト感染ノミや実験用のハツカネズミなどを日本から輸送していたようで、時にはジャカルタの第一六軍司令部を経由してパスツール研究所へも供給していた。大快自身シンガポールで勤務して、実際にその任務を担当したとのことである。七三一部隊は一一機の専用機を所有していたと言われるので、おそらく、そのうちの何機かが南方に回されていたのであろう（渡辺［洋］二〇二〇：一五）。

（7）竹本は南方軍防疫給水部に着任する前、七三一部隊の破傷風ワクチン研究者・植村肇と共著で、「瓦斯壊疽菌ノ抗菌製免疫野兎血清ノ調製ニ就テ」（『陸軍軍医学校防疫研究報告』第二部、第二六〇号、受付昭和一七・三・一六）という破傷風ガス壊疽菌についての論文（竹本・植村一九四二）を執筆している。

（8）タンはこの職に就いたとき最初に破傷風ワクチンを接種されたと述べている。当時、侵攻していく日本人兵士には、パスツール研究所で作製された「精製テタヌス（破傷風）トキソイド（毒素）」（九八式破傷風予防液）が移動防疫給水部を通して接種されたという情報もある。十分良質なものには至っていなかったが、何らかのワクチンがすでに一部で使用されていたようである。そしてより効能を高めるための開発が進められていたのであろう。

（9）一般市民に対しての実験について石井四郎は、一九三五年に卡拉店《カラテン》、羅家店付近の住民二六〇〇人に対しペスト・

ワクチン(満衛研[後の大連第五支部]の倉内喜久雄、春日忠善の開発したペスト・インムノーゲン)を接種して実験し、成果を収めたとしたが、翌年の接種では一七人の感染者を出し、内一六人が死亡している。倉内は「余等の「ペストインムノーゲン」は従来の「ペストワクチン」に見らるが如き副作用を完全に除去し得たと揚言し得る」(倉内喜久雄・春日忠善・本間博・奇龍粛一九三七:一八六)と成果を誇示していた(川村二〇二一 a:九―一〇)。

(10) 『ジャワ年鑑』には、「バンドン防疫研究所で生産されるワクチン、血清、痘苗などは、衛生局の指示により直接同研究所より配給する」と記されている(一六二―一六三)。

(11) この「倉内」が倉内喜久雄を指すのかどうかは不明であるが、松浦所長の次席として勤務していたとすれば、ありうることである。

(12) 日本の占領期には、ジャワ島とスマトラ島以外のインドネシアの諸地域は海軍の占領下におかれていた。スラバヤは、ジャワ島にあり、陸軍支配地域であったが、オランダ時代から最大の軍港であった。そこには海軍の基地があり、第二南遣艦隊という南方全域の海軍を統率する艦隊の司令部がおかれていた。

(13) マヌス裁判については茶園(一九九一)を参照。終戦後、海軍占領地区の終戦処理を担当したのがオーストラリア軍であったため、スラバヤで発生した事件ではあるが、被告が海軍関係者なのでオーストラリアがその戦争犯罪裁判も担当した。

(14) なお、この裁判において、オーストラリア側は、戦争末期にスンバ島付近で捕獲された連合軍の「白人」兵士二名が死刑を執行される前にも、同じようなワクチンの実験に使う計画があったかどうかを中村博郷に対して繰り返し質問している。中村はそれを明確に否定しているが、コニシ軍医とヨシノ軍医が、その遺体から臓器を取り出して、実験のために第一〇二海軍病院へ送ったと法廷で明らかにしている。戦争末期に行われた、九州大学での捕虜に対する人体実験を想起させるような事件がおそらく多数あったものと思われる。

終章

(1) この松井蔚の疑惑については、共同通信社の西山明記者にご教示いただいた(一九九二年一二月八日)。

(2) 「戦争と医の倫理」の検証を進める会(二〇一二:九六)には、七三一部隊関連医師の医学博士号取得者が載っている。これらの人物は『陸軍軍医学校防疫研究報告』第二部に論文が掲載され、医学博士等を取得した者である。二一件の博士論文名、学位大学、年号が記されており、取得件数は、一九四六年が一一件、一九四七年が八件、一九四八年が一件、一九四九年一件である。松村(二〇一三:六五)にその表を転載している。なお、七三一部隊等の『留守名簿』と、戦前戦後を通じての主として医学博士号取得者名簿をクロス調査することによる本格的研究結果が、西山勝夫(滋賀医科大学)・原文夫(元大阪府保険医協会)両氏により発表されはじめている(西山二〇二〇:三一-四五、原二〇二〇:七五-八〇)。

あとがき

本書を書き終えた今、世の中ではウィズ・コロナが定着しつつあるが、実はこれまでにも増して多くの罹患者や死者を出している。これからどうなっていくのか不安な状況の中で、人々は「経済をまわすために」という口実で日常を取り戻しつつある。

八〇年ほど前に、日本軍の占領下にあったインドネシアで発生した破傷風の集団発症事件。全身をくねらせ、痙攣させ、息絶えていった無力なロームシャたちの不気味な死の背後に何があったのか、それを突き止めることが本書の目的であった。海外の研究では限界があったこの調査は、インドネシア現代史を専門とする倉沢愛子に、長きにわたって日本軍軍医部の秘密資料を掘り起こすとともに、七三一部隊研究を続けてきた松村高夫が加わることによって、大きな展開を見ることができた。七三一部隊の東南アジア版とも言うべき南方軍防疫給水部がこの事件の背後にいたのではないかという推定を、その組織的・人脈的な連続性、彼らのそれまでの実験の蓄積などから明らかにし、実証することができたと思われる。そして、本書の検証を通じて、今日の日本のコロナ対策と七三一部隊とをつなぐ細い糸をも手繰り寄せることとなった。

さて、読者の中には、カバーと表紙に用いられている壷井明画伯の絵画二点に惹きつけられた方も多いのではないかと思う。松村が画伯に出会ったのは昨年(二〇二一年)の春だったが、彼の絵を見た松村は、思わず「日本のウィリアム・ブレイクだ!」と叫んでいた。それからほぼ半年後の同年一一月一二日、壷井画伯の絵画を背景に、本書の歴史学の叙述を構成詩のかたちに結晶化した「「マルタ」と「ロームシャ」のための鎮魂詩」の朗読会が、東京都港区三田のキリスト友会東京月会会堂で持たれた。松村と倉沢がその鎮魂詩をつくり、そして朗読した。主催したのは「米国の原爆投下の責任を問う会」。「問う会」の共同代表・横田嘉夫さんが、朗読会開演直前の会場の張りつめた空気を、次のように記している。「舞台中央には、壷井画伯が描いた絵画のパネル(約畳一畳分)が縦位置で五枚、横位置で一枚展示され〔…〕朗読会が始まると、壷井氏がスクリーンに、朗読に合わせて絵の細部を投影する。舞台左手では、作曲・演奏の電子音楽家 phosphene–pulse〔フォスフェン・パルス〕氏が、シンセサイザー等音楽機材の最後の調整。舞台右手には、『悪魔の飽食』東京合唱団有志が着席して待機〔…〕DVDの撮影のカメラ三台に照明機材とレフ等が並び、演出・撮影担当の皆川氏とスタッフが、撮影の最後の調整に余念がない。一三時三〇分、開演」。

この構成詩は、第一幕「夜と霧の湿原で　マルタの亡霊と会う」、第二幕「インドネシアでの破傷風予防注射によるロームシャ大量死事件(「モホタル事件」)」、第三幕「天上の「七三一犠牲者ムラ」の人々」、第四幕「地上の「感染症ムラ」の人々」の四幕から成っている。朗読するには、ちょうど一時間程かかる。

フィナーレでは、朗読する倉沢が、次のように訴えた。

人間の命を最も価値あるものと考えている　日本の医師の皆さん！　市民の皆さん！

マルタとロームシャが　暴力でもって強いられた　苦痛と恐怖が
どれほどだったのか　想像していただきたい
彼ら彼女らが直面した　戦慄すべき歴史的事実を知って
心が　痛み震えない人間は　いないはずです
心深く傷つきながらも　それを表現する術を知らず
じっとこらえてきた方も　いるはずです
「夜と霧」が晴れて「出口」の道しるべ　がはっきり見えてきたでしょうか？
戦争のない社会　虐殺のない社会
「夜と霧」　が晴れる社会になったとき
初めて　マルタとロームシャは成仏し　鎮魂することができるでしょう

七三一部隊の特設監獄のなかで　マルタが訴えた声に
いまいちど　耳を傾けて下さいませんか

つづいて、「東京合唱団」有志が、森村誠一原詩、池辺晋一郎作曲の合唱曲「悪魔の飽食」の六番目の曲で、マルタの死を悼み、不戦を誓う「友よ、白い花を」を唱う声が会場に響きわたった。

こうして鎮魂詩の朗読会は終わった。二人の歴史家が執筆し刊行する本書とは別に、なぜ「「マルタ」と「ロームシャ」のための鎮魂詩」をつくり朗読したのかと言えば、「歴史家はすでに起こったにはない。

ことを語り、詩人は起こる可能性のあることを語る」(アリストテレス『詩学』)から、と申し上げる以外

さて、本書は多くの方々に支えられてきた。倉沢は、この研究に決定的な影響を与えた南方軍防疫給水部の秘密文書を三十数年前に提供して下さり、それによって破傷風事件の背後に七三一部隊関係の謀略があったことに気づかせて下さった、科学史の専門家・塚原東吾さんに感謝申し上げる。またその頃同じくこの問題に注目し、倉沢とともに取材や調査を重ね、ドキュメンタリー番組を制作してTVで紹介して下さった、日本電波ニュース社の松本武顕さんやNHKの沢田博史さんとの共同作業も重要な基礎になっている。また、共同通信社の西山明記者は帝銀事件の松井蔚と破傷風事件の関係について貴重なヒントを与えて下さった。そしてもちろん、インタビューに応じて下さり、口頭の情報のみならず多くの資料も提供して下さったインドネシアの関係者の援助も貴重であった。さらに慶應義塾大学の太田淳さんは、執筆を進めていく過程で、多くのオランダ語資料の読解を助けて下さった。

松村は、七三一部隊研究者の誰もが認める「七三一部隊の生き字引」近藤昭二さんから、今回も貴重な資料を提供していただいただけでなく、草稿を読んで多くのコメントをいただいた。さらに七三一部隊と一〇〇部隊の医師たちの、特に戦後の足跡を追跡している加藤哲郎さんからも、貴重な資料とご教示をいただいた。この二人の方にまずもって謝意を表したい。そして、日本軍占領下のシンガポールにあった細菌兵器製造所の実態を、一九九一年に初めて世界に向けて発信したストレイツ・タ

イムズ紙記者ファン・ミン・イェンさんにも感謝申し上げる。また、中国の研究者の方々にもさまざまにご教示いただいたが、ここでは解学詩さんと関成和さんだけのお名前を記させていただきたい。田中明（慶應義塾大学名誉教授）、兒嶋俊郎、江田いづみ、江田憲治をはじめとする満州史研究会の会員の皆様、中国への数次の細菌戦関連調査団の皆様、中国帰還者連絡会の皆様にも助けていただいた。ここに名前を挙げられなかった実に多くの方々の学恩に深く感謝する。

謝辞の最後になったが、筆者二人はともに、根気よく編集作業を担って下さった岩波書店編集部の藤田紀子さんに対し、適切な言葉が見つからないほどの感謝の気持ちを抱いていることを明記したい。

二〇二三年一月

倉沢愛子
松村高夫

参考文献・インタビュー対象者ほか

Ⅰ．一次資料(公文書，公的機関が歴史の同時代に刊行したものなど)

阿部俊雄(1941)「新京に発生せるペストに就いて(1)」『日本医学及健康保険』3245号

石井四郎「支那事変ニ新設セラレタル陸軍防疫機関運用ノ効果ト将来戦ニ対スル方針並ニ予防接種ノ効果ニ就テ」『陸軍軍医学校防疫研究報告』第2部99号(石井講演99号)

治集団(16軍)軍医部(1944)『極秘・治医第75号 爪哇兵要地誌第3巻「ジャワ」及「バリー島」兵要衛生誌』オランダ国立戦争・ホロコースト・ジェノサイド研究所 NIOD “Indische Collectie” 400-4412.

治集団(16軍)軍医部長「「ジャワ」島外供出労務者処理班ニ於ケル破傷風謀略事件ニ関スル件報告(通牒)」大本営野戦衛生長官並びに威・岡部隊軍医部長宛ての報告書四通

① 第一報 治医疫第56号 1944年9月8日
② 第二報 治医疫第62号 1944年10月27日
③ 第三報 治医疫第73号 1944年11月27日
④ 第四報 治医電第97号 1945年2月15日

治集団(16軍)軍医部長「黄熱「ワクチン」発見ニ関スル件報告」(治医疫第78号)1944年12月24日．大本営野戦衛生長官宛て

オッテン報告書(海外領土相宛)1946年3月，ハーグにて

金子順一(1943)「PXノ効果略算法」『陸軍軍医学校防疫研究報告』第1部60号

関東軍司令部(1936)『在満兵備充実ニ関スル意見』極秘十部ノ内第五号，1936年4月23日

倉内喜久雄(1928)「破傷風「アナトキシン」の抗元性に就て――破傷風予防注射」『中央獣医会雑誌』41巻7号(満鉄衛生研究所『満鉄衛生研究所業績集』第2輯に収録)

―――(1930)「破傷風「アナトキシン」の抗元性に就て」『日本細菌学雑誌』414号

倉内喜久雄・春日忠善・本間博・奇龍肅(1937)「倉内氏「ペストインムノーゲン」人体予防接種成績」『細菌学雑誌』493号

『細菌戦用兵器ノ準備及ビ使用ノ廉デ起訴サレタ元日本軍軍人ノ事件ニ関スル公判書類』モスクワ：外国語図書出版所，1950年(ハバロフスク裁判『公判書類』)

「サンダース・レポート」(常石編訳1984)

『爪哇軍政監部規程類聚(編成)軍政監部本部分課規程 昭和18年3月』ライデン大学附属図書館所蔵

参考文献・インタビュー対象者ほか

ジャワ軍政監部編(1943)『治官報』
ジャワ新聞社編(1944)『昭和19年 ジャワ年鑑 紀元2604年』ジャカルタ：ジャワ新聞会
第2防疫給水部部隊略歴(戦後にまとめたもの)
第25軍隷下第12防疫給水部部隊略歴(戦後にまとめたもの)
高橋正彦(1943)「昭和15年農安及ビ新京ニ発生セルペスト流行ニ就テ」第1-5編『陸軍軍医学校防疫研究報告』第2部514, 515, 525, 526, 537, 538号
竹本進一郎(1941)「晩発性瓦斯壊疽ノ一例ニ就テ」(陸軍軍医学校軍陣防疫学教室[主任石井少将]陸軍軍医中尉植村肇　田中米次郎　竹本進一郎)第22部169号(受付昭和16・8・26)
――― (1943)「バンドン，パストール研究所ニ於ケル予防接種用破傷風アナトキシンノ製法」『南方軍防疫給水部業報』丙第55号(1943年4月)
竹本進一郎・植村肇(1992)「瓦斯壊疽菌ノ抗菌製免疫野兎血清ノ調整ニ就テ」『陸軍軍医学校防疫研究報告』第2部260号　受付昭和17・3・16)
茶園義男編・解説(1991)『BC級戦犯豪軍マヌス等裁判資料』不二出版
中央参議院事務局(1944)『第三回中央参議院特別委員会議事録 三 2』オランダ国立戦争・ホロコースト・ジェノサイド研究所NIOD“Indische Collectie”400-4412.
中央档案館編(2015)『中央档案館蔵日本侵華戦犯筆供選編』第1輯，北京：中華書局
中央档案館ほか編(1991)『証言 人体実験――七三一部隊とその周辺』江田憲治ほか編訳，同文舘出版
中国吉林省档案館・日本日中近現代史研究会・日本ABC企画委員会編(2003)『「七三一部隊」罪行鉄証――特移扱・防疫文書編集』中国吉林人民出版社
中国黒龍江省档案館・中国黒龍江省人民対外友好協会・日本ABC企画委員会編(2001)『「七三一」部隊罪行鉄証――関東憲兵隊「特殊扱」文書』中国黒龍江人民出版社
冬季衛生研究班編(1995)『極秘 駐蒙軍冬季衛生研究成績』現代書館
内藤良一(1945)「関東軍防疫給水部のワクチンおよび血清の年間生産能力」(「サンダース・レポート」常石編訳1984)
中村元(1944)「南方軍防疫給水部部員 陸軍軍医中尉 中村元「爪哇ニ於ケル破傷風菌ヲ以テセル細菌謀略ニ就テ」」(1944年12月8日)
七三一部隊診療部『破傷風毒素並芽胞接種時ニ於ケル筋「クロナキシー」ニ就テ』(田中・松村編・解説1991)
西山勝夫編・解説(2020)『留守名簿 南方軍防疫給水部』不二出版
原文二(1941)「昭和十五年度夏期満鉄医院実習報告(五)満州国農安に於けるペスト防疫に参加して」『九大医報』15巻3号(奈須重雄氏より提供)

平沢正欣(1945)「イヌノミのペスト媒介能力に就いての実験的研究」(1945年9月26日京都大学より医学博士号授与)
「ヒル・レポート」(松村 1994b)
「フェル・レポート」(松村 1994b)
奉天鉄道局人事部(1940)『新京ニ於ケルペスト防疫概況』
真子憲治(大連衛生研究所研究員)の手稿
松村高夫・近藤昭二(2001)「関東軍「特移扱」文書の解説」(中国黒龍江省档案館・中国黒龍江省人民対外友好協会・日本ABC企画委員会編 2001)
山内豊紀の自筆供述書(中央档案館ほか編 1991)
劉海濤(1936)『満州の状況に関する報告』江田いづみ訳, 1936年1月(金宇鐘・黒龍江省党史研究所所長より提供)
Collectie L. F. de Groot No. 584(Serum[血清]事件に関し, オランダ当局による憲兵隊容疑者[長, 森本, 塚本]に対する取り調べに際して聴取された証言. オランダの資料).
マルズキの証言 pp. 54-56.
A. R. Roostam の証言 p. 56.
A. Ripassa の証言 pp. 56-57.
J. v. Bachet の証言 p. 57.
Kho Kap Nio の証言 pp. 57-58.
GHQ資料① "Extract from 51st hearing of the Parole Board(巣鴨プリズンにおける森本新ならびに小林輝雄の尋問)," 26 March 1951 delassified E. O. 12065 775011(国会図書館憲政資料室).
GHQ資料② "Extract from 51st hearing of the Parole Board(巣鴨プリズンにおける森本新ならびに小林輝雄の尋問)," 7 April 1951 delassified E. O. 12065 775011(国会図書館憲政資料室).
Gunseikanbu (1943) *Orang Indonesia jang Terkemoeka di Djawa* [ジャワにおけるインドネシア人著名人], Djakarta: Djawa Shimbunkai.
——— (1943) *Kanpo*, No. 28.
——— (1945) *Kanpo*, No. 68.
Maruzuki の獄中書簡
Otten, L. & I. Ph. Henneman (1940) "De Gecombineerde Immunisatie tegen tetanus[破傷風の混合予防接種]," *Geneeskundig Tjidschrift voor Nederlandsch-Indie* [蘭領東インド医学雑誌], deel LXXX Afl 1-13, pp. 195-237.
Proceedings of a Military Court held at Manus Island, 20 March 1951 (Australian Archives, A471-81968).
Sjahrial Syarif(労務処理班の看護人)の登用に関する文書(軍政監部内務部庶務課長の署名あり. 1943年10月23日).

Staatsblad van Nederlandsch Indie(オランダ領東インド政府の公報).
Statement of Kobayashi Teruo(戦犯になった憲兵隊の軍医中尉小林輝雄の論述. 英文2ページ, 出所不明).

Ⅱ. 関係者による(後年の)手記・書簡・手記, 証言集など

石井四郎ほか(1955)「御通夜回想座談会, 昭和30年12月28日清野博士邸にて」『清野謙次先生記念論文集 第3輯(随筆遺稿)』清野謙次先生記念論文集刊行会
インドネシア国立文書館編著(1996)『ふたつの紅白旗——インドネシア人が語る日本占領時代』倉沢愛子・北野正徳訳, 木犀社
越定男(1983)『日の丸は紅い泪に——第731部隊員告白記』教育史料出版会
全国憲友会連合会編纂委員会編(1976)『日本憲兵正史』全国憲友会連合会本部
田中明・松村高夫編・解説(1991)『七三一部隊作成資料 十五年戦争極秘資料集第29集』不二出版
田中憲二(1954)「熱帯島の殺人事件」『日本時報』5巻12号
西嶋重忠(1975)『証言 インドネシア独立革命——ある日本人革命家の半生』新人物往来社
マルズキの覚書(Dr. Emzedka, “Kempei Herinneringen”)
マルズキの妻からオランダの弟(Jaap)にあてた手紙(1945年10月20日付)
三好俊吉郎(1965-67)「ジャワ占領軍政回顧録」『国際問題』1965年4月号〜1967年1月号(16回連載)
——(2009)『ジャワ占領軍政回顧録』龍溪書舎(上記の連載をまとめて単行本にしたもの)
陸軍軍医学校編(1936)『陸軍軍医学校五十年史』
Latifah Kodijat (2010) *My Parents* (unpublished).
Statement of Sjahrial Syarif(労務処理班の看護人シャフリアル・シャリフの経歴に関する本人のstatement, 1977年4月15日).
Tan, Geoffrey (2001) *Escape from Battambang: A Personal World War II Experience*, Singapore: Armour Publishing.

Ⅲ. インタビュー(聞き手のないものは倉沢愛子によるインタビュー)

アシキン・ハナーフィア(Dr. Asikin Hanafia)
ハナーフィア医師の息子. 1992年9月22日ジャカルタにて
サリモ(Sarimo)
ロームシャの船に添乗してシンガポール, スマトラへ行った看護人. 1992年10月17日
サンコット・マルズキ(Dr. Sangkot Maruzuki)
戦後のエイクマン研究所所長. 1992年10月6日

シャフリアル・シャリフ(Syahrial Syarif)
　労務処理班ジャカルタ本部付看護人．破傷風事件で逮捕．1992年10月21日
ジャマルディン(Dr. Djamarudin)
　外科医．1943年までエイクマン研究所でアルバイト．ハナーフィア医師の義弟．1992年9月22日ジャカルタにて
スクール・ハルン(Sukur Harun)
　ロームシャの食事調達係．1992年10月
スタルマン(Dr. Sutarman)
　エイクマン研究所の化学部門の医師．破傷風事件で逮捕．1992年9月24日
スマルソノ・サストロワルドヨ(Dr. Sumarsono Sastrowardoyo)
　事件当時ジャカルタ医科大学学生，破傷風患者を目撃．1992年10月18日
スラメット・イマン・サントソ(Dr. Slamet Imam Santoso)
　ジャカルタ中央病院の医師(外科)．破傷風患者を目撃．1992年9月22日ジャカルタにて
ノマンセン(Nomansen)
　戦争関連オランダ人墓地財団(Netherlands War Graves Foundation [O.G.S.])理事．1992月10月20日ジャカルタにて
マルサムス・ナスティオン(Marsjamsu Nasution)
　モホタル教授の姪．1992年6月26日ジャカルタにて
モハメッド(Mohamed)
　竹商人．クレンデル収容所に建設資材(竹)を販売．1992年9月
モホタル(Mochtar)
　エイクマン研究所の看護人．破傷風事件で逮捕．1992年9月25日
モミ(Mommy)
　パスツール研究所の検査師(在バンドゥン)．1992年10月4日電話にて
ヤジール・マルズキ(Yasir Maruzuki)
　マルズキ医師の息子．1992年10月18日
ヨ・アルティサ(Yo Artisah)
　アシキン教授の末娘．1992年10月4日
ラティファ・コディヤット(Latifah Kodijat)
　マルズキ医師の娘．1992年10月20日
ニーダム，ジョセフ(Joseph Needham)
　イギリスの生化学者，科学史家．松村高夫によるインタビュー．1991年3月ケンブリッジ大学ニーダム研究所にて
タン，ジェフリー(Tan, Geoffrey)
　竹本進一郎の助手．林少彬(リム・シャオビン)によるインタビュー．2018年3月並びに5月(ビデオ証言)シンガポールにて

鬼倉（名は不詳）
モホタルらの軍律会議を担当した法務官．NHK ディレクター沢田博史によるインタビュー
貴法院秋雄
七三一部隊隊員（第一部細菌研究部）．江田いづみによるインタビュー．1991 年 10 月 2 日京都にて
篠塚（田村）良雄
七三一部隊隊員（第四部細菌製造部）．江田憲治・江田いづみ・兒嶋俊郎・松村高夫によるインタビュー．1991 年 3 月 12 日千葉県八日市場の篠塚宅にて

Ⅳ．二次資料（研究書，論文など）

青木冨貴子（2008）『731——石井四郎と細菌戦部隊の闇を暴く』新潮文庫
アジア・パシフィック・イニシアティブ（2020）『新型コロナ対応・民間臨時調査会調査・検証報告書』ディスカヴァー・トゥエンティワン
江口豊潔（1969）「防疫給水と香港の衛生行政について」『大東亜戦争陸軍衛生史（7）軍陣防疫』陸上自衛隊衛生学校
遠藤誠（2000）『帝銀事件の全貌と平沢貞通』現代書館
太田昌克（1999）『731 免責の系譜——細菌戦部隊と秘蔵のファイル』日本評論社
解学詩（かい・がくし）（1997）「新京ペスト謀略——1940 年」江田いづみ訳，解学詩・松村高夫・郭洪茂・李力・江田いづみ・江田憲治（1997）
解学詩・松村高夫・郭洪茂・李力・江田いづみ・江田憲治（1997）『戦争と疫病——七三一部隊のもたらしたもの』本の友社（中国語版『戦争与悪疫——七三一部隊罪行考』北京：人民出版社，1998 年，第 2 版 2014 年）
会計検査院（2021）「布製マスク配布事業の実施状況等について」『令和 2 年度決算検査報告の概要』
科学文化新聞社編（1948）『現代日本科学技術者名鑑 医学篇』
加藤哲郎（2017）『「飽食した悪魔」の戦後——731 部隊と二木秀雄『政界ジープ』』花伝社
———（2020）『パンデミックの政治学——「日本モデル」の失敗』花伝社
上昌宏（2020）「帝国陸海軍の「亡霊」が支配する新型コロナ「専門家会議」に物申す（上・下）」『Foresight』2020 年 3 月 5 日（https://www.fsight.jp/articles/-/46603　https://www.fsight.jp/articles/-/46604）
川村一之（2021a）「七三一部隊の「伝染演習」——加藤秀造の小説「黒死病」を読む（2）」『究明する会ニュース』204 号
———（2021b）「石井式濾水機の開発秘話——橋本精士の悲劇」『究明する会ニュース』206 号
関成和（かん・せいわ）（2000）『七三一部隊がやってきた村——平房の社会史』松村

高夫・江田いづみ・江田憲治編訳，こうち書房
熊野以素(2015)『九州大学生体解剖事件──70年目の真実』岩波書店
倉沢愛子(1992)『日本占領下のジャワ農村の変容』草思社
───(2012)『資源の戦争──「大東亜共栄圏」の人流・物流』岩波書店
───(2021)「それは日本軍の人体実験だったのか？──インドネシア破傷風ワクチン“謀略”事件の謎」『世界』2021年8月号
後藤乾一(1984)「日本軍政期のインドネシアにおける「労務者問題」覚書」『社会科学討究』29巻3号
───(1989)『日本占領期インドネシア研究』龍溪書舎
小林和夫(2018a)「日本占領期ジャワにおける大政翼賛運動の嚆矢──ジャワ医事奉公会の設立過程」『創価人間学論集』11号
───(2018b)「日本占領期ジャワにおける占領統治と衛生の確立」『戦争社会学研究』2号
───(2020)「日本占領期ジャワにおける在留邦人の衛生問題──『ジャワ新聞』連載記事「熱地衛生問答」の計量テキスト分析」『創価人間学論集』13号
笹本征男(1995)『米軍占領下の原爆調査──原爆加害国になった日本』新幹社
『精魂会々員名簿』(1956年10月版)，同(1973年版)
「戦争と医の倫理」の検証を進める会編(2012)『パネル集 戦争と医の倫理──日本の医学者・医師の「15年戦争」への加担と責任』
田井中克人(2015)「731部隊とワクチンメーカー製造元 日赤医薬学研究所の怪」『NO MORE 731 日本軍細菌戦部隊』文理閣
常石敬一編訳(1984)『標的・イシイ──731部隊と米軍諜報活動』大月書店
───(1994)『医学者たちの組織犯罪──関東軍第七三一部隊』朝日新聞社
七三一研究会編(1996)『細菌戦部隊』晩聲社
成智英雄(1969)「帝銀事件 死刑囚 平沢貞通の“無実”の確証」『新評』1969年9月号
「新潟県と731部隊」足跡調査委員会編(1994)『新潟県と731部隊のはなし』「七三一部隊展」新潟県実行委員会
聶莉莉(ニエ・リリ)(2006)『中国民衆の戦争記憶──日本軍の細菌戦による傷跡』明石書店
西里扶甬子(2002)『生物戦部隊731──アメリカが免罪した日本軍の戦争犯罪』草の根出版会
西山勝夫(2020)「『留守名簿』において確認された将校などの学位授与について」『15年戦争と日本の医学医療研究会会誌』20巻2号
日本学術会議編(1952)『日本科学者総覧』日本学術出版連盟
中央医学社(1954)『日本医学博士録』
原文夫(2020)「留守名簿・学位論文等から見えてきたもの──元南京1644部隊・近

喰秀大の場合」『15 年戦争と日本の医学医療研究会会誌』20 巻 2 号
福岡良男(2004)『軍医のみた大東亜戦争――インドネシアとの邂逅』暁印書館
松野誠也(2018)「関東軍防疫給水部・関東軍軍馬防疫廠における部隊人数の変遷について」『季刊 戦争責任研究』91 号(2018 年冬季号)
松村高夫(1970)「日本帝国主義下における「満州」への朝鮮人移動について」『三田学会雑誌』63 巻 6 号
――― (1985a)「「七三一部隊」の実験報告書」『歴史学研究』538 号
――― (1985b)「七三一部隊跡に立って」『歴史学研究』538 号
――― (1991a)「解説」森村誠一『続 悪魔の飽食 改訂新版』角川文庫
――― (1991b)「「七三一部隊」の人体実験は国際常識」(家永教科書裁判第三次訴訟控訴審意見書)
――― (1994a)「731 部隊と第 3 次教科書訴訟」『歴史評論』528 号
―――編(1994b)『〈論争〉731 部隊』晩聲社，増補版 1997 年
――― (1996)[七三一部隊は過去のできごとか」『三色旗』577 号
――― (1997)「中国湖南省常徳細菌作戦」中国浙江省社会科学院『浙江学刊』
――― (1998)「731 部隊と細菌戦――日本現代史の汚点」『三田学会雑誌』91 巻 2 号(学術文献刊行会編『日本史学年次別論文集 近現代 2-1998 年』朋文出版，2000 年に収録)
――― (2001)「日・米・中・ソの資料による 731 部隊と細菌戦の解明」『歴史学者とジャーナリストによる鑑定書』裁かれる細菌戦 資料集シリーズ第 6 号，ABC 企画委員会
――― (2002)「日本における七三一部隊の解明」田中明編著『近代日中関係史再考』日本経済評論社
――― (2003)「「新京・農安ペスト流行」(1940 年)と 731 部隊(上・下)」『三田学会雑誌』95 巻 4 号，96 巻 3 号
――― (2006)「抗議した敬蘭芝さん逝く」『ABC 企画 NEWS』44 号
――― (2013)「731 部隊による細菌戦と戦時・戦後医学」『三田学会雑誌』106 巻 1 号(S. H. Harris，*Factories of Death: Japanese Biological Warfare 1932-45 and the American Cover-up*，London：Routledge，1994 の中国語訳『死亡工廠――美国掩盖的日本細菌戦犯罪』上海人民出版社，2000 年の付録に収録)
――― (2017)「関東憲兵隊による「特移扱」――七三一細菌戦部隊の全体史解明のために」荻野富士夫・兒嶋俊郎・江田憲治・松村高夫『「満州国」における抵抗と弾圧――関東憲兵隊と「合作社事件」』日本経済評論社
――― (2019)「七三一・細菌戦部隊における研究と学位論文」『15 年戦争と日本の医学医療研究会会誌』20 巻 1 号
――― (2022)「私の七三一部隊追跡記(1)～(4)」『ABC 企画 NEWS』175-178 号
松村高夫・江田いづみ(2003)「新京・農安ペスト流行の解説」中国吉林省档案館・

日本日中近現代史研究会・日本 ABC 企画委員会編(2003)
松村高夫・金平茂紀(1991)「『ヒル・レポート』(上)――731 部隊の人体実験に関するアメリカ側調査報告(1947 年)」『三田学会雑誌』84 巻 2 号
松村高夫・矢野久編著(2007)『裁判と歴史学――七三一細菌戦部隊を法定からみる』現代書館
美馬聰昭(2013)『検証・中国における生体実験――東京帝大医学部の犯罪』桐書房
森川哲郎(1977)『獄中一万日――追跡帝銀事件』図書出版社
――(1980)『新版 帝銀事件』三一書房
山岡淳一郎(2020)『ドキュメント 感染症利権――医療を蝕む闇の構造』ちくま新書
山田朗(2020)『帝銀事件と日本の秘密戦』新日本出版社
山邊悠喜子(2018)「背陰河 脱獄事件の概略」『ABC 企画 NEWS』114 号
楊彦君(よう・げんくん)主編(2015)『日本細菌戦部隊命令 文研集(下)』北京:中国和平出版社
吉永春子(1996)『謎の毒薬――推究帝銀事件』講談社
林少彬(リム・シャオビン)(2020)「南方軍防疫給水部の記録を探し求めて」『15 年戦争と日本の医学医療研究会会誌』20 巻 2 号
早稲田大学大隈記念社会科学研究所編(執筆代表:西嶋重忠・岸幸一)(1959)『インドネシアにおける日本軍政の研究』紀伊國屋書店
渡辺洋介(2020)「南方軍防疫給水部の研究状況について」『七三一資料センター会報』34 号
渡辺廉(1969)「今次戦争における第 12 防疫給水部の活躍」『大東亜戦争陸軍衛生史(7)軍陣防疫』陸上自衛隊衛生学校
Adams, Cindy (1965) *Sukarno: An Autobiography as Told to Cindy Adams*, Indianapolis, Kansas City, New York: The BOOBS-Merrill Company (黒田春海訳『スカルノ自伝――シンディ・アダムスに口述』角川文庫, 1969 年).
Bahder Djohan: pengabdi kemanusiaan [バデル・ジョハン――人類の奉仕者], Jakarta: Gunung Agung.
Baird, Kevin and Sangkot Marzuki (2015) *War Crimes in Japan-Occupied Indonesia: A Case of Murder by Medicine*, Washington D.C.: Potomac Books, An Imprint of University of Nebraska Press(インドネシア語版 *Eksperimen Keji Kedokteran Penjajahan Jepang: Tragedi Lembaga Eijkman & Vaksin Maut Rōmusha 1944-1945*, Jakarta: Komunitas Bambu, 2020).
Bio Farma (1990) *Bio Farma 1890-1990: A Century of Dedication*, Bandung: Bio Farma Co.
Boen Oemarjati (不明) *Warna-warni Pengalaman Hidup R. Slamet Iman Santoso* [スラメット・イマン・サントソの人生さまざまな出来事], Jakarta:

Penerbit Universitas Indonesia.
Friend, Theodore (1988) *The Blue-eyed Enemy: Japan against the West in Java and Luzon, 1942-1945*, Princeton: Princeton University Press.
Hanafi, A. M. (1996) *Menteng 31: Markas Pemuda Revolusioner Angkatan 45* [メンテン通り31番地――1945年世代の革命的青年たちの総本山], Jakarta: Pustaka Sinar Harapan.
Hanafiah, A. (1976) *Drama Kedokteran Terbesar* [医学界最大のドラマ], Jakarta: Yayasan Gedung-gedung Bersejarah Jakarta.
Hasril Chaniago et al. ed. (2021) *Timbal Vaksin Maut Jepang: Biografi Prof. Dr. Achmad Mochtar Pelopor Kebangkitan Ilmu Pengetahuan Indonesia* [日本の死のワクチンの厄払い――インドネシアの医学覚醒の先駆者アフマッド・モホタル教授伝記], Jakarta: Yayasan Pustaka Obor Indonesia.
Hesseling, Liesbeth (2018) "Indonesian and Chinese Authors in the Medical Journal of the Dutch Indies," Paper at Symposium on "Colonial Medicine in Post-Colonial Times: Continuity, Transition, and Change." Jakarta, 27-30 June 2018.
Karimoeddin (1976) "Pendidikan Dokter jaman pendudukan Jepang [IKA-DAI-GAKU] [日本軍政時代の医学教育, 医科大学]," *125 Tahun Pendidikan Dokter Indonesia 1851-1976* [インドネシアにおける医学教育の125年 1851-1976], Panitia Peringatan 125 Tahun Pendidikan Dokter di Indonesia (1976).
Kusdinar (1989) "Menelusri Perjalanan PERUM Bio Farma [ビオ・ファルマ社の歩みを追って]," *PERUM Unit Kerja Bio Farma*, Vol. 1, No. 1, Maret.
Nugroho Notosusanto et al. ed. (1977) *Sejarah Nasional Indonesia* [インドネシア国史] Vol. 6, Jakarta: Balai Pustaka.
Panitia Peringatan 125 Tahun Pendidikan Dokter di Indonesia (1976) *125 Tahun Pendidikan Dokter di Indonesia 1851-1976*, Jakarta: Panitia Peringatan Dokter di Indonesia 125 Tahun Pendidikan Indonesia.
Post, Peter (General Editor), William H. Frederick, Iris Heidebrink, Shigeru Sato ed. (2010) *The Encyclopedia of Indonesia in the Pacific War*, Leiden, Boston: Brill.
Williams, Peter and David Wallace (1989a) *Unit 731: The Japanese Army's Secret of Secrets*, London: Hodder & Stougton(西里扶甬子訳『七三一部隊の生物兵器とアメリカ――バイオテロの系譜』かもがわ出版, 2003年).
―― (1989b) *Unit 731: Japan's Secret Biological Warfare in World War II*, 1 st American ed., New York: Free Press.

V．新聞・雑誌報道

『ジャワ・バル』1943年8月15日号

『週刊金曜日』101号，1995年12月1日

『週刊新潮』2022年3月17日号

『文春オンライン』2020年4月17日「コロナ禍で浮かび上がる感染研，永寿病院と「七三一部隊」の数奇な縁」(https://bunshun.jp/articles/-/37277)

Berita Ketabiban: Madjallah dari Djawa Izi Hookoo Kai, Tahoen ke 1 bulan 1-2-3-Tahoen 2604.

The Daily Telegraph (Sydney), 21 March 1951に掲載された記事(Hanafiah 1976).

Intisari Agustus, 1995に掲載された記事．"RS Cipto Mangunkusumo menimpan potret buram penjajahan［チプトマングンクスモ病院は占領期の暗い肖像を秘めている］."

The Japan Times, 2 May 2022, Opinion (Justin Fox).

Madjalah dari Djawa Izi Hookoo Kai(「ジャワ医事奉公会」の雑誌).

Operasi, Augustus 1968に掲載されたBader Djohanの記事.

Sinar Harapan, 14 Juli 1970に掲載された記事．"Mengenang Prof. Dr. Ahmad Mochtar Jg Djadi Kambing Hitam Djepang［日本のスケープゴートになったアフマッド・モホタル教授を偲んで］."

Sinar Harapan, 18-19 November 1970に掲載されたJatmanの証言.

Sinar Harapan, 23 Desember 1970に掲載された記事．Sutan Kuatan, "Prof. Dr. Mochtar Pahlawan jang dilupakan［モホタル教授 忘れられた英雄］," (Surat Pembatja投書欄).

Tempo, 29 Maret 1975.

Tempo, 5 Juli 2015［破傷風事件特集号］に掲載された記事．"Seorang Martir bernama Achmad Mochtar［アフマッド・モホタルという名のある殉教者］."

倉沢愛子

1946年生まれ．1979年東京大学大学院社会学研究科博士課程単位取得退学，2012年博士号取得．1988年コーネル大学Ph.D.取得．現在，慶應義塾大学名誉教授．専門はインドネシア現代史．著書『日本占領下のジャワ農村の変容』(草思社，サントリー学芸賞受賞)，『南島に輝く女王 三輪ヒデ——国のない女の一代記』(岩波書店)ほか．

松村高夫

1942年生まれ．1969年慶應義塾大学大学院経済学研究科博士課程単位取得退学，1976年ウォーリック大学Ph.D.取得．現在，慶應義塾大学名誉教授，ロンドン王立歴史学会フェロー．専門はイギリス社会史・労働史，日本植民地労働史．著書『大量虐殺の社会史——戦慄の20世紀』(共編著，ミネルヴァ書房)，『裁判と歴史学——七三一細菌戦部隊を法廷からみる』(共編著，現代書館)ほか．

ワクチン開発と戦争犯罪
—インドネシア破傷風事件の真相

2023年3月14日　第1刷発行

著　者　倉《くら》沢《さわ》愛《あい》子《こ》　松《まつ》村《むら》高《たか》夫《お》

発行者　坂本政謙

発行所　株式会社 岩波書店
〒101-8002 東京都千代田区一ツ橋2-5-5
電話案内 03-5210-4000
https://www.iwanami.co.jp/

印刷・法令印刷　カバー・半七印刷　製本・牧製本

ISBN 978-4-00-061585-3　　Printed in Japan